中世の武家官僚と奉行人

森　幸夫　著

同成社　中世史選書　20

目　次

第Ⅲ部　室町幕府奉公衆小考

中世の武家官僚と奉行人

序　本書の目的と構成

本書は鎌倉・室町期の幕府官僚について考察したものである。鎌倉期では六波羅探題の吏僚を、室町期では幕府奉行人を中心に検討した。六波羅吏僚の考察で一編を構成したのは、前著『六波羅探題の研究』〔(続群書類従完成会、二〇〇五年)、以下拙著とする〕で六波羅官僚の検出などを行い(1)、六波羅探題出身の官僚が室町幕府機構の有力な担い手となるとの確実な見通しを得たからである。また室町幕府奉公衆(五箇番)成立に際し、奉行人の一部がこれに加わったこともあり、本書には奉公衆に関する論考も併せて収録した。

奉行人をはじめとする官僚たちは、裁判や立法、行政などの実務に関わり、いわゆる武家政権の統治権的支配を実質的に担う重要な存在であったが、そのわりに研究は多くはない。鎌倉・室町期の御家人や守護大名などを主題とした論文集は近年も多数みられるが、武家官僚を主題としたものは前記拙著刊行以降は見当らず、いくつかの個別論文が出ている程度である(2)。そこで本書では拙著での成果をも踏まえ、鎌倉〜室町幕府の官僚について通史的に考察することを目標とした。総論としてその結論をまとめている。なお本書では「官僚」の語を、主に裁判や立法、行政など幕府公務に携わる存在として用いた。「吏僚」という語も「官僚」と同義語として使用している。

以下本書の構成について簡単に述べておく。

第Ⅰ部「六波羅探題の政務と吏僚」では、まず、鎌倉中期までは極楽寺流北条氏が六波羅探題として重要な位置を占めたことから、その有力被官である佐治重家と佐分親清について考察している。次いで六波羅評定衆筆頭の長井氏の活動から、鎌倉後期以降の六波羅の政務の在り方について考えた。また金沢貞顕が子息の六波羅探題金沢貞将に宛てた書状を通じて、鎌倉末期の六波羅の様相を垣間みた。

第Ⅱ部「室町幕府奉行人の考察」では有力奉行人四氏・五名に焦点をあてている。最初に、拙著所収の「六波羅奉行人斎藤氏の諸活動」に引き続き、南北朝動乱期の斎藤氏の動向について考えた。次いで鎌倉幕府奉行人から室町幕府奉行人へと転身した安威資脩の活動をみた。また明石氏は鎌倉幕府や鎌倉府で活躍した奉行人の代表格であり、その活動足跡を追跡している。さらに室町中期の幕府奉行人飯尾為種について考察している。為種は抜群の存在感を示した官僚である。最後に為種の子飯尾之種宅に将軍足利義政が御成した時の記録から有力奉行人家の様相について考えた。

第Ⅲ部「室町幕府奉公衆小考」では、まず奉公衆の成立時期について考証した。奉公衆には奉行人の一族も編成されたのである。山下氏という、無名な奉公衆の動向も考えてみた。奉行人と同程度の身分であり、室町中期の諸活動を追ってみた。

総論では、以上の諸論考や拙著での成果を基に、鎌倉～室町期の幕府官僚について通史的に考察している。結論として武家官僚発展の諸段階を提示した。

初出一覧は次の通りである。

序　本書の目的と構成（新稿）

第Ⅰ部　六波羅探題の政務と吏僚

第一章　探題執事佐治重家の活動（新稿）
第二章　佐分氏について（原題「御家人佐分氏について」『金沢文庫研究』二九三、一九九四年）
第三章　六波羅評定衆長井氏の考察（『ヒストリア』二三七、二〇一三年）
第四章　鎌倉末期の六波羅探題―崇顕（金沢貞顕）書状から―（『年報三田中世史研究』二一、一〇一四年）
第Ⅱ部　室町幕府奉行人の考察
第一章　南北朝動乱期の奉行人斎藤氏（『鎌倉遺文研究』二七、二〇一一年）
第二章　奉行人安威資脩伝（『鎌倉』一一六、二〇一四年）
第三章　奉行人明石氏の軌跡（『日本歴史』七八七、二〇一三年）
第四章　室町幕府奉行人飯尾為種考（『国史学』二一〇、二〇一三年）
第五章　『飯尾宅御成記』にみる奉行人家の様相（新稿）
第Ⅲ部　室町幕府奉公衆小考
第一章　室町幕府奉公衆の成立時期について（『年報中世史研究』一八、一九九三年）
第二章　室町幕府奉公衆山下氏（『国史学』一四四、一九九一年）
総論　武家官僚の展開過程（新稿）

註

（1）「六波羅評定衆考」（拙著第一編所収）、「六波羅探題職員の検出とその職制」「執権政治期幕府奉行人の出自の検討」「六波羅奉行人の出自に関する考察」「六波羅奉行人斎藤氏の諸活動」（以上同第二編所収）。

（2）　鎌倉期では①保永真則氏「鎌倉幕府の官僚制化」（『日本史研究』五〇六、二〇〇四年）、②橋本道範氏「鎌倉幕府裁許状の歴史的位置」（大山喬平氏編『中世裁許状の研究』所収、塙書房、二〇〇八年）、③梅田康夫氏「鎌倉期の奉行人について（一）〜（五）」（『金沢法学』五一―二、五二―一、同二、五三―一、五四―一、二〇〇八〜二〇一一年）が注目される。①は合理化・効率化という観点から鎌倉幕府の官僚制化を論じ、②は鎌倉幕政における法曹官僚の重要な役割を指摘する。③は政所や引付など鎌倉幕府の諸奉行について概観している。なお二〇〇五年以前の鎌倉幕府関係の官僚に関する研究は拙著で触れている。また室町期の研究については本書の第Ⅱ部収録論考を参照されたい。

第Ⅰ部

六波羅探題の政務と吏僚

第一章　探題執事佐治重家の活動

はじめに

佐治重家は極楽寺流北条氏の被官で、六波羅探題北条重時・長時・時茂に仕えた存在である。探題の執事として重要な役割を担った。彼が活躍した時代は、評定衆や奉行人など六波羅の官僚組織もさほど整っておらず、探題とその被官が六波羅の政務に深く関わったのである(1)。ここでは重家に焦点をあて、当該期の探題執事がどのような職務活動を行ったかを考察する。

佐治重家の先行研究についてみておくと、まず佐藤進一氏が、重家が探題北条重時らの執事で六波羅奉行人を兼ね、極楽寺流北条氏の守護国和泉の守護代でもあったことなど基礎的な事実を明らかにされた(2)。次いで筆者も六波羅奉行人の検出作業のなかで、重家に触れるところがあり(3)、また北条重時の伝記に関わって、その出自や活動などにつき少し考えたことがある(4)。さらに近年では、重家を説話集『十訓抄』の作者に擬する見解が提出されており(5)、佐治重家は少しづつ注目される存在となりつつある。

さて本章ではこれらの先行研究を踏まえ、探題執事重家の活動の様相とその意味について考える。当該期の六波羅政務の在り方を考えるためには探題執事の活動を探る必要があり、またこのような視点からの考察があまりなされていないためである。そこで、佐治氏の出自を明らかにした上で、重家の職務活動を考察する。そして『十訓抄』作者説についても検討してみたい。

一　佐治重貞と和田義盛の乱

佐治氏は因幡国佐治郷出身の武士と考えられる。東洋文庫旧蔵（現・国立歴史民俗博物館所蔵）の「弁官補任」紙背文書に鎌倉前期の佐治氏に関する史料がある。①建暦三年（一二一三）十一月三十日付関東下知状案、②（同年）関東御教書案、③（同年）七月三十日付関東御教書案、④（同年）某施行状案などがそれで、何れも佐治重貞の因幡国佐治郷地頭職補任に関わるものである。(6)

これら四点の史料からは以下のことが明らかとなる。四郎重貞は童名を力寿丸といい（④）、父道貞から佐治郷郷司地頭職を譲られたのであるが（③）、幼少であったため舎兄曳田大夫康（安）貞が代行し沙汰していた（④・①）。しかし重貞が成人した後も、康貞は同職を返還しないばかりか、これを子息（重久ヵ）に譲渡してしまった（④）。このため重貞が重久らを訴え、因幡国方で両方の言い分を審査し（③）、重貞の主張が「道理顕然」であり（②）、しかも「去五月二日致勲功」したので（②）、重貞を佐治郷地頭職に補任したのである。①がその地頭職補任状にあたる。当該史料を掲げる。

A関東下知状案（①）

（端裏書）
「□（鎌カ）倉殿御下文案□」
□（因幡カ）国佐治郷地頭職事
重貞（佐治）雖得親父道貞之譲、為幼少之時、舎兄安貞（曳田）致其沙汰畢、而重（脱アルカ）去五月二日致勲功之上、已及四旬之齢畢、於今者、任道貞之譲、可為彼職之状、依鎌倉殿（源実朝）仰下知如件、

建暦三年十一月卅日

菅野（景盛）在判
惟宗（孝実）在判
□在判

「去五月二日致勲功」したとあるのは、この日に勃発した和田義盛の乱で軍功を致したということであろう。重貞は訴訟のため鎌倉にいた時、義盛の乱に遭遇し、裁判を有利に運ぶためもあって北条氏方として奮戦したとみられる。佐治氏は道貞の時代、恐らくは源平合戦期に鎌倉御家人となり、その子重貞は鎌倉で和田義盛の乱に遭遇し勲功を立てたことにより、幕府から西国御家人としては稀な地頭職補任状をも獲得したのであった。

佐治重貞は建暦三年十一月の地頭職補任時点で「四旬之齢」であったというから、一一七〇年代半ばから八〇年代はじめころの生まれである。その活動年代や「重」字の共通性などから、重貞は佐治重家の父の可能性が高いと思われる。重貞は和田合戦で活躍したことにより、北条義時とのつながりをもったと考えられる。重家が北条重時と主従関係を結ぶ背景として、重貞と重時父義時との関係を視野に入れると理解しやすい。佐治氏と北条氏とのつながりは和田義盛の乱を契機としたものと考えてよいであろう。

宛　所	内　　容	出　典
佐治新左衛門尉	肥前国御家人山代固の、妻女への所領譲与などを承知したことを伝える	山代文書
佐治左衛門尉	肥後国甲佐社領地頭代申す大山寺留守・神人ら狼藉訴状を進上する	阿蘇文書
佐治左衛門尉	丹波国吉富庄と細川庄道相論の院庁使発遣時期を問う	神護寺文書
佐治左衛門尉	祇園遷宮行事所守護・細川庄実検御使につき、葉室定嗣奉書を申し入れる	神護寺文書
佐治左衛門尉	周防国築地高村申状を進上する	東大寺文書
佐治左衛門尉	河内国高牧庄官還補につき、弾正少弼奉書を申し入れる	関戸守彦所蔵文書
佐治左衛門尉	肥前国彼杵庄内戸町浦地頭深堀行光が訴える、惣地頭代の対応を報告する	深堀文書
佐治左衛門尉	薩摩国御家人中務康邦と矢上盛澄後家の鹿児島郡司・弁済使職相論につき、後家尼状を進上する	新田八幡宮文書
佐治左衛門入道	山城国吉富庄白人神人阿十法師の住宅追捕物等返給・御供田点札解除につき問う	春日若宮神主中臣祐賢記

二　佐治重家の諸活動

1　重家宛の文書を通じて

佐治重家と北条重時との関係を示す初見は次の文書である。

B六波羅探題北条重時書状(7)

肥前国御家人山代三郎固、譲与所領於妻候云々、若
此女房申触事候之時者、任道理、可有御沙汰候哉、
恐々謹言、
（貞永元年カ）十二月廿五日　（北条重時）駿河守（花押）
（少弐資能）筑後右衛門尉殿

C肥前国守護少弐資能請文(8)

被仰下候、肥前国御家人山代三郎固譲与所領於妻候
之由事、畏以承候畢、可存其旨候、且又件女房申触
事候之時者、任道理、可有御沙汰候由事、同謹承候
了、如被仰下候、任道理、可致沙汰候、以此旨、可
有御披露候、資能恐惶謹言、

表1　佐治重家宛披露状一覧

	年月日	差　出
①	天福元・5・29	少弐資能
②	（建長元ヵ）9・12	法橋覚縁
③	（建長2）2・20	中原友景
④	（建長2）2・27	中原友景
⑤	（建長4）2・11	長井泰重
⑥	（建長6）6・5	中原友景
⑦	正嘉3・3・9	少弐資能
⑧	（弘長元）7・12	島津忠継
⑨	（弘長3）3・20	春日執行正預祐行ら

天福元年五月廿九日　右衛門尉藤原（少弐）資能

進上　佐治新左衛門尉（重家）殿

Bは重時が、肥前国御家人山代三郎固が所領を妻に譲与したことなどを同国守護少弐資能に伝えた書状、Cは資能がBの内容を承知し、その履行を約した請文である。佐治新左衛門尉宛であるが、「以此旨、可有御披露候」とみえるように、実質は北条重時に宛てたものである。少弐資能は重時が六波羅探題という重職に任じていたため、家人の佐治新左衛門尉を宛所としたのである。佐治新左衛門尉は重時側近の有力家人＝執事とみられ、佐治重家に比定される。

さて表1は、史料Bのように重家（佐治新左衛門尉・佐治左衛門尉・佐治左衛門入道）を宛所とし、六波羅探題への披露などを求めた文書の一覧である。九通が所見し、年代も天福元年から弘長三年（一二六三）までの三十年間に及んでいる。つまり探題北条重時期〔在任寛喜二年（一二三〇）三月～宝治元年（一二四七）七月〕から、その子北条長時期〔同宝治元年（一二四七）七月～康元元年（一二五六）三月〕・時茂期〔同康元元年（一二五六）四月～文永七年（一二七〇）正月〕にかけて重家が執事として活動していたことが判明する。また差出人には、守護少弐資能〔肥前〕（①⑦）・長井泰重〔周防〕（⑤）や薩摩の有力御家人島津氏（⑧）、そして関東申次西園寺実氏の家司中原友景（③④⑥）らがみえる。

その内容についてみると、御家人らの書状は、史料B（①）のように、探題の指令の履行を報告したもので、多くは相論に関わるものである（⑤⑦⑧）。一方中原友景は、神護寺領（元幕府領）丹波国吉富庄と院領同細川庄の境相論実検使につき、探題側に申し入れるなどしている（③④）。これは友景が関東申次西園寺実氏の家司として、朝廷側の窓口となっていたためである。朝廷の意向は友景を介して佐治重家を通じ、探題北条長時に伝えられたのである(9)。また②と⑨は、訴訟が重家を通じ六波羅にもち込まれたものだが、⑨に関しては「奏者佐治入道」ともみえており(10)、重家は訴訟を受理し、披露する任務をも果たしていたことがわかる。なお春日社という権門の訴えであったからか、⑨の訴訟受理から四日後の三月二十四日には、探題北条時茂の御教書が出されており、その要求が認められている(11)。

さて表からは重家の地位やその活動の様相がうかがえたが、六波羅の主要職務である、①公武交渉、②洛中とその周辺の警固（検断）、③西国成敗（裁判）のうち、①や③に関わっていたことが指摘できる。以下ではさらに、公家日記などを利用しながらその活動を詳しくみていこう。

2　探題重時期の活動

表1の①のように、佐治重家は天福元年には探題重時の執事として活動していたとみられるが、寛元四年（一二四六）八月に至り、再びその活動がみえるようになる。約十三年振りの活動所見である。すなわち、この年五月鎌倉で宮騒動が起こり、執権北条時頼により名越光時・時幸らの反対派が粛清され、前将軍藤原頼経が京都に送還される事態となっていた。このような状勢のなか時頼は、八月、徳政の実施を朝廷に申し入れるよう、探題重時に指示した。この申し入れを行うため、重時は重家を後嵯峨上皇の執権別当葉室定嗣の許に遣わし、定嗣の六波羅来向を求めたのである(12)。ここでの徳政申し入れとは、究極的には頼経の父九条道家の朝政からの排除を意味している。したがって重時使者とはいえ重家の役割は重要なものであった。探題執事という要職に相応しい任務であったといえる。また九月

八日には、淳賢（姓未詳）とともに重時使者として、葉室定嗣を通じて院に、近江国伊香郡召次案主職に御家人政恒法師を任ずるよう執り申している。[13] これが重時探題在職期の重家の活動の終見となるが、後嵯峨上皇の執権別当葉室定嗣と折衝していたことがわかる。

なお久米田寺文書の嘉暦三年（一三二八）十一月日付和泉国久米多寺雑掌快実言上状[14]には「極楽寺殿（北条重時）御代六波羅奉行人兼当国守護代佐治左衛門尉重家」とあり、北条重時の時代、重家が「六波羅奉行人」を務め、和泉守護代を兼任していたことがわかる。重家が探題執事として六波羅での訴訟に関わっていたことは表の②⑨などでみた通りであり、そのため彼は「六波羅奉行人」とも見做されたと考えられる。また極楽寺流北条氏は正嘉二年（一二五八）までは和泉国守護職を帯し、重家がその守護代に任じたことも明らかにされている。[15]

3　探題長時・時茂期の活動

表1をみても明らかであるが、探題長時・時茂期に佐治重家の活動が多くみえるようになる。重家は長時・時茂の執事としても活躍した。探題就任時、長時は十八歳、時茂は十六歳であり、ともに政治経験は豊かとはいえず、十数年にわたり重時執事を務めた重家が、引き続き執事としてこれを補佐したのである。恐らく重家は、重時の指示により六波羅に留まり、長時・時茂を支えたと考えられる。

探題長時期の重家の活動としてはまず、宝治二年七月、真木野（牧野）茂綱・高橋時光とともに、後嵯峨上皇を呪詛した、興福寺僧栄円・玄芸の身柄を検非違使から受け取り、取り調べを行っていることが知られる。[16] 茂綱・時光ともに重時流被官である。また翌八月には、興福寺衆徒が合戦を企てたため、茂綱とともに御所に参じ、葉室定嗣を通じて武士の南都派遣につき申し入れた。[17] これらは六波羅の職務の②洛中とその周辺の警固（検断）に該当するものである。重家は、真木野茂綱・高橋時光とともに、探題長時の使者として朝廷側との折衝にあたったのであるが、先の探題重時期の活動や表1③④⑥からみて、その活動の中心人物であったことは間違いない。公武間の折衝でも活躍する探題執事重家の姿が浮かび上がる。建長三年（一二五一）六月、幕府が再建した閑院内裏に後深草天皇が遷幸したとき、作所奉行人として重家が、民部大輔行継（西園寺実氏家人か）・波多野宣時（重時流被官）とともに活動しているのも[18]、このような公武の接点で活躍する探題執事の地位・役割を物語っているであろう。

さて次の探題時茂期になると、公武交渉における重家の役割はさらに重要性を増していく。康元元年八月、興福寺領大住庄と石清水八幡宮領薪庄との間で紛争が生じ、石清水八幡宮は朝廷に対して武家使の派遣を要請し、後嵯峨上皇は頭弁藤原経俊に「武家使事、内々召重家、姉小路中納言《（顕朝）》可仰合之由」を指示することがあった[19]。つまり六波羅からの使者発遣につき後嵯峨は、佐治重家を召し姉小路顕朝と事前協議をさせようとしているのである。顕朝は後嵯峨側近の伝奏であり、探題時茂執事の重家と調整を行わせたのである。探題時茂はこの年四月に着任したばかりで、しかも十六歳の若さであった。公武間の交渉では経験豊富な重家の補佐を必要不可欠としていたのである。また後嵯峨も重家が、探題重時の時代以来、執事として公武の折衝にあたっていたことを承知しており、それゆえこのような指示を与えたとみられる。さて正元元年（一二五九）五月、戒壇設置をめぐり山門と寺門との争いが深刻化し、東使二階堂行綱と武藤景頼が上洛するが、「自六波羅、佐治左衛門尉重家、捧将軍《（宗尊親王）》御書参上」し、東使の参るべき場所につき朝廷に問い、御所に参上することが決定されている[20]。ここでも関東特使上洛という、公武交渉の局面において、これに関与する重家の姿が見出される。以上のように重家は、六波羅探題北条時茂執事として、朝廷側と折衝し事前調整を行うなど、重要な役割を果たしていたのである。

ところで重家が公武の折衝で活躍したのは後嵯峨上皇の時代である。後嵯峨が「内々召重家」すことを指示したように、その探題執事としての活動を認識していたことは先に触れた。後嵯峨は元来、幕府に擁立された支持基盤が脆弱な天皇であり、その守護者的存在となったのが探題重時であった。[21] 重家は重時以来の探題執事であり、このような関係からも、後嵯峨は重家に対し大きな信頼を寄せていたと思われる。重家も充分にその信頼に答える活動をし、正嘉二年三月二十日に後嵯峨が高野山に御幸した際には、三月二十二日和泉守護代として同国御家人三〇人を率い政所御所を警固した。[22] 六波羅探題時茂がこの時の「高野山御幸政所　御所御宿直着到」を関東に送ったところ、幕府は「神妙」との褒詞を与えているから、[23] 重家は御幸警固のため万全を尽くしたことがわかる。またその一方で、後嵯峨に対し諫言を行う使者となったこともあった。『民経記』弘長元年五月二日条に、

五月二日、東脚左衛門尉重家、馳参亀山殿《（後嵯峨上皇）》了、□以被改仰之条咎申之趣云々、

とあり、佐治重家が後嵯峨上皇に対し「咎申」すことがあったらしい。記事が簡略で詳細不明だが、「被改仰之条咎申」とあるから、人事に関する事柄とみられる。重家は「東脚」つまり東使＝幕府特使として後嵯峨が行った人事につき諫言したのである。[24] 重家が「東脚」としてみえているのは、このころ度々京・鎌倉間を行き来しているから、京都に帰還した際「東脚」と見做されたのであろう。幕府は重家を鎌倉に呼び、後嵯峨をよく知る彼に諫言を行わせたとものと考えられる。後嵯峨との良好な関係からみても、このような役割は重家に相応しいものであったといえよう。

さて右記の活動からうかがえるように、重家は六波羅探題重臣として鎌倉に下向し、幕府からの指令を実行することも重要な職務であった。探題時茂期、重家のこのような活動が散見する。年代的には弘長年間（一二六一～一二六四）に集中し、重家が恐らく弘長元年十一月の北条重時の死去に伴い出家して、法体として活動した晩年に相当する。

まず弘長二年五月二十三日、幕府は探題時茂に対し「自公家被召渡輩事」以下十ヵ条に及ぶ指令を関東御教書で発した。[25] その文言の末尾に「其間子細所被仰含重家法師也」とあり、重家が幕府に出向いて指令を受けていたことがわ

かる。次いで翌弘長三年十月十日、六波羅「祗候人佐治入道」を幕府の評定の座に召し出し、地頭不設置の権門領での強盗人逮捕など六波羅検断につき仰せ合したことが『吾妻鏡』にみえている。これらの事例によると重家は、探題時茂執事として鎌倉に下向し、検断など六波羅職務の中核をなす事項につき幕府に申し入れ、その指示を仰いでいたことがわかる。前者には「悪党」もみえ、幕府は、京とその周辺の事情に通じた重家の意見を取り入れて法を制定し、探題時茂にそれらへの対処方針を指示したと考えられる。六波羅政務に関わる幕府法制定において、重家が重要な役割を果たしたことがうかがえるのである。

さて以上述べてきたように佐治重家は、探題重時・長時・時茂期の三十年間に及び、探題執事として枢要な役割を担ったのである。しかし文永年間（一二六四～一二七五）に入るとその所見がなくなる。重時と同年代程度と思われるから、引退もしくは死去したのであろう。

4　重家は『十訓抄』作者か

最後に、重家を説話集『十訓抄』（建長四年成立）の作者とみる説について少し考えてみたい。近年『十訓抄』はその文体・内容などから、鎌倉圏・東国圏の文学と位置付けられ[26]、また写本奥書の「或人云、六波羅二臈左衛門入道作云々、長時時茂等奉公」との記載から、六波羅二臈左衛門入道＝佐治重家とし、重家を作者に想定する見解が提出されている[27]。

これにつき私見を述べると、これまでにみてきたように、まず探題執事重家が「長時時茂等奉公」とあるのはごく自然である。そしてその職務上、後嵯峨上皇をはじめとする公家たちとの接触も少なくなく、また極楽寺流被官の同僚には佐分加賀守親清のような公家出身者で私家集を残す人物もいたから[28]、重家の文化活動は当然想定してよいものと考える。彼は公武の折衝に関わり、朝廷の要人たちとも交わったから、かなりの教養を有していたことも疑いないだろう。探題執事でありながら、「六波羅一臈」ではなく「六波羅二臈」とされたのは、重時妻平基親女（長時・時茂母）の一族佐分親清を「六波羅一臈」と見做し、それに次ぐ席次にあったと考えれば合点がゆく。さらに『十訓抄』に鎌倉武士の活動がほとんどみえないのは、重家が東国出身ではなく因幡国の武士であったからとも考えられる。彼の活動拠点は京都や西国であり、『十訓抄』が武士によって書かれた鎌倉圏・東国圏の文学であったにせよ、鎌倉武士に関する記述がないのもこのように考えれば納得がいくのである。

以上のように、奥書に即して考えると、重家が『十訓抄』作者であった可能性は少なくないといえよう。しかし状況証拠に留まり、直接的な証拠は見出せていない。したがって現段階では、有力な作者候補の一人に留めておくのが穏当な見解であろう。

おわりに

以上、探題北条重時・長時・時茂期の執事佐治重家の活動を中心に考察した。具体的事例については再説しないが、重家が六波羅の主要職務である、①公武交渉、②洛中とその周辺の警固（検断）、③西国成敗（裁判）のいずれにも深く関与していたことが明らかとなった。とくに探題長時・時茂期に重家は、その執事として六波羅の重要な職務を担っていたのである。長時・時茂は若年の探題であり、被官たちがこれを支えたが、なかでも重時期以来六波羅の政務に長けた、執事重家がその中核であったのである。

六波羅探題府は、極楽寺流北条氏に次ぐ、探題北条時村期ころから吏僚系御家人を中心とする組織が形成され、十四世紀初頭の大仏宗宣期に官僚組織が整う。六波羅の政務に慣れた極楽寺流北条氏被官が京都を去り、実務を担う吏僚系御家人を六波羅に常駐させる必要があったのである。長井・伊賀・町野・二階堂氏らの高級官僚層や斎藤・飯尾・松田氏ら奉行人層が形成され、定着する。(29)③西国成敗は主にこれら吏僚系御家人によって担われ、①公武交渉にも六波羅評定衆筆頭の長井氏が関わるようになる。(30)探題被官は専ら②洛中とその周辺の警固につき活動するようになるのである。

極楽寺流北条氏の探題時代は、六波羅の組織も未熟であり、探題とその被官が①②③全ての職務に関わらねばならなかった。言うなれば、六波羅探題の職務は重時流北条氏によって請け負われていたのである。北条時村期以降、探題被官が六波羅の政務①③に関与することはあまりみえなくなり、探題職そのものも北条氏庶流によるもち回り官僚ポストと化していく。北条氏が六波羅探題として、その政務全般に深く関与していたのは極楽寺流北条氏の時代までであり、これ以降、吏僚系御家人を中核とした組織により六波羅の職務が担われる。六波羅探題府において、北条氏とその被官が最も活躍したのが極楽寺流北条氏による探題職請負時代であり、とくにそれを支えたのが探題執事佐治重家であった。このようにみてくると、重家は鎌倉政治史上の重要人物であり、高く評価されるべき存在なのである。(31)

註

(1)　拙稿「六波羅探題職員の検出とその職制」（拙著『六波羅探題の研究』所収、続群書類従完成会、二〇〇五年、初出一九八七・一九九〇年）。
(2)　『増訂鎌倉幕府守護制度の研究』（東京大学出版会、一九七一年）和泉国の項。
(3)　註（1）と同。

（4）拙著『北条重時』（吉川弘文館人物叢書、二〇〇九年）一七一・一七二頁。
（5）石井進氏「改めて問われる『十訓抄』の価値と編者」（新編新日本古典文学全集五一月報四二、小学館、一九九七年）、内田澪子氏「『六波羅二臈左衛門入道』考」（『国語と国文学』八六―四、二〇〇九年）。
（6）田中稔氏「東洋文庫所蔵辨官補任紙背文書（抄）」（『古文書研究』一、一九六八年）。
（7）山代文書〔瀬野精一郎氏編『松浦党関係史料集』（吉川弘文館）四七〕。
（8）山代文書（同四八）。
（9）中原友景については久保田和彦氏「六波羅探題北条長時発給文書の研究」（『日本史攷究』二六、二〇〇一年）参照。
（10）（11）「春日若宮神主中臣祐賢記」弘長三年三月条〔松村和歌子氏・藤原重雄氏「東京大学史料編纂所所蔵「弘長三年春日若宮神主中臣祐賢記」（『春日社旧記』のうち巻六）」（『東京大学史料編纂所研究紀要』二三、二〇一三年）〕。
（12）『葉黄記』寛元四年八月二十五日条。
（13）『葉黄記』寛元四年九月八日条。
（14）久米田寺文書〔『岸和田市史』6資料編Ⅰ、中世編一一八〕。
（15）註（2）と同。
（16）『葉黄記』宝治二年七月一日・二日・八日条。
（17）『葉黄記』宝治二年八月十二日条。
（18）『経俊卿記』建長三年六月二十七日条。
（19）『経俊卿記』康元元年八月十四日条。
（20）『経俊卿記』正元元年五月二十九日・六月一日条。
（21）拙著前掲註（4）『北条重時』参照。
（22）和田文書、和泉国御家人着到注文（『鎌倉遺文』八二〇一）。
（23）和田文書、正嘉二年四月十八日付六波羅御教書案（『鎌倉遺文』八二一二）。

(24) 四月二十九日、関白職が鷹司兼平から二条良実に交替しており、あるいはこれと関わるものか。
(25) 追加法四〇七～四一六条（佐藤進一氏・池内義資氏編『中世法制史料集』第一巻鎌倉幕府法、岩波書店、一九九五年）。
(26) 浅見和彦氏「解説」（新編新日本古典文学全集五一『十訓抄』、一九九七年）。
(27) 註（5）と同。
(28) 佐分親清については拙稿「佐分氏について」（第Ⅰ部第二章）参照。
(29) 拙稿「六波羅探題の展開過程」（拙著前掲註（1）『六波羅探題の研究』所収、二〇〇五年）。
(30) 拙稿「六波羅評定衆長井氏の考察」（第Ⅰ部第三章）。
(31) 重家以後の佐治氏についてみておくと、文永七年から弘安二年ころ、佐治四郎兵衛入道が伊地知三郎入道・小田左衛門尉とともに、山城国梅津庄に城郭を構えた円戒らを召し取らんとしていることが知られる（長福寺文書九一永仁六年八月日付某申状〔石井進氏編『長福寺文書の研究』山川出版社、一九九二年〕）。このころ六波羅探題北方に極楽寺流の北条義宗が在職（文永八年十二月から建治二年十二月まで）しているから、佐治四郎兵衛入道は義宗に従い在京していたと考えられる。世代的には重家の子息の可能性があろうが、彼が義宗執事であったかどうかは不明である。また同じく極楽寺流の鎮西探題北条英時期（元亨元年から正慶二・元弘三年五月まで在任）に、三番引付奉行人として佐治右衛門太郎なる者がみえている（川添昭二氏「鎮西評定衆及び同引付衆・引付奉行人」『九州中世史研究』一、一九七八年）。その地位は一介の引付奉行人に過ぎず、この人物が英時執事であったとは考えにくい。管見の限り、重家以後の佐治氏の動向を示す史料は以上の二点に留まり、その活動所見が激減することからみても、探題執事に就任するようなことはなかったと考えられる。執事となったのは重家一代のみであり、これは重家の優れた器量と、極楽寺流北条氏による能力登用主義を物語っていよう。

第二章　佐分氏について

はじめに

幕府の政務運営に際して、京下官人等の吏僚層が大きな役割を果たしたことは今更言うまでもない。とくに六波羅探題においては、関東や鎮西探題と比較して、吏僚層が大きな比重を占めたことは拙稿で指摘したとおりである。(1)

その六波羅探題の評定衆の一員に佐分（佐分利）氏があった。(2)高棟流桓武平氏出身の吏僚であり、一方で極楽寺流北条氏の被官でもあるという特異な存在であった。以前拙稿ではその出自や極楽寺流北条氏との関係について指摘したが、不充分なものであり、ここで改めて佐分氏について考察してみたいと思う。鎌倉時代中期から南北朝時代に至る活動状況から、その政治的位置について考えてみたい。

ところで佐分氏についての先行研究としては、『日本史大事典』「佐分氏　さぶりうじ」の項(3)と井上宗雄氏「藤原政範集を紹介し実材卿母集との関係に及ぶ」(4)がある。前者は事典という性格上、簡潔な内容であるが、佐分氏が若狭佐分郷を本貫とし、在京人・幕府近習として活躍したことが指摘されている。後者は国文学からのアプローチであり、佐分氏を専論としたものではないが、佐分（平）親清の出自や和歌、またその周辺の人々について述べられている。

両者ともに適切かつ重要な指摘をしているが、本章で述べるように佐分氏は、その御家人化が特殊であったのであり、また六波羅評定衆に連なる等吏僚として活躍したのであった。さらにその活動に際して、極楽寺流北条氏や得宗家との関係が重要な意味をもっていたのである。本章では山名・井上両氏の研究を参照しつつも、これらの点を含めて考察したいと思う。

一　佐分親清

すでに拙稿で述べたが、佐分親清は以下の事柄により六波羅評定衆と推定できる。

まず建長四年（一二五二）幕府は、新将軍宗尊親王下向に際して、六波羅探題北条長時及び「可然在京人」が供奉するよう命じたが、この時「佐々木加賀守親清」（「佐々木」は「佐分利」の誤り）は長井泰重・波多野義重等の六波羅要人とともに親王に供奉し下向している。(5)また探題・評定衆等の六波羅の有力御家人が参加した新日吉小五月会流鏑馬を、正嘉元年（一二五七）に「二番　佐分利加賀前司親清」が勤任していること、(6)による。

次いで佐分氏の出自を示す、『尊卑分脈』第四篇　桓武平氏系図（六頁、図1）を掲げてみよう。

加賀守という官途やその女子が「号佐分」していることよりみて、右の「親清」が佐分親清その人であり、彼が参議平親範の孫で、高棟流桓武平氏の出身であることが知られる。(7)高棟流桓武平氏といえば、蔵人・弁官等を経歴する実務官人の家柄であり、「日記の家」と称されたことで有名である。事実、親範が承安四年（一一七四）から元久二年（一二〇五）まで日記を記していたことが知られるし、(8)また有職故実家として「女叙位」に関する「秘抄」の著述もあった。(9)さらに親清には伯（叔）父にあたる従三位基親も、『官職秘抄』(10)の作者として著名な有職故実に通じた公卿であった。

このような実務官人の家高棟流桓武平氏出身の佐分親清が、何故六波羅評定衆として突然姿を現すのであろうか。大変興味ある問題である。拙稿ではその解答を得ることができなかったが、ここでその解答の糸口を見出してみたいと思う。考えてみるに、高棟流桓武平氏と幕府との密接な関係はあまり認められないようである。[11]とするならば、佐分親清自身の活動を検討し、そこから親清が御家人―六波羅評定衆となった契機を見出すことが唯一の方法である。

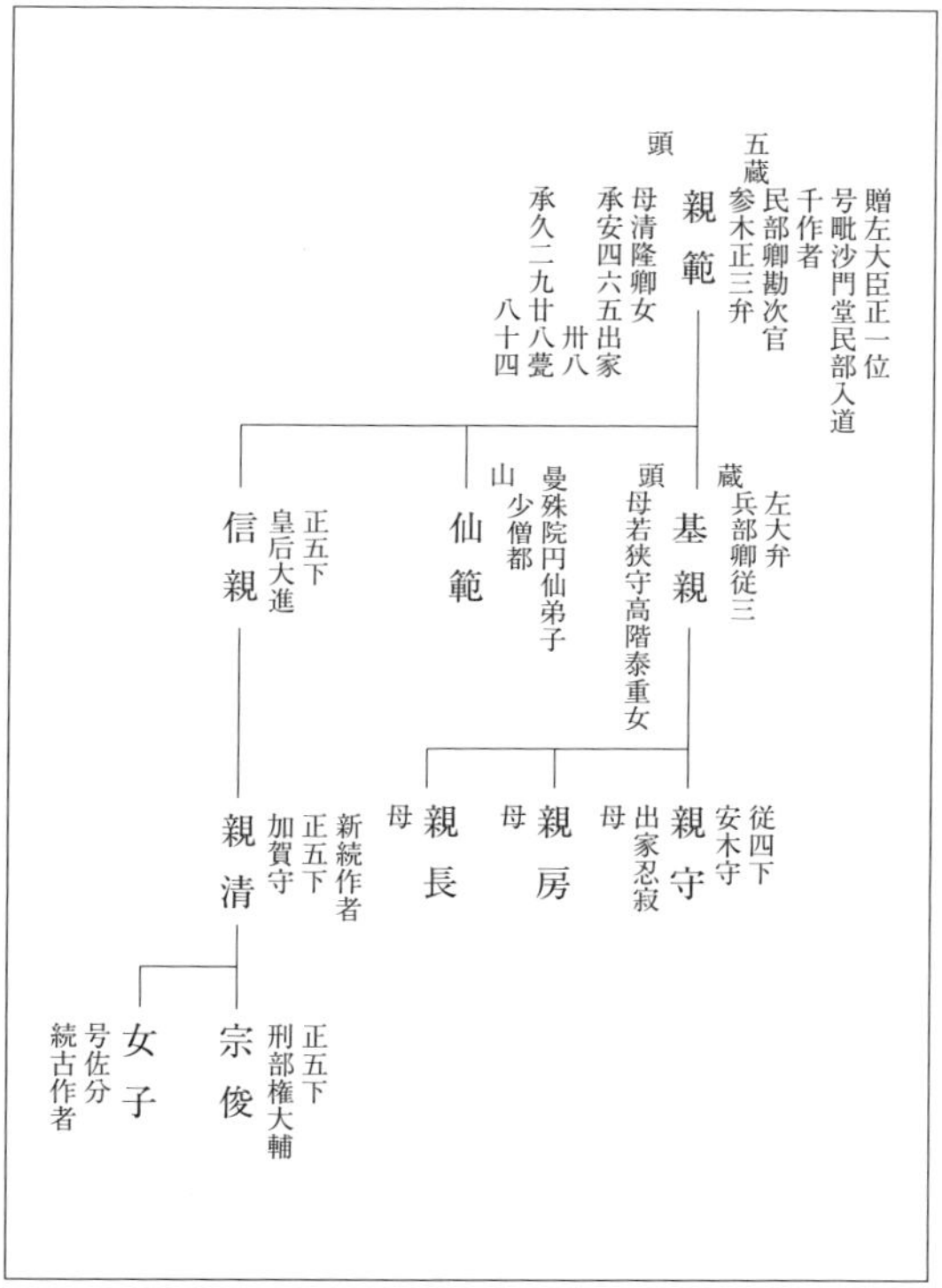

図1　佐分氏（桓武平氏）系図

さて拙稿でも指摘したが、鎌倉初期の建久七年（一一九六）六月日付若狭国御家人注進状案[12]に「佐分四郎時家」の名を見出すことができる。この時家は同国大飯郡佐分郷を所領としていたものと考えられる。[13]しかし約半世紀後の建長二年には、「佐分四郎入道跡、青保公文職者、承久已後被押領地頭了、并佐分郷内恒国名田畠、寛喜之後被押領守護方了、仍不及御家人役勤仕也」[14]とあるように、国御家人佐分時家の子孫は完全に没落していたことが知られる。このような国御家人佐分氏の子孫として高棟流桓武平氏佐分氏を位置付けることは、その系譜や当時の状況からみてまず無理であろう。それよりも国御家人佐分氏と入れ替わるように、高棟流桓武平氏の佐分親清が姿を現すことに注目すべきである。

すなわちまず寛元元年（一二四三）に「佐分蔵人」がみえる。この人物は、六波羅探題であり若狭守護を兼ねた北条重時が、「御家人役間事」に関する関東御教書をうけ、それを同国に施行した際の文書の宛所としてみえている。(15)つまり「佐分蔵人」は若狭守護代であったと考えられる。また『若狭国守護職次第』(16)「陸奥守重時朝臣」項には、「自寛喜三年御拝領之、（中略）但守護領佐分郷西津開発計也、（中略）次守護御代官加賀守殿自延応元年拝領之、但西津庄除之、其代平左衛門入道」とあり、北条重時が寛喜三年（一二三一）に若狭守護職に任ぜられ（正元元年（一二五九）まで在職）(17)、佐分郷等を守護領とし、延応元年（一二三九）からは「加賀守」が守護代であったこと、等が知られる。この二つの史料から「佐分蔵人」＝「加賀守」とみることが可能であると思う。そしてこの人物こそ、佐分親清に他ならないと考えられる。

まず佐分親清が加賀守であったことは、先に指摘した『吾妻鏡』建長四年四月一日条や『経俊卿記』正嘉元年五月十一日条でみたとおりである。さらに『平戸記』によれば、その任加賀守は寛元三年正月十七日であることが知られる(18)（同日条）。これは『若狭国守護職次第』の「加賀守殿自延応元年拝領之」と時間的に矛盾するが、同書は編纂物であり、親清の極官加賀守を以て記述したために生じた矛盾と考えれば、この疑問は氷解するのである。つまり「佐分蔵人」「加賀守」ともに佐分親清と考えてまず誤りないと思う。前者についても、親清が蔵人を経歴する家柄――高棟流桓武平氏――出身であったことを頭に入れれば容易に理解できるのである。

以上要するに、佐分親清は延応元年から正元元年まで、北条重時代官として若狭守護代を勤めたのであった。そしてこの間に守護代として守護領佐分郷の経営に関与し、同地を名字の地としたと考えられるのである。先に触れたごとく、国御家人佐分氏の所領「佐分郷内恒国名田畠、寛喜之後被押領守護方了」とみえていたように、「寛喜之後」つまり北条重時の若狭守護補任と時を同じくして、佐分郷内の地が守護方に押領されている事実からも、この考えは支持されるであろう。

ところで同じく『若狭国守護職次第』には、文応元年（一二六〇）より文永七年（一二七〇）まで同職にあった北条時茂の項に、「次御代官自文永三年加賀入道殿還補了、其代新左衛門入道」との記載がある。その官途や「還補」されていることよりして、佐分親清が若狭守護代に再任された記事とみられる。親清は文永三年より同七年まで若狭守護代であった。そして再び佐分郷の経営に関わったとみてよいであろう。

さてこの他に佐分親清の政治的活動を示す史料として、建長二・三年頃の閑院内裏造営に関わるものがある。

「ようとう《用途》・人夫まてけたい《解怠》なくさた《沙汰》し、六ハら《波羅》のかゝのせんし《加賀前司》のたいくわん《代官》とうさゑもん《藤左衛門》と申候が、うけとり《請取》をとり」(19)

とあるように、某（筑紫在住者）が閑院内裏造営のための用途・人夫を沙汰し、六波羅の加賀前司の代官藤左衛門から請取状を取ったというものである。六波羅の加賀前司とは佐分親清に比定され、内裏造営に際して、彼が六波羅探題側の担当奉行であったことを推測させよう。この史料から六波羅内において親清が吏僚として活躍していることが知られ、その出自に相応しい活動が垣間みられるのである。

以上みてきたように、断片的ながら延応元年から文永七年に至る約三〇年間の佐分親清の活動がうかがえた。それは京都六波羅や若狭のように西国を中心としたものであった。だが最も注意しなければならないのは、重時・長時・時茂という、極楽寺流北条氏の三代の探題との深い関係が認められることである。すなわち、六波羅要人としての親清の活動はこの三代の探題の在職期間（寛喜二〜文永七年）内にみえ、重時・時茂の代官として若狭守護代となっていることが何よりもそれを如実に物語っているのである。守護─守護代関係からは、極楽寺流北条氏と佐分親清との間に主従関係を認めることもできるのである。このような関係のなかに、親清が御家人―六波羅評定衆に連なった理由を求めることができるのではなかろうか。あるいは極楽寺流北条氏と親清との間に姻戚等の関係があって主従関係が生じ、それにより親清が六波羅評定衆に連なったと考えることも可能なのではあるまいか。実際、極楽寺流北条氏の被官的地位にあった、六波羅評定衆波多野義重が存在するのである[20]。この点について検討が必要であろう。

いうまでもないが、北条長時・時茂は重時の息子で同母兄弟である[21]。「北条時政以来後見次第」[22]の長時項によれば「母入道大納言家治部卿、中宮大夫（ママ）進平基親女」とあり、『関東評定衆伝』[23]文永元年長時項には「母入道大納言家治部卿、中宮大夫（ママ）進平時親女」とみえる。「基親」「時親」のどちらかが誤りと思われるが、①「中宮大夫進」を「中宮大進」の誤記とみる場合にしろ、②五位の進としての「中宮大夫進」と理解するにしろ、③また長官としての「中宮大夫」の誤りと考えるにしろ、管見の限り「中宮大夫進平時親」という人物は見出せない。これに対して①の場合、「中宮大夫進平基親」は実在する。先に触れた佐分親清の伯（叔）父平基親である。よって「基親」が正しく、「時親」は「基親」の誤記と考えられる。

平基親は承安二年二月十日、この日立てられた中宮平徳子の大進に任ぜられ、治承三年（一一七九）十一月十七日に平清盛のクーデターにより解官されるまで七年以上にわたって中宮大進の職に在った（以上『玉葉』当該日条）。「北条時政以来後見次第」が何故、平基親の最終官位である従三位兵部卿とせず「中宮大夫進」としたかは不明であるが、七年以上も中宮大進に在職していたことを考慮すれば、「中宮大夫進平基親」と呼ばれたのも理解はできる。

さて平基親女が北条長時・時茂の母であること、言い換えるならば重時の妻であることが明らかとなったが、基親女に関して注意すべき点は「入道大納言家治部卿」という女房名であろう。父基親の官途[24]兵部卿ではなく、「治部卿」と名乗った由来は不詳であるが、「入道大納言家」とは将軍九条頼経を指すとみて疑いなく、さすれば基親女は将軍頼経に仕えていた女房とみてほぼ間違いあるまい。恐らくは承久元年（一二一九）の頼経（三寅）の関東下向に供奉してきたとみてよいと思う。平基親自身、頼経には曽祖父にあたる摂政九条兼実の家司を勤めており[25]、その娘が九条家出身の頼経の鎌倉下向に供奉し、仕えたことは充分想定されるのである。したがって基親女は将軍頼経の女房であったとみてよい。とすると、基親女と北条重時との交渉も自然に理解できる。それは重時が、頼経の東下とほぼ時を同じくして、将軍近侍の宿衛等を管掌する小侍所の別当に補任されているからである[26]。将軍に近侍した重時が、将軍女房を妻としたことは容易に想像できよう。このことは長時が寛喜二年二月二十七日に生まれており[27]、一方、重時が同年三月二日まで別当職に在った（『吾妻鏡』同日条）ことからみても頷かれるのである。

以上述べてきたように、北条重時は平基親女を妻とし[28]、長時・時茂を儲けたのであった。前にもみたが、基親は佐分親清の伯（叔）父にあたるので、重時夫妻と親清とは従兄弟の関係となったのである。私は、このような姻戚関係が佐分親清が御家人―六波羅評定衆に連なることができた根本要因であると考える。それは、高棟流桓武平氏出身の佐分氏が幕府との縁故なくして御家人となれる筈がなく、また御家人となる筈もなく、その御家人化の契機として、当然幕府との直接的結び付きを想定しなくてはならないからである。とすれば、北条氏一門のなかでも執権泰時・連署時房に次いで要職を占める重時との姻戚関係が生じたことにより、佐分親清は御家人となりえたと考えることが可能であろう。長時の生年月日からみれば、重時と基親女との交渉は寛喜元年以前と考えられるから[29]、小侍所別当重時→将軍頼経という働きかけによって、親清が御家人となったとみることができよう[30]。要するに佐分親清は、従兄弟にあたる北条重時夫妻を介して御家人に列したと考えられるのである。そして重時・長時・時茂の三代の六波羅探題に従って在京し、六波羅評定衆として重用され、また重時・時茂の代官として若狭守護代をも勤め、守護領佐分郷の経営にも関与し、同郷を名字の地としたと考えられるのである。

二　佐分親清とその周辺

佐分親清は公家出身者であったこともあって、実は歌人「平親清」としても知られている。またその旧妻（実材母）と娘たち（親清四女・五女）の家集も存在し、断片的ながら、親清に関する情報を与えてくれる。そこで本節では、主にこれらの歌集によりながら、歌人としての親清とその周辺の人々についてみておきたいと思う。[31]

まず佐分親清の和歌としては、最後の勅撰集である『新続古今和歌集』に二首入集していることが知られる。また冷泉為相撰の『拾遺風体和歌集』恋歌に、[32]

光源氏の物語を題にて歌よみけるに、柏木の右衛門督を　　平親清朝臣

かかるをりもとはれしものをとばかりに聞きあかすよの雨かぜの声

との歌が載せられている。「光源氏の物語」つまり『源氏物語』を題として詠じており、彼の教養がうかがえよう。さらに『実隆公記』の別記『室町第和歌打聞記』文明十五年（一四八三）八月十六日条によれば、「平親清」集がみえており、家集もあったことが知られるのである（現在は伝わっていない）。とするならば、次の『吾妻鏡』の記事も親清[33]の文芸活動を示す史料となろう。弘長三年（一二六三）八月十一日条にみえる、幕府廂御所での将軍宗尊親王御連歌五十韻に、飛鳥井教定・北条時直・源親行等とともに参加した「加賀入道親願」は、その歌人たることや官途より判断して、佐分親清であろう。[34][35] 親清の幕府内での文芸活動であり、また後述する『権中納言実材卿母集』等とともに、彼が京都（六波羅）と鎌倉とを往復していたことをも示している。

ところで先に触れたが、佐分親清と交渉をもち数人の子を儲けた女性（実材母）と、二人の間の娘である親清四女・

五女の家集が存在する。これらの家集、とくにその詞書からは親清とその周辺の人々について多くを知ることができる。

まず最初に実材母について簡単に説明しておこう。[36] 彼女は「舞女」出身で、[37] はじめ親清と交渉があり、親時や親清四女・五女をはじめとする女子五人等、数人の子を儲けたが、のち西園寺公経の妾となり、延応元年（一二三九）に権中納言実材を、さらにのち大納言二品成子を生んだ女性であった。正応（一二八八～一二九三）初年頃に死去したと推測されている。歌人として優れ、『権中納言実材卿母集』と呼ばれる家集がある。

この『権中納言実材卿母集』には、佐分親清に関して、①「平の親清、おもひのほかにかよひそめ侍しころ、申をこと《ママ》て侍し」②「親清あつまに侍し冬のころ、申をこせて侍し」と、[38] 親清から歌を贈られたことと、それに対する「かへし」の歌が載せられている。①は親清が「おもひのほかにかよひそめ侍しころ」とあるので、実材母が西園寺公経の妾となる前、つまり延応元年以前のことと思われる。恐らくは親清が、六波羅探題北条重時に従って在京していた時のことであろう。②は何時頃のことか不明だが、先の『吾妻鏡』の記事と同様に、親清の京都と鎌倉との往来を示すものである。なお『平親清五女集』には「ちゝ身まかりにしとしの八月十五日夜、くもりて侍りしに、四のあねのもとへ」[39] との詞書のある歌がみえており、親清が八月十五日より前に死去したことがわかる。ただし、その年次及び場所は明らかにしえない。[40]

ところで佐分親清と実材母との間には親時という子もあったが、註（33）の『実隆公記』別記に「早世」とされていたごとく、『権中納言実材卿母集』に、

平のちか時、かきりにわつらひ侍よし、あつまへ下にしちゝのもとへつけて侍りしを、うせてのち、そのつかひかへりきたりし、いとかなしくて、[41]

詠んだ歌がみえており、父母に先立って死去したことがわかる。また『平親清五女集』には「ちか時かむすめ」と「平のちか成」がみえるが、後者は親時の子息と思われる。なお『尊卑分脈』には親清子息として宗俊がみえるが、『権中納言実材卿母集』等の家集にはその名は見出せず、また親時との関係（同一人であるか否か）もよくわからない。あるいは宗俊は親時等とは母親が異なっていたため、家集には姿がみえないのかもしれない。[43]

さて前節で佐分親清が御家人―六波羅評定衆となった理由を、北条重時が親清の近親平基親女を妻とした関係からと考えたが、『平親清五女集』には「平なか時母」つまり北条長時母＝平基親女のことがみえており、この推定を補強する有力な史料となる。

平なか時母かくれての秋、九月つこもり、大くら卿有教卿の女のもとへ、こしちのあね、なき人のかた身とおもふ秋にさへ又わかるれは袖そつゆけき、とよみてつかはして侍りけるを、のちに見侍し、あはれもいまさらなる心ちして

わかそても又露そおくなき人のかたみをしたふ秋のわかれに[44]

この歌は詞書によれば、「こしちのあね」が北条長時母の死去を悼んで「大くら卿有教卿の女」の許へ遣わした哀傷歌を、後に親清五女がみて哀れを催し詠んだものである。長時母の死去が何時かは不明だが、[45]「こしちのあね」や親清五女等の佐分親清一家と、平基親女との深い関係を明示している。そしてこの関係は、前節で指摘した親清と極楽寺流北条氏との深いつながりをも示すものとなっているのである。

ところでこの歌にはもう一つ注目すべき事柄がある。それは「こしちのあね」の存在である。漢字を宛てれば「越路の姉」となろう。この女性は『権中納言実材卿母集』にもみえ、そこでは「こしちのいもうと」と記されている人である。因みに同集では娘たちを「あねむすめ」「こしちのいもうと」「おと丶むすめ」「四のむすめ」「五のむすめ」

と表記しており[46]、恐らくは五人姉妹の二番目か三番目と推定される。『平親清五女集』が「こしちのあね」としているのは、いうまでもなく、五女からみれば姉にあたるからである。

さて「越路の姉（妹）」が注目されるのは「越路」とは北陸道、北陸地方を指す言葉であり[47]、佐分氏の名字の地である若狭佐分郷との関係が推測されるからである。すなわち、前節に掲げた『尊卑分脈』には親清の女子として「号佐分、続古作者」がみえていた。親清には実材母との間に五人の娘がいるが、若狭の地名である「号佐分」していたことからみて、『尊卑分脈』の女子とはこの「越路の姉（妹）」その人ではなかろうか。従来『続古今和歌集』以下の作者である「平親清女」[48]が、『尊卑分脈』の親清女子と同一人とする指摘はあったが[49]、具体的に長女から五女のうちの誰に該当するかは明かではなかった。しかし別に勅撰集の作者として「平親清女妹」[50]「平親清四女」[51]がみえ、各々「おと、むすめ」「四のむすめ」に比定できるから、「平親清女」つまり「越路の姉（妹）」は二女であったことが明らかとなる。要するに、二女こそ『続古今和歌集』[52]以下の作者で、「号佐分」した「平親清女」であったのである。「こしちのいもうと、みやこへのほりたりける」とあるように、実際に彼女は「越路」に居住していたことが確実である。とすれば、二女は父親清が若狭守護代としてその経営に関わった守護領佐分郷に居住し「佐分」と号したが、母親や姉妹等近親からは「越路の姉（妹）」と呼ばれたと考えて誤りはないであろう。

以上、旧妻及び娘の家集から、佐分親清とその周辺についてみてきた。家族関係等について多くの情報を得ることができた。なお最後に一つ注意しておきたいのは、旧妻を通じての親清と西園寺氏との関係である。親清旧妻が西園寺公経妾となり、実材等を生んだことは先にみたが、公経といえば公武関係に重要な役割を果たした関東申次であり、一方親清も探題北条重時に祗候した六波羅要人であった。ここに親清旧妻を通じての、公経と親清との関係を推測することは容易であろう。親清が公家出身であったことも、この関係を深めたであろう。恐らくは両者のつながりが、公武間交渉の円滑化に幾らかの寄与をしたと想像されるのである。

三　その後の佐分氏

本節では鎌倉末期〜南北朝期の佐分氏の動向についてみてみたい。

鎌倉時代の佐分氏については、親清以後、その子と推定される「加賀兵衛大夫親氏」が将軍宗尊親王御息所の鶴岡参詣に供奉していることは先に触れた。また、前節で親時・親成父子や宗俊についてみたが、彼等の政治的動向は明かにしえない。

鎌倉時代末期に至り、「佐分越前守」の名が見出される。徳治二年（一三〇七）五月日付の円覚寺毎月四日大斎番文(53)の七番の構成員としてである。この番文については、得宗北条貞時が袖判を加え、長崎・工藤・諏訪氏ら得宗被官が名を連ねていることよりして、「御内人々」の交名とされている(54)。これからすれば佐分氏は、鎌倉時代末期には得宗被官か、少なくとも得宗家と深い関係をもった存在となっていたことがわかる。この点に関連して注意すべきことは、北条時茂の死去（文永七年・一二七〇）以後、若狭守護職を得宗家がほぼ相伝することであろう(55)。佐分氏の名字の地である守護領佐分郷も、元亨年間（一三二一〜一三二四）頃には「地頭得宗領」とみえており、得宗家の守護職継承とともに得宗領とされたことが推定される。要するに、佐分郷を本領とした佐分氏は、このような状況変化に対応して同郷を保持するために、得宗家に仕える必要があったと考えられる。その具体的現れが、大斎番文にみられる得宗被官化にほかならない(56)。得宗家が若狭守護であった時期、佐分氏は以前のように守護代に任ぜられることはなかったが、後述するように、南北朝時代以降も若狭を本拠とし、佐分郷を所領とした徴証があるから、「地頭得宗領」の、恐らくは地頭代として佐分郷を本領とし続けたとみてよいと思う。得宗家に仕えることにより、名字の地佐分郷を保持しえたものと考えられるのである。

さて正慶二年（一三三三）鎌倉幕府は滅亡するが、室町幕府下においても佐分氏の活動がみられる。

康永二年（一三四四）「佐分左近大夫重親」は、夢窓疎石を導師として行われた八坂法観寺塔供養に「諸大夫」として参加し、(57)貞和元年（一三四五）八月にも同人とみられる「佐分利越前左近大夫将監」が、天龍寺供養の時「御布施役人」「諸大夫」を勤めている。(58)また康永元年十二月の天龍寺の綱引き・禄引きに際して、「佐分左近蔵人」は足利尊氏・直義に供奉し、(59)延文三年（一三五八）十二月の幕府評定では「佐分蔵人大夫」が「御陪膳人衆」としてみえている。(60)「蔵人」という官職からみてこの両人は同一人と思われ、延文四年四月、等持寺における尊氏の一周忌追善に際して「堂童子」を勤めている「佐分蔵人大夫康棟」(61)その人と考えられる。

このように南北朝時代の室町幕府下においても、佐分重親・康棟の活動がみられた。この二人は恐らく近親であったと思われるが、「諸大夫」として位置づけられていることや「蔵人」という官職からみて、高棟流桓武平氏出身の佐分氏――親清の子孫――であることは間違いあるまい。重親は「越前左近大夫将監」と称していたことから考えると、先にみた円覚寺毎月四日大斎番文の「佐分越前守」の子息と推定することが可能と思われる。(62)

それでは鎌倉時代末期に得宗被官化していた佐分氏であったのに何故、室町幕府下においてこのような活躍ができたのであろうか。まず当然の理由として、佐分氏が、鎌倉幕府滅亡から室町幕府成立に至る激動期を乗り切る処世術に長けていたということが挙げられるであろう。しかしそれだけでは答えとして不充分である。私は、佐分氏が本来極楽寺流北条氏と被官関係にあったことが、同氏が室町幕府下においても活躍可能な素地を作ったものと考える。それは何故かといえば、足利尊氏の妻登子が長時流北条氏（赤橋氏）出身であるからである。赤橋氏は鎌倉幕府とともに滅んだものの、佐分氏は公家出身ということもあって生き残り、登子との所縁により尊氏に仕えることができたのではなかろうか。佐分氏は尊氏妻との関係と公家出身の吏僚という性格によって、極楽寺流北条氏・得宗家被官であった(63)にもかかわらず、室町幕府下においても活躍できたものと考えられるのである。

さてここで佐分氏の室町幕府内における政治的位置について考えておきたい。

まず佐分康棟について、貞治二年（一三六三）頃、六波羅蜜寺造営に際して、銀剣一腰を奉加していることが知られる(64)。「散位《さふり》康棟」と署名しているが、この奉加状には端裏に「御所近習連曙(署)奉加状」と書かれているごとく、中条・横地・伊勢氏ら三七名が連署している。これらの人々の名字は、後に奉公衆として確認されるものが多く(65)、「御所近習」とみて誤りない。つまり佐分康棟は将軍足利義詮近習であったのである。また次の『師守記』の記事も佐分氏の政治的位置を知るのに重要である(66)。

『師守記』の記主中原師守の叔（伯）父空照房は法皇寺長老であったが、貞治三年六月頃、その所領九条右京職下司職を「自武家政所被宛行他人〔沼田四郎(朝元)〕」ことがあり、その回復のため、中原師茂（師守兄）に相談することがあった(67)。幕府へ提出する「内奏状并目安」の他に、空照房は師茂に「佐分入道口入状」のことを頼み、それを幕府政所執事二階堂行元に進入した(68)。これに対し行元は「佐分状難去存之旨、返答」している(69)。幕府に提出した正式な訴状（「内奏状并目安」）とは別に、政所執事への「佐分入道口入状」を回復運動の一環として利用したのである。ここからは「佐分入道」が政所執事二階堂氏に対し「口入」できるような位置、つまり二階堂氏の政務判断に影響を与えうる地位にいたことがうかがえよう。このことは、「佐分入道」が恐らくは将軍近習であったこと（康棟その人ともみられる）、また二階堂氏と同様な吏僚的存在であったことを物語っていると考えられる。佐分氏は吏僚的性格をもった将軍近習であったのである。

ところでこの九条右京職下司職をめぐる訴訟からは、佐分氏に関してもう一つ重要な事実が知られる。それは南北朝時代に至っても、若狭佐分郷を所領としていたことである。法皇寺長老は訴訟に際して、「佐分入道口入状」だけではなく、「佐分許口入状所望和田平三(繁実)」したこともあった。[70]つまり和田繁実に、「佐分入道」が(幕府の訴訟担当者に対して)自己の側に有利な発言をしてくれるように頼む、「佐分許」への「口入状」を所望したのである。ここからは和田繁実が「佐分入道」と親密な関係にあったことが推測される。では何故、繁実が空照房の依頼の対象となるのであろうか。その理由はまず、中原師守の一族師興の母親が繁実妻室となっており、[71]中原家と親しかったことによろう。それでは次に何故、繁実に「佐分許口入状」が依頼されたのであろうか。それは両者が武家であったからだけではない。実はともに若狭に本領があったからである。『師守記』には和田繁実が京都と若狭を往来したこと、[72]その妻「二臈外記母儀自和田上洛」[73]したこと、さらに繁実の和田庄預所職をめぐる訴訟が記されており、[74]その名字よりみても彼が若狭和田庄を本領としたことは間違いのないところである。この和田庄は若狭大飯郡に所在し、佐分氏の本領佐分郷の北方に位置していた。要するに、佐分氏と和田氏はともに若狭に本領をもつ武士であったのである。かかる関係にあったからこそ、空照房は和田繁実に「佐分許口入状所望」したと考えられるのである。

鎌倉時代、極楽寺流北条氏の守護代、得宗家の地頭代として名字の地佐分郷を保持した佐分氏は、室町幕府下においても同郷を本領としたと推定できるのである。[75]そして応安四年(一三七一)五月、「国人佐分」等が若狭守護一色範光の子詮範に従って、「国一揆」と戦い勝利していることからみても、[76]佐分郷を本拠として有力国人に成長したことがうかがえるのである。[77]

南北朝時代の室町幕府内において、佐分氏は吏僚的性格をもった将軍近習であり、鎌倉時代以来の本領佐分郷を保持し、若狭の有力国人に成長したのであった。この後将軍足利義満によって直轄軍が整備・編成されるとともに、佐分氏は奉公衆（五箇番）として活躍していくのである。(78)

おわりに

御家人佐分氏について、親清の御家人化の契機とその地位及び周辺の人々、鎌倉末期から南北朝期における政治的位置等について考察してきた。

これらの検討のなかで、もっとも興味深いのは親清が御家人となった契機であろう。その理由として、親清の近親平基親女と北条重時との婚姻が直接の前提として存したのである。高棟流桓武平氏という公家であったとはいえ、その傍流にすぎなかった親清は、北条重時一族と主従関係を保ちつつ、若狭佐分郷を名字の地とし、御家人―六波羅評定衆として活躍するのである。ここに佐分氏の御家人としての発展の端緒があった。

また鎌倉幕府が滅亡しても、佐分氏は極楽寺流北条氏出身の足利尊氏妻登子との関係から、将軍近習の吏僚として活躍する。室町幕府内での活躍は佐分氏の第二の発展期であった。佐分郷を本拠に若狭の有力国人に成長し、奉公衆の一員となるのである。

さてこのように佐分氏についてみてくると、その御家人化といい、室町幕府内での活躍といい、極楽寺流北条氏との関係が前提にあったといえる。そして、基親女が重時妻となったことや登子が尊氏妻となったこと等の、婚姻という、ある意味で偶然的な事柄が大きなウエイトを占めていたことがわかる。とするならば、佐分氏の発展は、二度の大きな偶然によってもたらされたものとみることができるのかもしれない。

さらに注意しておきたいことは、佐分親清が主として北条氏との関係から御家人となったことである。本論でも述べたように、それは小侍所別当重時→将軍頼経という働きかけによるものと考えられるが、ここに北条氏の勢力を認めることは容易である。そしてこのような御家人化の契機は、佐分氏が御家人でありながらも、極楽寺流北条氏の被官である（後には得宗被官でもあった）という二重の関係を成立させたのである。佐分氏は高棟流桓武平氏出身の吏僚的御家人でありながら、北条氏被官でもあったのである。大江・三善・中原氏等の京下官人と同様な吏僚的性格をもちながらも、この点に佐分氏の特異な存在形態が存したのであった。そしてこのような特殊な性格は、鎌倉幕府滅亡＝北条氏滅亡によって解消され、室町幕府下において将軍近習の吏僚（後に奉公衆）として活躍していくこととなるのである。

註

（1）「六波羅評定衆考」（拙著『六波羅探題の研究』所収、続群書類従完成会、二〇〇五年、初出一九九一年）。以下拙稿とはこれを指す。

（2）「佐分」は「さぶり」と訓み、「佐分利」とも書かれたが、本章では史料からの引用以外は「佐分」に統一して記述した。

（3）山名暢氏執筆、一九九三年。

（4）『国文学研究』六九、一九七九年。

（5）『吾妻鏡』建長四年三月六日・四月一日条。ともに下向した長井泰重・波多野義重は、六波羅評定衆であったと考えられる（拙稿参照）。

（6）『経俊卿記』正嘉元年五月十一日条。

（7）『尊卑分脈脱漏平氏系図』（『群書系図部集』第二、一一八頁）では基親等の兄弟として「俊親加賀守中宮少進」がみえ、「佐分利流祖」との注記がある。『玉葉』承安三年十月十九日条に「中宮少進平俊親」との任官記事があり、その存在は確かめられるが、後述するように、高棟流桓武平氏の一流が佐分氏を称するのは俊親の甥親清以降のことと考えられ、両者の間に養子関係等を想定する以外、この注記に信は置きがたい。よってここでは、この注記は本来親清に関するものであったが、誤って俊親に付けられたと解釈しておく。

（8）「記録異同考」相蓮房円智（平親範）記の項（『大日本史料』四―十五、六二八頁）。なお承安四年の出家以前にも日記を記していたことは、『玉葉』治承元年七月十八日条等からうかがえる。

（9）『園太暦』延文三年正月八日条。

（10）『群書類従』第五輯に所収されている。

（11）拙稿でも指摘したが、高棟流桓武平氏出身に将軍宗尊親王生母棟子（棟基女、後嵯峨天皇妃）がいるが、後述するように佐分親清は、宗尊親王東下以前から幕府との関係が認められるので、親王の任将軍に伴って御家人となったわけではない。

（12）東寺百合文書ホ（『鎌倉遺文』八五四）。

（13）田中稔氏「鎌倉幕府御家人制度の一考察」（『鎌倉幕府御家人制度の研究』所収、吉川弘文館、一九九一年、初出一九六〇年）他。

（14）東寺百合文書ノ、建長二年六月十日付若狭国旧御家人跡得替注文案（『鎌倉遺文』七二〇二）。

（15）東寺百合文書ノ、寛元元年八月三日付関東御教書案及び同年九月一日付六波羅施行状案（『鎌倉遺文』六二二三・六二三一）。

（16）『群書類従』第四輯。

（17）佐分郷は東寺百合文書ユ、文永二年十一月日付の若狭国惣田数帳案（『鎌倉遺文』九四二二）によれば、田数は一二〇町三反三二〇歩で、郷内にある岡安名や満願寺・福谷宮等の寺社田を除いても、一〇八町一反六〇歩の面積があった。守護領としても、国衙領の一郷としては最大であった。なお石井進氏「鎌倉時代『守護領』研究序説」（『日本中世国家史の研究』所収、岩波書店、一九七〇年、初出一九六七年）参照。

（18）例えば、「陸奥守時茂朝臣」項として文応元年から記述をはじめているが、北条時茂の任陸奥守は七年後の文永四年であり、後に編纂したことが明らかである。

(19) 中山法華経寺所蔵双紙要文紙背文書、某書状（『鎌倉遺文』七一八〇）。本書状を含めた双紙要文紙背文書については石井進氏「『日蓮遺文紙背文書』の世界」（小川信氏編『中世古文書の世界』所収、吉川弘文館、一九九一年）参照。

(20) 『秀郷流系図　松田』（『群書系図部集』第五、一九一頁）、湯山学氏「北条重時とその一族」（『相模国の中世史』上所収、私家版、一九八八年）、高橋慎一朗氏「六波羅探題被官と北条氏の西国支配」（『中世の都市と武士』所収、吉川弘文館、一九九六年、初出一九八九年）等参照。

(21) 『鎌倉年代記』康元元年北条時茂項に「母同長時」とみえる。

(22) 東京大学史料編纂所架蔵影写本による。

(23) 『群書類従』第四輯。

(24) 九条頼経は将軍職を退いた翌年の寛元三年七月五日、前大納言の地位にて出家し、「入道大納言家」と称された（『吾妻鏡』参照）。

(25) 九条兼実が摂政に任ぜられて間もなくの文治二年三月十六日、家司に補せられた（『玉葉』同日条）。

(26) 『吾妻鏡』承久元年七月二十六日条。

(27) 「北条時政以来後見次第」北条長時項。

(28) 『関東往還記』弘長二年七月十三日条にも「武州（北条長時）母奥州禅門（北条重時）後家治部卿」としてみえている。

(29) 先に述べたように、佐分親清は少なくとも建長四年以降六波羅評定衆であったと推定され、北条重時が探題として上洛（寛喜二年）して後、妻基親女を介して知り合い、御家人―六波羅評定衆に連なったとみることも可能である。しかし親清の御家人化に際しては重時→頼経、つまり小侍所・将軍のごとき公式ルートが必要であったと思われるから、親清自身、主家筋にあたる将軍九条頼経に仕える身として鎌倉にあったと考えた方がよいと思う。六波羅探題に在職していたとはいえ、後に評定衆に連なるような要人を重時の一存で御家人とすることは到底無理であったと考えられるのである（佐分親清はその後の経歴等からみても、守護の交名注進等により御家人として認められた西国御家人とは、全く性格が異なっていたことは明白である）。

（30）次節でみる『平親清五女集』の記載からも、この見解は支持されると考える。

（31）一一九九・一五二二（『新編国歌大観』第一巻勅撰集所収の歌番号による）。

（32）三五二一（『新編国歌大観』第六巻私撰集Ⅱ所収の歌番号による）。

（33）「平親清〈出雲路民部卿入道親範出家後住大原、云々、子息之名字親時云々早世云々、〉」とある（〈　〉内は割註）。

（34）この『吾妻鏡』の記事から、母親が高棟流桓武平氏出身である宗尊親王〔註（11）参照〕の将軍時代、佐分親清の地位が向上したとみることもできよう。

（35）なお『関東往還記』弘長二年七月二十日条にみえる「加賀入道」も佐分親清であろう。

（36）実材母については「はじめに」井上氏論文参照。

（37）『公卿補任』建長六年非参議藤実材尻付。

（38）七・一二一（『私家集大成』4中世Ⅱ所収の歌番号による）。

（39）三七八（『私家集大成』4中世Ⅱ所収の歌番号による）。

（40）前節でみたように親清は、文永七年まで若狭守護であった北条時茂（同年正月死去）の守護代を務めているから、その死が文永七年以降であることは明らかである。

（41）五六。

（42）二七四・二七五等。

（43）なお『吾妻鏡』弘長元年二月七日条に将軍宗尊親王御息所の鶴岡参詣供奉人としてみえる「加賀兵衛大夫親氏」も、その名乗りからして佐分親清の子息である可能性が高い。

（44）三八七。

(45) 註(28)でみたように、弘長二年七月以降であることは確実である。
(46) 「あねむすめ」＝四一等、「こしちのいもうと」＝二六五等、「おとむすめ」＝一四二等、「四のむすめ」＝五八四等、「五のむすめ」＝二六〇等。
(47) 『日本国語大辞典』「こしじ」の項。
(48) 『続古今和歌集』以下に十三首入集する。
(49) 『和歌大辞典』「親清女　ちかきよのむすめ」の項（大島貴子氏執筆、一九八六年）等。
(50) 『続拾遺和歌集』以下に九首入集する。
(51) 『続千載和歌集』に一首入集する。
(52) 『権中納言実材卿母集』二七八。
(53) 円覚寺文書（『鎌倉遺文』一二九七八）。『鎌倉遺文』等では「佐分越前守」を「佐介越前守」の誤りとするが、写真版で前者が正しいことを確認した。また四番で佐介氏は「佐介殿」と記されており、七番の「越前守」が同氏であるならば敬称が省略されるとは考えられない。
(54) 佐藤進一氏『鎌倉幕府訴訟制度の研究』（岩波書店、一九九三年、初出一九四三年、七三〜七五頁）。
(55) 註(17)史料の朱書。
(56) 「はじめに」井上氏論文によれば、静嘉堂本『続古今和歌集』に「平親清女相模七郎妻」とあるという。「平親清女」とは前節でみたように、二女で「号佐分」し「越路の姉（妹）」とも呼ばれた人である。「相模七郎」とはその名乗りからみて北条得宗家の人であろう（時宗の兄弟宗頼（＝弘安二年死去）か）。この婚姻関係からも佐分氏の得宗家への接近がうかがえよう。
(57) 『浄修坊雑日記』（『続群書類従』第三十一輯下）。
(58) 『師守記』貞和元年八月二十九日条。なお『園太暦』同日条所収の「二階堂伯耆入道道本記」には「佐分左近大夫」とみえている。
(59) 「天龍寺造営記録」康永元年十二月五日条（『大日本史料』六—七、四二八頁以下）。

(60)『御評定着座次第』延文三年十二月三日条（『群書類従』第二十九輯）。

(61)『延文四年結縁灌頂記』（『続群書類従』第二十六輯上）。

(62)『朽木文書』四二六、暦応四年十月二十八日付室町幕府引付頭人奉書には、美濃国蜂屋庄内の地に対する押妨の排除を訴えている「佐分越前々司棟貞」がみえるが、時期よりして大斎番文の「佐分越前守」と同一人の可能性がある。またここでは「佐分加賀入道并掃部助入道・亀寿丸等之押妨」が訴えられており、南北朝期になると、佐分氏が越前守流と加賀守流とに分かれて対立し、前者が主流となることがうかがえるが、詳細は不明である。

(63)佐分氏は得宗家に仕えたとはいえ、それにより極楽寺流北条氏と無関係となったとは思われない。

(64)六波羅蜜寺文書（『大日本史料』六―十五、三六頁以下）。

(65)佐分氏を含めて、矢部・中条・安威・横地・本間・能勢・伊勢・和田・田村・藁科・長・有元・松田氏等が後の諸番帳にもみえる。

(66)以下に述べる法皇寺空照房の訴訟については、「内奏」に注目しながら、家永遵嗣氏が「足利義詮における将軍親裁の基盤」（『室町幕府将軍権力の研究』所収、東京大学日本史学研究室、一九九五年、初出一九九二年）において言及されている。ただし「佐分入道口人状」については触れられていない。

(67)『師守記』貞治三年六月四日条。

(68)『師守記』貞治三年六月五日・十五日条。

(69)『師守記』貞治三年六月十五日条。

(70)『師守記』貞治三年七月十日条。

(71)『師守記』貞治三年九月二十三日条。

(72)『師守記』貞治二年十二月二十七日・同三年八月二十日・二十五日条等。

(73)『師守記』貞治元年十二月三日条。

(74)『師守記』貞治六年六月二十三日条。

(75)　南北朝期以降の、佐分氏の佐分郷における支配形態（職）は不詳であるが、鎌倉期のごとき守護代・地頭代等の代官職であったとは考えられず、室町幕府から直接に知行を認められた地位にあったとみてよいと思う。

(76)　『若狭国守護職次第』一色信伝（範光）項。

(77)　明徳元年には「佐分越前入道」が、翌年には「佐分平五郎」が、本郷詮泰とともに若狭国段銭の徴収を命じられている（本郷文書六六、明徳元年十二月十七日付室町将軍家足利義満御教書、及び同六七、同二年十月十五日付室町幕府奉行人連署奉書〔『福井県史』資料編2中世所収〕）。

(78)　佐分氏は奉公衆一番衆であるが、『文安年中御番帳』（在国衆）・『永享以来御番帳』に「佐分《若州》彦六郎」が、『長享元年九月十二日常徳院殿様江州御動座当時在陣衆着到』に「佐分右京亮」「同彦六郎」がみえる（いずれも『群書類従』第二十九輯）。

〔付記〕　井上宗雄氏による平（佐分）親清とその親族に関する文学的考察は『鎌倉時代歌人伝の研究』（風間書房、一九九七年）第四章「実材卿母をめぐって」にまとめられた。参照されたい。

第三章　六波羅評定衆長井氏の考察

はじめに

六波羅探題については近年研究が活発となり、公武関係における役割、発給文書、在京人や両使、探題被官、洛中警固、裁判制度など様々な分野について解明がなされつつある。私も以前、探題や六波羅評定衆・奉行人らの人員構成などについて考えたことがある。[1] 本章はその一環として六波羅評定衆長井氏について考察するものである。長井氏の動向を追い、六波羅探題の展開過程との関連において、その諸活動の意味について考える。

まず六波羅探題機構の変化についてごく簡単に述べておきたい。六波羅探題の任務には主に①朝廷との交渉や監視、②洛中警固、③西国成敗（訴訟）があった。①は根本的任務であり、②の職務を担う京中篝《かがり》屋が暦仁元年（一二三八）に設置され、次いで蒙古襲来頃から③の機能の充実が図られて正安年間（一二九九〜一三〇二）頃に六波羅は西国成敗機関として完成すると考えられる。[2] ②は篝屋守護の在京人や探題被官がその中心となったが、③を担ったのが六波羅の吏僚系在京人で、長井・伊賀・二階堂・町野氏らの評定衆・引付衆や、斎藤・飯尾・松田氏らの奉行人たちであった。十三世紀後半以降、六波羅の首脳部は吏僚系在京人が大きなウエイトを占めるようになる。本章ではこ

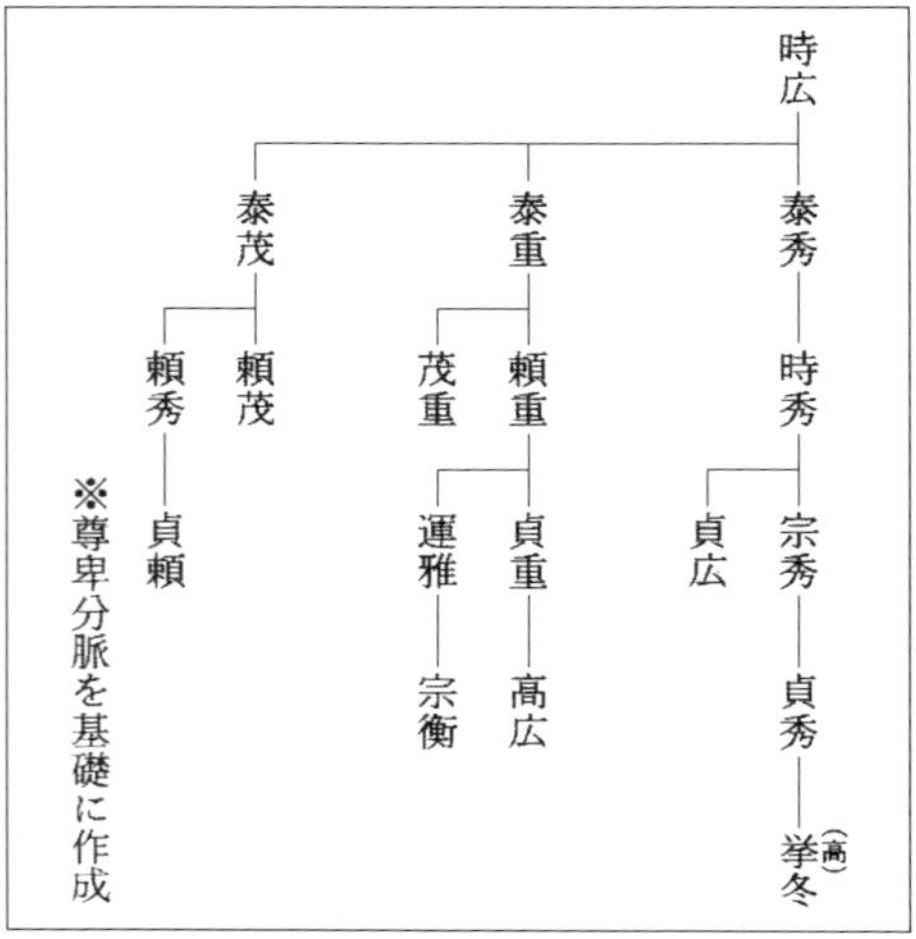

図2　長井氏略系図

のような六波羅探題の機能・役割の変化との関係に留意しつつ、長井氏の活動について考察する。長井氏の活動状況から、六波羅探題機構の変化を明確にしようとする試みでもある。かつて拙稿「六波羅評定衆考」(3)で長井氏が在京人筆頭の地位にあったことや、摂関近衛家と主従関係を結んでいた事実など、いくつかの点を明らかにしたが、概略的記述に留まり、その政治的活動の考察・評価については不充分であった。改めて考察を加えたい。

実は六波羅評定衆のなかで、六波羅創設時代からその活動をうかがえる者は長井氏以外には存在しない。その意味でも長井氏の動向を追うことは有益であろうし、また在京人筆頭という地位に鑑みて、その活動の様相が六波羅探題の展開過程と密接に関連していることが予想される。長井氏が吏僚系在京人の中核であったことを考慮すれば、とくに六波羅が西国成敗機関として完成する十三世紀末以降の活動を詳細に検討する必要があろう。当該期に活躍した長井貞重を中心に考察したい。貞重の活動が当時の六波羅の政務の在り方とどのような関わりをもっていたのか、具体的に考えてみたいと思う。

考察に先立ち、六波羅評定衆長井氏の概略を示しておく。長井氏は大江広元の子時広を祖とし、長男泰秀流の関東評定衆家に対し、次男泰重流が六波羅評定衆家となった。略系図（図2）のように、以後頼重―貞重―高広と続く。なお六波羅評定衆長井氏についての専論はなく、前掲拙稿のほかでは、小泉宜右氏や佐藤進一氏が、御家人長井氏全般や備後守護職に関わる考察のなかで、概略的に述べたものが存在するのみである。(4)そこで本章では、このような研究状況にも鑑み、貞重時代の前史として、まず時広・泰重・頼重三代の動向について考察を行い、六波羅探題での活動状況やその政治的位置を明確にしておきたい。次いで主題である貞重の諸活動を明らかにし、鎌倉末期の六波羅探題の特質についても考えてみたいと思う。

一　在京人長井氏の成立と泰重・頼重の活動の概略

最初に長井氏の祖時広の活動について述べ、在京人長井氏成立の背景について考える。また時広の嫡子泰秀からはじまる関東評定衆家成立の事情についても関説する。次いで、六波羅評定衆家の泰重・頼重の活動を概観し、その職能や政治的位置について考察したい。

1　時広・泰秀の活動

長井氏の初代は大江広元の次男時広である。時広は『吾妻鏡』建保六年（一二一八）六月十四日条に、将軍源実朝の任左大将拝賀神拝に供奉するため、京都から鎌倉に下向したとみえるのが活動初見である。同記事によると、時広は五月十七日蔵人に任じられ、二十七日に初参、そして翌二十八日出京と、慌しく鎌倉に下った。出京する際、供奉所役を勤めた後は京都に戻り、蔵人として「還参」することを奏聞してきたという。六月二十七日に実朝任左大将鶴岡参拝、七月八日に実朝直衣始鶴岡参拝に「殿上人」新蔵人時広として供奉した(5)。そして八月二十日、実朝に「禁裏奉公」のための再上洛を願った(6)。しかし実朝は「似褊関東」という理由で、これを許可せず、翌二十一日、執権北条義時の執り成しにより、ようやく上洛を許された(7)。『吾妻鏡』八月二十日条によると、時広は廷尉（検非違使尉）任官を望んでおり、蔵人左衛門尉としてさらに「労」を積む必要があって「禁裏奉公」を願ったのだという。同書十月十九日条には、十一日の除目で、時広が叙留されたとあるので、彼は念願の検非違使（大夫判官）に任じられたようである。

このように、時広は鎌倉御家人ながら、蔵人・左衛門尉・検非違使に任官するなど、その朝廷官職への欲求は強かった。これは時広の、京下り官人大江広元子息という出自に由来するものだろう。時広の子孫も同様な官職に任官していくこととなる。

さて、時広は再び鎌倉に帰り、承久元年（一二一九）正月二十七日、実朝の右大臣拝賀に「前駈」左衛門大夫時広として供奉するが、実朝の横死により、翌日出家することとなる。(8) しかしこれが時広の引退を意味するわけではなく、彼は承久の乱後、鎌倉政界において一定の重要な地位を占めようになる。

承久の乱後、時広は在京した。『明月記』嘉禄元年（一二二五）六月十四日条に「広元他界了、然而時広入道不令下向之由申云々」とあり、父大江広元の訃報にもかかわらず、時広は鎌倉には下向しないと書かれている。時広が在京していたことがわかる。父の死去にもかかわらず、なぜ時広が下向しなかったかというと、それは六波羅探題北条時房の指示によるものである。

実は上記の『明月記』の記事は、文末に「申云々」とあるように、時房が、姉北条政子重病との報をうけ、鎌倉に向うため、関東申次西園寺公経に離京理由などを申し入れた時の発言の一節なのである。時房は子息の四郎朝直・太郎時盛を都に残し鎌倉に向わんとしたのであるが、長井時広も在京させるということであった。この頃、執権泰時の病悩も風聞しており、京都では鎌倉の状況が不安視されていた。このような政情不安のなか、出京する時房としては、子息二人だけでは安心できず、父広元の死去にもかかわらず、時広を京都に留めさせたと考えられる。時広を在京させておけば、六波羅は安心だと時房は考えていたのである。

承久の乱では、時広の兄京都守護大江親広は後鳥羽上皇方に与し、失脚した。その一方で、弟の毛利季光は幕府軍として上洛し、奮戦した。時広の承久の乱での動きは不明だが、貞応二年（一二二三）には備後守護在職が知られ(9)、また上記のように嘉禄元年の在京が確認されるから、承久の乱後に京都を拠点に活動することとなったとみられる。『吾妻鏡』に時広の承久の乱後の活動所見がないことも(10)、この見解を支持する。先の『明月記』の記事を考慮すれば、時広は、六波羅探題北条泰時・時房を補佐するため、在京したと考えられる。執権義時の「爪牙耳目」である探題泰時・時房を、官僚筆頭の宿老広元の子時広が支える体制が、六波羅探題設置後程なく成立したのである。時広はその出自・官歴などから、吏僚として活動したと考えてよいだろう。

『尊卑分脈』（第四篇）には時広に「関東評定衆」と注記するが、『関東評定衆伝』(11)にその名が見出せぬことや、右記のように在京したとみられるから、この記載は誤りであろう。なお『尊卑分脈』では時広の子として泰秀・泰重・泰元・泰経・泰茂・泰経（継ヵ）の六人を載せ、嫡子泰秀に「関東評定衆」、次子泰重に「六波羅評定衆」と注記する。泰秀流が関東評定衆家、泰重流が六波羅評定衆家となったことを示しているが、父時広が在京していたことを考慮すれば、六波羅評定衆家の実質的始祖は時広と見做すべきであろう。なお庶子の泰茂流も在京人として活動している。

さて長井時広は承久の乱後、京都を拠点に活動することとなったが、関東評定衆家の祖とされる嫡子泰秀も当初は一緒に在京したようである(12)。『明月記』寛喜元年（一二二九）三月十四日条には、蔵人左衛門尉泰秀が石清水臨時祭舞人を勤仕した記事があり(13)、長井泰秀の在京活動が確かめられる。泰秀はこの月、検非違使に任じており、父時広と同様な任官コースを歩んでいた(14)。泰秀は建暦二年（一二一二）生まれで、承久の乱時点では僅か一〇歳であるから、乱後、父と離れ単独で鎌倉にいたと考えるよりは、父とともに在京していたとみてよい。

泰秀の鎌倉での初見は、故大江広元が集積した公家や武家関係の重書・記録(「寿永元暦以来自京都到来重書并聞書、人々欵状、洛中及南都北嶺以下自武家沙汰来事記録、文治以後領家地頭所務条々式目、平氏合戦之時東士勲功次第注文等文書」)が処々に散在していたため、執権泰時がそれらを捜索させ、目録に整え、泰秀に送ったという『吾妻鏡』貞永元年(一二三二)十二月五日の記事である。年齢も二〇歳をすぎた頃であって、泰秀は京から下向し、鎌倉で活動するようになったと考えられる。広元の死去から七年以上が経過していたが、時広が在京していたため、鎌倉にはその後継に相応しい人物がおらず、泰秀の下向が求められたのであろう。泰秀は祖父広元の後継者として位置付けられよう。このような事情から、泰時は広元が集積していた幕府重書を収集・整理し、泰秀の鎌倉での活動開始を支援したとみられる。仁治二年(一二四一)泰秀は幕府評定衆に任じられ、関東評定衆家としての地位を確立する。

2　泰重・頼重の活動

鎌倉で泰秀が祖父大江広元の後継者となったのに対して、京都で父時広の地位を引き継いだのが次子泰重である。泰重の代になると六波羅の制度は徐々に整えられ、関東に倣って評定衆が設置されて、泰重以降長井氏は、代々六波羅評定衆に任じられたとみられる。

泰重・頼重父子の活動期間は管見の限り天福元年(一二三三)から弘安九年(一二八六)で、六波羅探題でいえば、重時・長時・時茂・義宗の四代にわたり極楽寺流北条氏が北方探題を占めた時期と、それに続く政村流の北条時村が北方探題に任じた時代である。極楽寺流北条氏の探題時代(とくに時茂期まで)は、六波羅の組織が未熟で、その家人が公武交渉をはじめとする六波羅政務において重要な役割を果たしていたという特徴がある。(15)そして蒙古襲来を経て、時村が探題に就任するころまでに、吏僚系在京人を六波羅首脳部の主要メンバーとする体制が整えられていく。

さて泰重の活動からみていこう。泰重も兄泰秀同様、承久の乱後は父時広に従い在京していたとみられる。『尊卑分脈』に「策」「文」「蔵」との記載があり、泰重は対策に及第して文章得業生となり、蔵人に任官したようである。この経歴が事実とすれば、文章道を家学とした大江氏に相応しい官職ルートを歩んだといえる。天福元年五月時点では無位無官の長井次郎泰重としてみえるから、任官はこれ以後のことである。(16)

泰重期に長井氏は、在京人筆頭、つまり六波羅の長官探題に次ぐ地位を占めていた。それは六波羅探題単独期の宝治元年（一二四七）と正嘉元年（一二五七）の新日吉小五月会流鏑馬において、本来もう一方の探題が勤仕する七番の所役を長井泰重が勤めていることからわかる。(17)また建長四年（一二五二）四月には、「可然在京人」として新将軍宗尊親王の鎌倉下向に供奉したが、(18)『吾妻鏡』には探題北条長時と並んでその名が記されており、六波羅の重臣たる位置が知られる。泰重のこの高い地位は、幕府の功臣大江広元の子孫という出自・家格、そして父時広が六波羅創設以来北条時房らの補佐役であったという立場に由来するものであろう。泰重は父同様、吏僚系在京人のトップとして活動したと考えられる。

建長五年十二月の法勝寺阿弥陀堂供養では、他の在京武士らと同様にその守護にあたっているから、(19)泰重は武的存在でもあったが、泰重―頼重―貞重の三代にわたり、摂津垂水東牧中条年預職を介し、近衛家と主従関係をもったことや、公家所管の播磨鵤庄公文職相論に口入していることなどから、(20)吏僚的性格が濃厚であったとみてよい。泰重の職務の中心は西国成敗（訴訟）に関わるものであったと考えられる。管見では、直接公家政権との交渉にあたった事実などは見出せない。それは探題重時流北条氏の被官が担っていたのであり、六波羅での地位の高さに比し、泰重の活動はさほど目立つものではなかったともいえる。

なお泰重は、建長四年二月には周防の、文永元年（一二六四）四月には備前・備後守護の在職が確認されている。(21)

この備前・備後守護としての所見が泰重の終見ともなっている。文永三年七月、宗尊親王が上洛した時、北方探題時茂は一時長井頼重宅に移っているから(22)、この当時泰重はすでに死去していて、頼重に代替わりしていたようである。

さて頼重は泰重の嫡子であり、『尊卑分脈』には「蔵」との記載があり、蔵人任官が認められる。頼重の初見は弘長二年（一二六二）五月で、興福寺稚児網王殺害により南都衆徒に訴えられ、翌月大宰府に配流されている(23)。六波羅の重臣長井泰重嫡子とはいえ、殺害の重科により流罪となったのである。弘安五年（一二八二）十二月にも、興福寺衆徒強訴入京時の「路次狼藉」下手人として訴えられ、越後に配流された(24)。頼重の代になり長井氏は、武士と同質化したといってよい。とはいえ頼重は吏僚としての性格を併せもち、父泰重と同様、在京人筆頭として六波羅で探題に次ぐ地位を占めた。

建治三年（一二七七）十二月幕府は、新任の北方探題北条時村上京に際し、六波羅探題府の主要メンバーやその担当職務を決定するが(25)、長井頼重は十四人からなる「人数」（六波羅評定衆）の筆頭に位置付けられた。当初は「諸亭事」つまり、公家ら京都の権門訴訟の受理担当者であったが、のち「院宣・諸院宮令旨・殿下御教書事」奉行に変更された(26)。ここでいう、院宣・諸院宮令旨・殿下御教書は、六波羅探題宛や六波羅を通じて鎌倉の幕府に発せられたものとみられ、頼重は公武交渉での公家→武家の事務的な窓口的役割の一部を担っていたといえる。

最近紹介された、冷泉家所蔵の新古今和歌集文永本紙背文書のなかに、文永末頃、某が歌人禅忍に、「武家五十一ヶ条」（御成敗式目）発布につき、「御同心」した院宣の所在を「長井殿」（頼重）に尋ねて、案文を入手できるよう依頼した書状がある(27)。この書状から六波羅長井氏が公家から武家へ発せられた文書類を集積・保管していたことが推測される。貞永元年御成敗式目が発布された時、当時の上皇後堀河が「御同心」の院宣を出したかどうかは重大な問題であり、その存在の実否につき確認する術をもたないが、少なくとも上記書状からは、長井氏が武家宛の院宣などの集積・管理に関っていたことがうかがえる。貞永元年は頼重の父泰重の時代であるから、遅くとも泰重以来長井氏は、公武交渉の文書類のうち、公家から武家宛のものを集積・管理していたとみてよいと思う(28)。泰重は直接公家政権と交渉にあたった事実は見出せなかったが、公家→武家の窓口的役割であったと位置付け得るであろう。上記した頼重の「院宣・諸院宮令旨・殿下御教書事」奉行という職務も、このような公家→武家への窓口的立場に一致し、文書類の保管・管理者としての長井氏の職能と合致するものである。鎌倉で泰秀流が大江広元以来の重書・記録を管理したのに対し、京都六波羅では泰重流が公家から武家への重書類を保管していたのである。鎌倉と京で長井氏は、公武交渉などに関わる重書を管理していたのであった。

さて長井頼重は二度も流刑となったが、父と同様、探題に次ぐ六波羅評定衆筆頭の地位を保持した。頼重の時代は、蒙古襲来期にあたり、六波羅探題の役割が洛中警固に重点を置いた体制から、西国成敗の機能をも強化した時期にあたる。長井氏のほかに、伊賀光政・二階堂行清・町野政康らの吏僚系御家人が上洛して六波羅評定衆に任じられ、斎藤氏や飯尾氏らの大族奉行人の始祖の活動も本格化する(29)。このような吏僚たちのトップに頼重は位置していた。その意味で弘安五年十二月、越後に配流される頼重に、斎藤観意（基永）が歌を贈っているのは注目される(30)。頼重は六波羅評定衆筆頭、観意は六波羅奉行人の重鎮である。六波羅の職制上からは、観意は頼重指揮下の存在だが、文筆官僚という共通の属性から、長井・斎藤両氏は「傍輩」として連帯意識を有していたとみられる。それが観意の頼重への贈歌につながったものと考えられる。長井氏と斎藤氏との、和歌を通じての交流はこののちも認められ、六波羅評定衆と奉行人のトップ同士の関係をより密接なものとしていったと考えられるのである。

頼重がいつ配流地越後から帰京したかはわからないが、弘安九年閏十二月頃に彼の備後守護在職が推定されており、これがその最終所見となっている。

以上、泰重・頼重二代の活動についてみたが、当該期の長井氏は文士から武士化した吏僚系在京人となり、六波羅探題の主要任務の、①朝廷との交渉や監視、②洛中警固、③西国成敗のうち、②と③を中心に活動したとみられる。六波羅評定衆筆頭であったことから、とくに③の職務に中心があったものと考えてよいだろう。①に使節などとして直接関与した形跡はなく、基本的に公家↓武家への文書の事務的窓口としてのみ関わったものと思われる。①は六波羅では探題被官が担当しており（とくに泰重期）、在京人筆頭とはいえ、長井氏が活躍する機会は訪れなかった。

さて最後に、この時期の関東長井氏との関係についてみておこう。近年、武士の分業論が唱えられ、親子兄弟が本貫地・鎌倉・京都などに分かれて活動し、相互に協力・連携していたことが明らかにされている。(31)長井氏も鎌倉と京都で活動しており、分業論的に分析することも可能かもしれない。しかし長井氏の場合、両家とも評定衆という幕府要職にあり、一般武士の一族内活動としての分業とは明らかに性格が異なる。長井氏の場合、幕府の統治体制に沿った政治的人員配置に基づき、六波羅と関東の両家が成立している。両長井氏は高次な政治的存在であり、分業論で捉えることは適切ではないだろう。しかしながら長井氏が京と鎌倉に分かれ、全く無関係になったとは考えられない。先にも触れたが、泰重の鎌倉下向（建長四年）、泰秀の子時秀の上洛（正嘉元・文永元・弘安五年）などがあり、このような時に両家の間で直接的な接触・交流があったことは容易に想像できる。例えば時秀は、山門や南都などの紛争解決のため上洛しており、(32)京都で六波羅長井氏がその活動をサポートしたことは疑いない。また両家は職務上、重書類を保管しており、そのようなもののやり取りなどで使者を往来させていたことも想像に難くない。ただ、当該期、六波羅・関東両長井氏の直接的交流などを示す史料はなく、詳細は不明である。建治元年五月の六条八幡宮造営(33)では、長井氏は「鎌倉中」の「長井左衛門大夫入道跡　百八十貫」としてのみえ、この「長井左衛門大夫入道」は時広に比定されるので、六波羅長井氏は関東長井氏（当時の当主は時秀）の分配をうけて用途を負担したと考えられる。御家人役勤仕において六波羅長井氏は、鎌倉の惣領家に包摂される立場にあったことがわかる。

二　六波羅評定衆長井貞重の諸活動

六波羅評定衆長井氏の三代目が貞重である。貞重の活動は弘安十年（一二八七）から元徳三年（元弘元・一三三一）の長きにわたって見出される。探題でいえば、北方北条時村の末期から最後の探題北方北条仲時・南方同時益の時代に及ぶ。本節では貞重を中心とする鎌倉後期の長井氏の活動足跡を明らかにし、その政治的位置などを考えてみたい。

1　貞重初期の長井氏

『常楽記』[34]によれば、長井貞重は元徳三年二月十二日、六〇歳で没している。これによると、文永九年（一二七二）生まれということになる。母親は大江広元の子海東忠成の女。[35]忠成は在京人であった。

永仁三年（一二九五）五月、新日吉小五月会流鏑馬の三番を長井掃部助大江貞重として勤仕しているのが、[36]その確実な活動初見である。しかし、『新抄』弘安十年六月三日条に「若宮別当覚雅法印・葦名遠江前司・因幡次郎等被召関東云々」との記事があり、因幡次郎は、貞重の父頼重が因幡守であったこと、及び六波羅評定衆長井氏嫡子が次郎（二郎）を仮名としたらしいことなどから、[37]貞重に比定可能である。とすると、この日長井貞重は、何らかの理由で鎌倉に召し下されたことになる。当時一六歳である。前日の六月二日、東使佐々木時清が入京して将軍源惟康の官位昇進（権中納言・右大将）を朝廷に申し入れており、[38]その翌日貞重らが身柄召進されているので、その鎌倉下向は時清が奉じた幕命によると考えられる。当時、幕政の実権は執権北条貞時の内管領平頼綱が握っていた。貞重とともに召し下された人物に、故安達泰盛の側近葦名遠江前司(39)（盛宗カ）がみえるから、霜月騒動与党人として鎌倉に召還された可能性が考えられる。父頼重の最終所見が前年の閏十二月で、程なく頼重は没した可能性があるから、貞重の身柄召進はその死去後に行われたように思われる。関東評定衆家の長井宗秀（時秀の子）は安達泰盛姉妹を妻としていて、霜月騒動に連座して一時失脚したので、貞重の鎌倉召進もこれに関連するものであろう。

貞重がどのような処分を受けたかは不明だが、頼綱執政期の正応年間（一二八八～一二九三）、貞重をはじめとする六波羅長井氏の活動は管見に入らなくなる。頼綱滅亡後の永仁年間（一二九三～一二九九）に至り、その活動が再び所見するようになる。上記の新日吉小五月会流鏑馬勤仕がその一つであるが、貞重はこの時、泰重・頼重らが南北両探題在任の場合に勤めた二番ではなく、三番を勤仕していた。この点に、長井氏の地位低下がうかがえ、頼綱政権下での政治的逼塞の影響が推測される。貞重が父祖のように蔵人に任官していないのも、その地位低下が関係しているのかもしれない。

さて、長井氏は貞重時代初期、その活動は停滞気味であったが、貞重の叔父茂重の活躍により再び在京人筆頭としての地位を回復する。

茂重は頼重の弟とみられ、六波羅評定衆に列した。茂重の「茂」は、文永七年正月、探題在任のまま死去した北条時茂の偏諱と考えられる。茂重の初期の活動はよくわからないが、その私家集『茂重集』に、

大江頼重跡にて、はるのころ人〻歌よみ侍し時、古郷梅を

との詞書の歌があり(40)、兄の頼重死後に、その「跡」つまり頼重子息（貞重を指すか）らとともに歌会を行っていることが知られ、兄頼重流の長井一族との親密な関係がうかがえる。永仁二年七月～同四年十月のある時期に、紀伊西北部の悪党追捕（高野合戦）のための六波羅使節を奉行人俣野・関氏や在京人富樫氏らとともに勤め、成果をあげた(41)。

茂重は使節の構成メンバーから判断して、その中心的存在であったとみられる。在京人の有力者として、探題から使節に指名されたのであろう。さらに永仁三年、南都騒動により、前年以来東使として上洛していた長井宗秀とその子貞秀が鎌倉に帰ると、歌を贈っているから、宗秀らの滞京中、茂重が甥貞重とともに、惣領家一族を支援・歓待したことなどが推察されるのである。[42]

このような茂重の活動により、長井氏は六波羅で再びその存在感を増し、枢要な地位に返り咲いたとみられる。永仁五年七月二十七日、新南方探題大仏宗宣は南殿に入居する以前、六条車大路の長井貞重宿所（屋形）に入った。[43]貞重は在京人筆頭の地位を回復したのである。

2　政治的地位を高める貞重

嘉元二年（一三〇四）の新日吉小五月会流鏑馬で、貞重は七番を勤仕しており、[44]探題に次ぐ地位を占めたことがわかる。また応長元年（一三一一）には賦奉行として所見、[45]文保二年（一三一八）二月には一番引付頭人在職が確認され、[46]六波羅吏僚のトップに位置していた。幕府から朝廷への重事伝達の使者をも務め、徳治元年（一三〇六）十月には得宗北条貞時母潮音院尼の死去を同僚の町野宗康とともに朝廷に伝え、[47]文保二年二月には関東申次西園寺実兼の北山亭に参じ、後醍醐天皇の践祚と邦良親王の立坊とを申し入れた。[48]後者のような皇位継承に関わる使者は、従来、関東派遣の特使＝東使が勤めたが、[49]長井貞重がその任にあたったのである。この時には治世の交替につき、持明院・大覚寺両統間で合意がなされていて、東使が上洛しなかったようであるが、[50]貞重が東使と同様な役割を果たしており、その政治的地位の高さがうかがえる。父祖泰重・頼重の経験しなかった、六波羅探題の①朝廷との交渉や監視という、重要任務にも関わるようになったのである。本来関与する権限のない、東寺若宮供僧の人事にさえ貞重が介入しているのも、彼の勢威が頂点に達したことに由来するものであろう。貞重は六波羅で、泰重・頼重以上の重要な役割を担うこととなったのである。[51]

正和三年（一三一四）には南都領への地頭補任に関わり、鎌倉へ下向したようである。同年と推定される、十月二十三日付六波羅奉行人連署奉書案には、「縫殿頭殿《長井貞重》近日御上洛」により、大和平野殿庄が、地頭設置となる興福寺領か、不設置の東寺領かが判明するであろうと書かれている。[52]大和に地頭が置かれたのは七月二十八日のことで、「御下文等下給公人及在京人等」ったが、興福寺領としての認定や地頭入部などに関しトラブルが少なくなく、貞重はこれらの紛争処理などのため鎌倉に下ったとみられる。[53]貞重の地位や職能から判断して、地頭設置の当初から、その政策実行に関与していたと考えられる。貞重はこの時の興福寺領地頭補任における担当者であったと考えてよいと思う。貞重期になると長井氏は、六波羅の政務により深く関わるようになったといえる。六波羅の組織が正安年間（一二九九～一三〇二）ころ西国成敗機関として完成し、その運営が探題―探題被官よりも、吏僚系在京人を中心に担われるようになったことが、その背景として考えられる。貞重はこのような吏僚系在京人のリーダーであったのである。

ところで、永仁五年七月二十七日、関東から上洛した新南方探題大仏宗宣が南殿に入居する前、貞重の六条車大路の宿所（屋形）に入ったことは先に触れた。「六波羅守護次第」によると宗宣は、翌永仁六年正月二十八日、ようやく貞重宿所から新造の南殿に移るから、半年以上貞重宿所に居住していたことがわかる。貞重宿所は六条車大路にあり、六波羅南方の近辺であったとみられ、[54]宗宣の一時的居住も自然なことともいえる。しかし半年以上も同所に居たことは、宗宣が六波羅の政務主導者「執権探題」であったことを考慮すると、貞重宿所が、政務の場としての機能にも堪え得る空間構成や、政務遂行に関わる記録・文書などを備えていたことが、その長期居住を可能にしたと考えられよう。[55]長井氏は公武交渉の公家から武家への重書類を集積・管理していたのであり、そのような記録類を備えた貞重宿所は、探題が政務を行う場としても相応しい空間であったように思われるのである。

また延慶三年（一三一〇）七月十三日に北方探題として再上洛した金沢貞顕も、少なくとも九月十二日までは長井貞重の許に「寄宿」していた。興福寺の僧が訴訟のため、貞重宿所に出向いているから[56]、宗宣の時と同様、同所が探題貞顕の政務の場ともなっていたことがわかる。しかも貞顕は、宗宣と違い北方探題であり、近所であったから貞重宿所に入ったわけではない。貞顕も執権探題であったことを併せ考えると、貞重宿所は、探題の執政に堪え得る場としての機能をもっており、探題館に准ずる重要性をもつ場であったことがうかがえると思う。

貞重宿所の空間構成などを復元するのは材料がなく困難であるが、引付頭人でもあったことなどから、訴訟を受理・審理する場や、評定を行うための空間を備えていたことなどが想像される。同所で、公武交渉に関わる重書類を保管していたことも疑いない。一時的とはいえ、六波羅政務主導者の、執権探題大仏宗宣・金沢貞顕が貞重屋形に居住したことは、長井氏宿所が重要な場となっていたことを物語っている。探題（とくに執権探題）館が使用不能の場合、長井氏宿所がその機能を代替・補完する場となったと考えてよいと思う[57]。政務の「場」からみても、貞重の地位上昇がうかがえる。

3　軍事的活動も行う貞重一族

長井氏は頼重のころ、武的性格をも色濃く併せもつようになっていた。先述したように頼重は、弘安五年十二月、興福寺衆徒の強訴入京を防いだ「路次狼藉」により、越後に配流された。僧兵の強訴入京阻止においても長井氏が活動したことがわかる。また頼重の弟茂重は高野合戦の使節を勤めたのである。このような武的側面をも併せもつ吏僚御家人としての性格は、次世代の貞重にも継承された。

元応元年（一三一九）四月、延暦寺衆徒が三井寺の戒壇落慶により蜂起し、同寺を襲撃せんとした時、「ミいてらの一はんのよせてふせき二ハ　ぬいとの《（縫殿頭＝長井貞重）》・ひたちのかミ《（常陸介＝小田時知）》むかい候て」とあり(58)、貞重は同僚の六波羅評定衆小田時知とともに、真っ先に同寺警固のため出動した。またこれより先の正和四年六月には、前年の六波羅北方探題金沢貞顕と新日吉神人との闘乱の端緒をなした、石清水神人成仏法師の身柄を預かっている(59)。

貞重の子高広の代にも、長井氏は六波羅の武力機構において重要な位置を占めていた。元弘元年（一三三一）八月二十七・二十八日、後醍醐天皇の挙兵により、六波羅の武士は比叡山を攻撃する。『光明寺残篇』(60)によると、その布陣は、

東坂下……佐々木大夫判官（時信）・海東備前左近大夫将監・波多野上野前司（宣通）
西坂下……長井左近大夫将監（高広）・加賀前司（町野信宗）
勢　多……常陸前司（小田時知）

であった。六波羅は後醍醐の京都出奔の事実を二十四日に掴み、山門に逃亡したとみて比叡山を攻めたのだが、長井高広は、佐々木・海東・波多野・町野・小田氏らとともに出陣している。また、二十七日の春宮量仁親王の持明院殿から六波羅北方への行啓には、「丹後前司《（長井宗衡）》・筑後前司《（小田貞知）》・備後民部大夫《（町野康世）》等数百騎」が供奉・警固にあたり、庶流の長井宗衡の活動がみえる。

鎌倉末期の高広の代には、長井氏が佐々木・波多野・小田らの有力武士とともに、六波羅軍の主力を構成していたことがうかがえる。なお、海東氏は大江広元流、町野氏は三善康信流の出身であり、鎌倉末期には、吏僚系の在京人たちも洛中警固や軍事活動において、東国武士出身者らと同等な役割を果たしていたことがわかる。長井氏は泰重・頼重期から洛中警固を担っていたが、貞重・高広期になると、六波羅軍事機構の中核に位置する存在となったと評価

できる。

4　貞重期長井氏の政治的位置

永仁二年二月から翌三年五月にかけて、長井宗秀・貞秀父子は東使として長期在京していたが(61)、長井茂重らは彼らを歓待した。六波羅の長井氏は鎌倉の長井氏嫡流と親密な関係を築いていたとみられる。関東長井氏は元来泰秀が父時広や弟泰重とともに在京していたし、時秀・宗秀も東使として複数回上洛している(62)。宗秀以後も、貞広や高冬らの関東長井氏一族が東使として上洛した(63)。元徳元年（一三二九）十月、金沢貞顕は子息の六波羅南方探題貞将宛書状(64)のなかで、

治部少輔高秀（長井）京着之後、何様事等候哉、貞重以下一門定もてなし候らんと覚候、

と、長井高秀が京都に到着してからは、きっと貞重ら六波羅長井氏一門が歓待し、もてなしていることであろうと、推量している。六波羅探題を二度も経歴した、貞顕にすれば、関東長井氏と六波羅長井氏との親密な関係は自明のことであったのである。六波羅長井氏は、東使として上洛した関東長井氏の活動を支援したことであろう。

また六波羅長井氏も建長四年（一二五二）の泰重や正和二年の貞重のように、鎌倉に下向していることが確認され、その鎌倉滞在中、関東長井氏の支援を受けるなどして交流を深め、一族としての結束を強めたことが推測される。

長井貞重の活躍期は、北条貞時から高時の時代でいわゆる得宗専制期である。貞重と親密な関係を築いていた長井宗秀が、安達時顕・長崎円喜とともに「御内宿老」と呼ばれ(65)、得宗政権の中枢にいた存在であったことを考慮すると、貞重も得宗に近い立場であった可能性は低くない。ただ、六波羅長井氏が得宗政権に近い立場にあったとしても、それは北条一門である六波羅の長官探題に対し、従順な存在であったことを意味するわけではない。

六波羅探題金沢貞顕ゆかりの女性薬師堂殿は、貞顕の南方探題在任中の嘉元三年から延慶二年（一三〇九）の頃、所領近江柏木御厨の境相論につき六波羅に訴えていたが、彼女の書状には、(66)

　大みやのたんこのかみ《（丹後守）》とう《（頭）》人にて候、その人こなた《（此方）》をひらにあしく《（悪）》申て、すて《（棄）》られ候へきよしを申され候ほとに、
　なけき覚候、

とあり、引付頭人「大みやのたんこのかみ」によって訴訟が「すてられ候へき」事態、つまり棄却されようとしていたことが書かれている。この「大みやのたんこのかみ」とは、丹後守の官途と引付頭人という地位から長井茂重と推定され、茂重が探題貞顕の関係者薬師堂殿の訴訟にもかかわらず、裁判を有利に導こうとはせずに敗訴させようとしていることがうかがえるのである。六波羅長井氏は、訴訟の場で探題北条氏に対し、配慮する姿勢をみせなかった。長井氏は六波羅内では自立的存在であったといってよい。

次の事例も注目される。元徳二年、延暦寺僧は近江浅井郡地頭らとの訴訟につき、六波羅引付に九月二十九日出対することとなっていたが、常住院御会出仕のためこれが適わず、十月八日への延期を「且触六波羅、且問答頭人」した(67)。ここでの頭人とは長井貞重のことで、引付への出対延期申し入れも、探題（当時は北方常葉範貞・南方北条時益）に触れただけでは済まず、頭人貞重の承諾を必要としているのである。しかも八日の出対を拒否され、七日のそれが決まる。引付頭人が個別訴訟の担当責任者で、引付沙汰もその宅で行われた可能性があるとはいえ、ここでは頭人貞重が探題と同等な六波羅法廷の主宰者と見做されていることが読み取れると思う。長井氏は六波羅において独立性の強い存在であった。

その一方長井氏は、探題からは政治的に自立した存在であったが、吏僚系在京人のトップという立場から、奉行人らの官僚集団とは良好な関係を築いていた。

弘安五年の長井頼重の越後配流に際し、六波羅奉行人の重鎮斎藤観意（基永）が歌を贈ったことは先に触れたが、『茂重集』によると、観意は頼重の喪に服す長井茂重に哀悼歌を贈り、茂重もこれに返歌していることが知られる。(68)また、同集には、

観意法師身まかりてのち、日かすへたゝりて、かのあとへ申をくりける

との詞書の歌もあり、(69)茂重が観意亡き後、その死を悼んで遺族に贈歌していたこともわかる。六波羅長井氏の惣領貞重には、茂重のような私家集がなく、このような交流は確認できないが、彼も勅撰歌人であり、歌詠みの家系の奉行人斎藤一族との和歌を通じての交流は容易に想像されるところである。(70)

長井・斎藤両氏は、和歌を通じて親密な関係をもっていたのである。それは単に両者が歌人の家系であったからではなく、六波羅吏僚の中核という立場を共有していたからだろう。長井氏が評定衆、斎藤氏が奉行人という、職制上の上下関係が存在したとはいえ、六波羅の官僚組織のなかでともに大きなウエイトを占めた、長井氏と斎藤氏との間には吏僚としての傍輩意識が強く生じていたと考えられる。

長井氏はこのように、奉行人の大族斎藤氏との間に良好な関係を保ち、吏僚の中核的存在として六波羅内で最重要な位置を占めていた。貞重の代になると、六波羅奉行人の一部にはその被官的存在となる者も現れるに至る。

三重行政（円覚）は祖父政平以来の奉行人家の出身で、正和三年に六波羅奉行人在職が確認される人物である。(71)六波羅奉行人杉原氏の一族でもある。(72)その行政は元応二年備後守護であった長井貞重の「使者佐渡入道円覚」として所見する。守護による、高野山領備後国大田庄尾道浦への乱入・狼藉の訴えに対し、守護代高致改易などの処分を東寺を通じ高野山側に申し入れていた。行政は貞重使者として、狼藉事件につき弁明・対処したのであり、貞重被官となっていたようである。行政は奉行人としての職務などを通じ、貞重との関係を深めて、被官化した可能性が考えられる。

貞重は奉行人をも被官化していたのである。

以上、貞重の活動をみてきた。貞重期長井氏は、六波羅主要任務の、②洛中警固、③西国成敗（訴訟）で活動しただけではなく、①朝廷との交渉や監視という重要任務にも関与するようになった。これは泰重・頼重期との大きな相違である。貞重の時代、六波羅の組織が西国成敗機関として完成し、その運営が探題―探題被官よりも、吏僚系在京人を中心に担われるようになった。貞重が①に関与したのも、このような六波羅の組織・機構の変化が関係しているものと判断される。③では貞重宿所が探題館を補完する場となり、②でも軍事的中核となるなど、その役割は重要性を増していき、六波羅長井氏は貞重期に政治的地位を上昇させ、最盛期を迎えたといってよいだろう。鎌倉末期の探題は長井貞重に依存するところが少なくなかったとさえいい得る。

おわりに

本章で述べたことを要約しておく。在京人長井氏の成立は時広にはじまる。嫡子泰秀は鎌倉に帰って祖父大江広元の跡を継承して関東評定衆となり、次子泰重は時広の吏僚系在京人としての性格を受け継ぎ六波羅評定衆となった。ここに関東・六波羅の両長井氏が成立する。両家は上洛や鎌倉下向などにより親密な関係を維持していた。また幕府や六波羅の文書保管などにも関っていた。六波羅長井氏は時広―泰重―頼重―貞重―高広の五代にわたるが、頼重の二度に及ぶ配流や貞重の霜月騒動連座の危機を乗り越え、在京人筆頭という枢要な政治的地位を維持した。貞重の時代、六波羅の組織・機構が変化するなかで、長井氏は六波羅の主要職務の①朝廷との交渉や監視、②洛中警固、③西国成敗、何れにおいても重要な役割を果たすようになり、その政治的地位は従来以上に重みを増していった。六波羅長井氏は探題北条氏を支えた存在であったが、政治的には自立しており、奉行人の大族斎藤氏と親密な関係を築いていた。鎌倉末期の探題は長井貞重に依存するところが少なくなかったとさえ考えられるのである。

以上の結論を踏まえると、鎌倉後期以後の六波羅探題府について考える場合、長井氏ら吏僚系在京人の動向を中心に据えながら考察することが不可欠となると思う。鎌倉末期になると六波羅評定衆は家柄が固定化していく。長井氏をはじめ伊賀・小田・海東・町野・水谷らの諸氏がそれであり、言うまでもなく彼らは京都に常住し続けた。何れも吏僚的性格が濃厚で、引付頭人にも任じ、自立的存在であった。当然ながら、長井貞重でみたような、奉行人層との親密な関係も想定されるところである。これに対し、六波羅の長官探題は、永仁五年（一二九七）の大仏宗宣以後、北条南方も執権探題に就任するようになり、執権探題の任命基準が家格優先から能力優先へと変化したといえるが、北条一門庶流による持ち回り的ポストと化したことは否めない。在任期間も短期化する傾向にあった。六波羅の実務の中核部分は長井氏ら吏僚系在京人が担っており、探題には彼らをスムーズに動かすための調整能力が最も必要とされたとみられる。悪党鎮圧に手腕を発揮した大仏維貞のような例外もいたが、かつての北条重時のように、探題自身が強力に指導力を発揮する必要はなかった。鎌倉末期の探題には存在感の際立つ人物はほとんどみあたらないのである。極言すれば、六波羅の職務は吏僚系在京人を中心に請け負われ、探題はさほど主導力を必要としない存在となっていたとさえいってよいかもしれない。(73)末期の六波羅を考察するには、探題よりも奉行人層をも含めた吏僚系在京人の動向を中心に据えて考えることが必要なのである。またそれは、多くの吏僚系在京人を継承した室町幕府機構の解明につながっていくものともなろう。

註

（1）拙著『六波羅探題の研究』（続群書類従完成会、二〇〇五年、以下拙著とする）。六波羅探題の研究史については拙著序章「研究史と本書の構成」で述べたが、その後、熊谷隆之氏「六波羅探題任免小考」（『史林』八六―六、二〇〇三年）、同「六波羅探題考」（『史学雑誌』一一三―七、二〇〇四年）、同「摂津国長洲荘悪党と寺社」（勝山清次氏編『南都寺院文書の世界』所収、思文閣出版、二〇〇七年、初出二〇〇六年）、同「嘉禎の南都蜂起と鎌倉幕府」（大和を歩く会編『古代中世史の探求』所収、法蔵館、二〇〇七年）、同「鎌倉幕府支配の展開と守護」（『日本史研究』五四七、二〇〇八年）、木村英一氏「鎌倉時代の寺社紛争と六波羅探題」（『史学雑誌』一一七―七、二〇〇八年）、久保田和彦氏「六波羅探題発給文書の研究」（北条氏研究会編『北条時宗の時代』所収、八木書店、二〇〇八年）、山野龍太郎氏「東国武士の六波羅評定衆化」（『史境』六一、二〇一〇年）、拙著『北条重時』（吉川弘文館人物叢書、二〇〇九年）などが発表されている。

（2）六波羅探題の展開過程については拙著『六波羅探題の研究』参照。その概略については終章「六波羅探題の展開過程」で述べた。

（3）拙著所収、初出一九九一年。

（4）小泉宜右氏「御家人長井氏について」（高橋隆三先生喜寿記念論集『古記録の研究』所収、続群書類従完成会、一九七〇年）、佐藤進一氏『増訂鎌倉幕府守護制度の研究』（東京大学出版会、一九七一年）備後の項。なお永井晋氏「長井貞秀の研究」（『金沢北条氏の研究』所収、八木書店、二〇〇六年、初出二〇〇五年）もある。

（5）『吾妻鏡』建保六年六月二十七日・七月八日条。

（6）『吾妻鏡』建保六年八月二十日条。

（7）『吾妻鏡』建保六年八月二十日・二十一日条。

（8）『吾妻鏡』承久元年正月二十八日条。

（9）佐藤氏前掲註（4）著書同項。

（10）仁治二年五月二十八日条に死亡記事を載せるのみである。ただし死去した場所は書かれていない。

(11)『群書類従』第四輯。
(12) 明月記寛喜二年閏正月記紙背文書の藤原為家書状（冷泉家時雨亭叢書別巻一『翻刻明月記紙背文書』第四十五11）にも記述がある。
(13)『蔵人補任』（『群書類従』第四輯）。
(14) 建長五年、四十二歳で没している（『関東評定衆伝』）ことからの逆算。
(15) 拙著『北条重時』三九・四〇、一七一～一七三頁。
(16)『民経記』天福元年五月九日条。
(17)『葉黄記』宝治元年五月九日条・『経俊卿記』正嘉元年五月十一日条。
(18)『吾妻鏡』建長四年三月六日・四月一日条。
(19)『経俊卿記』同日条。
(20) 拙稿「六波羅評定衆考」参照。
(21) 佐藤氏前掲註（4）著書、当該国の項。
(22)『新抄』（『外記日記』）『続史籍集覧』第一冊）文永三年七月二十日条。
(23) 古簡雑纂、弘長二年五月十八日付光明山寺牒案（『鎌倉遺文』八八一四）、『一代要記』（『改定史籍集覧』第一冊）弘長二年六月十四日条等。
(24)『勘仲記』弘安五年三月十三日・十二月六日条、『一代要記』弘安五年十二月十四日条等。
(25)『建治三年記』十二月十九日条。
(26)『建治三年記』十二月二十五日条。
(27)（年未詳）十二月五日付某書状（冷泉家時雨亭叢書第八十一巻『冷泉家歌書紙背文書』上　新古今和歌集文永本紙背、第一冊79・80）。
(28) 集積・管理の在り方としては、六波羅宛の場合は原文書自体の保管、関東宛の場合はそれを書写した引付形態のものが考えられる。長井氏の手許に御成敗式目発布時に出された後堀河上皇院宣が存在していたとすれば、その院宣は当然関東宛に発せられ送付されたであろうから、長井氏はその写を保管していたと考えられる。

(29) 拙稿「六波羅評定衆考」、同「六波羅探題職員の検出とその職制」（拙著所収、初出一九八七・一九九〇年）。
(30) 『新千載和歌集』（『新編国歌大観』第一巻）七五七。
(31) 秋山哲雄氏「都市鎌倉の東国御家人」（『北条氏権力と都市鎌倉』所収、吉川弘文館、二〇〇六年、初出二〇〇五年）。
(32) 『吾妻鏡』正嘉元年十月十三日条・『新抄』文永元年十二月十四日条・『勘仲記』弘安五年七月四日条等参照。
(33) 田中穣氏旧蔵典籍古文書、造六条八幡宮用途支配注文写（『北区史』資料編古代中世1、中世古文書一九）参照。
(34) 『群書類従』第二十九輯。
(35) 『尊卑分脈』第四編、一〇七頁。
(36) 『実躬卿記』永仁三年五月二十六日条。
(37) 長井泰重は次郎を称し（『民経記』天福元年五月九日条）、貞重の子高広と推定される人物も因幡二郎としてみえている（東寺百合文書は、〔正和三年〕十月二十二日付頼尊書状〔『鎌倉遺文』二五二七〇〕）。
(38) 『勘仲記』弘安十年六月三日・五日条。
(39) 葦名盛宗は『蒙古襲来絵詞』に画かれた、安達泰盛の館に出仕している「あしなのはんぐわん」と同一人物と考えられる（『三浦系図』〔『群書系図部集』第四〕）。
(40) 『茂重集』（『私家集大成』4 中世Ⅱに『丹後前司茂重歌』として所収）一二。
(41) 山陰加春夫氏「『高野合戦』攷」（一）（二）（『高野山大学密教文化研究所紀要』一〇・一一、一九九七・一九九八年）。
(42) 『茂重集』一〇六・一八一。
(43) 「六波羅守護次第」大仏宗宣項には「着于長井掃部助貞重宿所六条車大路」とみえ、『将軍執権次第』（『群書類従』第四輯）には「先落付掃部助貞重屋形」とある。なお「六波羅守護次第」は熊谷隆之氏「六波羅探題任免小考」に翻刻されている。

(44)『実躬卿記』嘉元二年五月二十九日条。
(45) 拙稿「六波羅探題職員の検出とその職制」。
(46) 内閣文庫所蔵大乗院文書、(文保二年二月) 某書状。森茂暁氏「文保の和談の経緯とその政治的背景」(『日本歴史』七三九、二〇〇九年) で紹介・翻刻されている。
(47)『実躬卿記』徳治元年十月十七日条。
(48)「継塵記」(『歴代残闕日記』) 文保二年二月二十一日条。
(49) 弘安十年の後宇多退位・伏見践祚の時には佐々木宗綱が、正安三年の後伏見退位・後二条践祚の時には佐々木時清・二階堂行貞が東使として上洛した。
(50) 森氏前掲註 (46) 論文。
(51) 宮崎肇氏「藤井永観文庫旧蔵『東寺長者補任』紙背文書の紹介」(『鎌倉遺文研究』二四、二〇〇九年) の一五 (一) (年未詳) 十二月十九日付法印定厳書状土代、一五 (二) (年未詳) 十二月二十二日付東寺長者守瑜書状案。
(52) 東寺百合文書と、『鎌倉遺文』二五三三六〇。
(53)『武家年代記裏書』。
(54) 車大路は大和大路の別名であり、六条車大路に所在した長井貞重宿所が六波羅探題南方付近にあったことは、高橋慎一朗氏「『武家地』六波羅の成立」(『中世の都市と武士』所収、吉川弘文館、一九九六年、初出一九九一年) で指摘されている。
(55) 大仏宗宣が長井貞重宿所に居住していた期間も、『鎌倉遺文』の当該期を通覧すれば明らかなように、六波羅の職務は通常どおりに行われている。
(56)「延慶三年記」(『史潮』七―三、一九三七年) 九月十二日条。
(57) 文永三年七月二十日、鎌倉を追放された将軍宗尊親王が六波羅に入った時、北方探題北条時茂は「居移長井頼重宅」しているから (『新抄』)、長井氏宿所の重要性は、遅くとも貞重父頼重の代には認めることが可能であろう。
(58) 魚澄惣五郎氏・松岡久人氏「厳島神社所蔵反故裏経について」(『史学雑誌』六一―三、一九五二年) 五二頁。

(59)『武家年代記裏書』正和四年六月二十七日条。
(60)『光明寺文書』一〇。
(61)『勘仲記』永仁二年二月二十日・三月五日条、『実躬卿記』同三年五月六日条等。
(62)時秀の上洛は註(32)参照。宗秀の上洛は前註の他に、『勘仲記』正応二年十月十日条参照。
(63)貞広の上洛は『歴代皇紀』(『改定史籍集覧』第十八冊)延慶元年九月三日条・生田本『鎌倉大日記』同三年十月十日条、高冬の上洛は『花園天皇日記』元弘元年十一月二十六日条参照。
(64)金沢文庫文書、(元徳元年)十月二十三日付崇顕(金沢貞顕)書状(『神奈川県史』資料編2古代中世(2)(以下『神奈川』とする)二七八三)。
(65)円覚寺文書、(元亨三年)北条貞時十三年忌供養記(『神奈川』二三六四)。
(66)『金沢文庫古文書』二八七七、(年月日未詳)氏名未詳書状。同二七六八、(年月日未詳)氏名未詳書状も参照。なお薬師堂殿については永井晋氏「金沢北条氏の女性名」(永井氏前掲註(4)著書所収、初出一九九三年)参照。
(67)甚深集紙背文書一六、元徳二年十月五日付延暦寺衆徒集会事書(桃裕行氏「身延文庫本『雑々私要抄』及び『甚深集』の紙背文書について」(『立正史学』五一、一九八二年))。
(68)『茂重集』一八三。
(69)『茂重集』一八五。
(70)例えば、長井貞重と頓阿とは和歌のやり取りなどが知られる(『草庵集』一三五四・『続草庵集』三三五(『私家集大成』5中世Ⅲ))が、頓阿は斎藤基任・基村とも親密な交流があり、このような関係からみても、長井貞重と斎藤氏との和歌を通じての交流は容易に推定できる。なお歌人としての斎藤氏の活動については拙稿「六波羅奉行人斎藤氏の諸活動」(拙著所収)で触れた。
(71)拙稿「六波羅探題職員の検出とその職制」。なお奉行人三重氏については湯山学氏「ある伊勢平氏の末裔」(『相模国の中世史』上、私家版、一九八八年)を参照。

（72）高野山文書又続宝簡集、備後国守護使者円覚申詞（瀬野精一郎氏編『備後国大田荘史料』一（吉川弘文館）、一八四）。一七七～一八五が関連文書である。

（73）拙稿「南北両六波羅探題の基礎的考察」（拙著所収、初出一九八七年）及び「六波羅探題の展開過程」で、大仏宗宣以後、探題に従来以上の実務能力が不可欠となったと述べたが、拙著発表後の、北条重時の職務活動の検討結果（『北条重時』参照）から判断して、事実誤認と考えられるので訂正しておきたい。この点につき木村氏註（1）論文註(102)でも指摘を受けた。ただし木村氏は「探題トップの人事に能力優先主義が現れたとまでは言い切れないと思う」と述べているが、私は両探題間での執権探題の任命基準について「能力優先主義」のような表現を用いているのであって、永仁五年以降、執権探題の任命基準が従来の家格主義から能力主義へと変化したとの見解を改める必要はないと考える。鎌倉末期、探題が「さほど主導力を必要としない存在」となったといっても、朝幕関係の要に位置する重職（とくに執権探題）に、政治的能力を欠くような人物が就任したとは思えないのである。

第四章　鎌倉末期の六波羅探題—崇顕（金沢貞顕）書状から—

はじめに

正中元年（一三二四）九月、正中の変が勃発し、後醍醐天皇による討幕の動きが明らかとなってきた。九月二十三日に北野祭があり、祭りにつきものの喧嘩を鎮めるため六波羅の武士が出動したその隙に、土岐・多治見氏ら後醍醐方の武士が六波羅探題常葉範貞を討つ計画であったという[1]。当時の六波羅探題は北方探題範貞のみであり、南北両探題が在職した時に比べ十全ではない体制であったのである。それから約二ヶ月後の十一月十六日、欠員であった南方探題に就任するため、金沢貞将が上洛する。『花園天皇日記』同日条に、

十六日己亥、晴、貞将上洛、為六波羅南方云々、其勢五千騎許、超過于先例云々、

とあり、新探題貞将が五千騎もの大軍を率いて入京したことがわかる。貞将の父金沢貞顕が乾元元年（一三〇二）七月、南方探題として上洛した時には「其勢及千余騎」程度であったから[2]、貞将はその五倍もの武士を率い入京したのである。この五千にも及ぶ大軍が、幕府に対し不穏な動きをする後醍醐天皇を牽制するための、示威・威嚇的な意味をもっていたことは言うまでもない。このような大軍が貞将とともに在京し続けたかどうかは不明だが、貞将が探題

を離任する元徳二年（一三三〇）閏六月までの間に、後醍醐が討幕のため兵を動かすことはなかった。貞将はひとまず、幕府打倒の軍事行動を封じ込めることには成功したといってよい。

このように六波羅探題金沢貞将の在職期は、京・鎌倉間の政治的関係から緊張感に満ちたものであったと思われるが、本章では、この時期における六波羅探題府の様相について考えてみたい。周知のように、金沢貞将の父金沢貞顕書状が金沢文庫文書（称名寺文書）として伝来している。そのほとんどは聖教類の紙背文書として残されたもので、残存する年代にも偏りがあるが、貞将の六波羅探題在職時代のものも少なからず伝来している。とくに貞将の探題在職末期の元徳元年（嘉暦四・一三二九）、二年ころに、貞将からの書状を承け、それに指示を与えるなどした貞顕書状は注目すべき内容を含んでいる。当時金沢貞顕は出家して法名崇顕と名乗り、政界の第一線を退いていたが、二度の六波羅探題や連署・執権などの重職を経歴した幕府要人であった。それだけに子息貞将に対し、鎌倉から適切な指示などを与えていたのである。近年、永井晋・角田朋彦・野村朋弘氏編『金沢北条氏編年資料集』が刊行され、年代が確定された貞顕書状もあり、利便性も高まった(3)。以下、崇顕（金沢貞顕）書状から、鎌倉末期の六波羅探題について考えてみたいと思う。

一　金沢貞顕の六波羅探題への視線

金沢貞顕は乾元元年（一三〇二）七月から延慶元年（一三〇八）十二月まで南方探題、同三年六月から正和三年（一三一四）十一月までは北方探題と、二度にわたり六波羅探題を経歴して(4)、六波羅の政務に通じていた。貞顕は〔元徳元年（一三二九）〕十一月十八日付書状で貞将に対し、

（前略）六波羅闕所注文、去今両年分不到来候、何様哉候へとも、案文を不給候歟、若又闕所か候ハぬやらん、不審候、いかにも両年なき事ハあるへしとも不覚候、奉行人事をきらひ、又闕所になりぬへき事を、評定にあけ候ハぬやらん、返〻おほつかなく候、委細可示給候、この注文給はりて候し後ハ、不到来候、案文一通令進之候、
御恩事御所存候ハむニハ、むねと西国の闕所を御意に懸けられ候へきに、御無沙汰候事、無勿躰候（後略）

と、六波羅からの去年と今年分の闕所注文が送られてこないことを心配し、両年にわたり闕所が生じぬことはあり得ないから、奉行人の職務怠慢により、闕所処分地が評定に披露されないためではないかと推量して「返〻おほつかなく候、委細可示給候」と指示し、「この注文給はりて候し後ハ、不到来候、案文一通令進之候」と、以前貞将から送られた闕所地関係の文書とみられる注文の案文を送付している。貞顕にすれば「御恩事御所存候ハむニハ、むねと西国の闕所を御意に懸けられ候へきに、御無沙汰候事、無勿躰候」、つまり貞将が幕府に恩賞を求めるのならば、西国の闕所拝領を心掛けるべきなのに、肝心の六波羅闕所注文を作成しないから、恩賞をもらうチャンスも失うので「無勿躰」い、というのである。自己の利益をも計算に入れて六波羅の職務を全うするように勧めた、探題経験者貞顕ならではの貞将への適切なアドバイスである。

また同年末ころとみられる貞将宛貞顕書状[5]の一節には、

一　真性（宗像）奉行日記事、大略於彼方校合之条、返〻不審候、能〻可有御沙汰候、

とあり、「真性奉行日記」が彼方つまり宗像真性の許で校合されたことに疑問を呈している。「真性奉行日記」については内容がよくわからないが、真性の許で校合されたことが問題となっているので、私的なものではなく公的性格の「日記」とみられる。宗像真性は六波羅奉行人である[6]から、「真性奉行日記」は彼が担当した訴訟案件などを記録していた可能性がある。貞顕は「日記」が六波羅の裁判などで先例・判例となることを承知しており、正確性の維持や不

正排除のために、本人以外の奉行人が校合するのが当然と考えていたのだろう。そこに気付かなかった貞将に注意を与えたのである。訴訟裁判は六波羅探題の主要職務であったからである。

この他翌元徳二年三月に、京着した貢馬に関して指示を与えた貞顕書状もある。(7)

金沢貞顕にとって子息貞将の六波羅探題在職とは、かつての自分がそうであったように、落ち度なくその職務をこなし、鎌倉帰還後に引付頭人・評定衆・寄合衆、さらに執権・連署などの要職へ昇進するための重要な一階梯と位置付けられていたと考えられる。とにかく落ち度のないよう、職務を全うすることが第一であった。六波羅闕所注文や真性奉行日記の件のように、鎌倉の貞顕は六波羅の貞将を見守り、頻繁に助言を行うなど、常に息子をサポートしていたのである。その最たるものが、貞将の鎌倉下向の請願であり、貞顕が長崎円喜や安達時顕らの幕府権臣にその実現を働きかけていたことは周知のとおりである。(8)

さて貞顕が貞将との書状の遣り取りのなかで、六波羅についての情報として最も関心を懐いていたのは在京人の動向であろう。正中の変で討幕運動が一時挫折したとはいえ、後醍醐天皇は中宮懐妊に事寄せて幕府調伏の祈祷などを行い、討幕に邁進していた。(9)在京人のなかにも後醍醐に接近する者が現れるようになっていたのである。貞顕は貞将に対し、在京人の動きをつかみ、時には彼らを懐柔するよう指示もしていた。(10)六波羅には両探題以外に北条一門がほとんどおらず、在京人は自立性の強い、どちらかといえば扱いにくい存在となっていた。彼らに背かれては、六波羅の政務も滞り、立ち行かなくなる。在京人を何としてでも六波羅につなぎ留めておきたい、それが六波羅を知悉する貞顕の本音であったろう。次節以下で具体的にみていこう。

二　伊賀兼光の出仕停止事件

金沢貞顕は二度六波羅探題となったのであるが、延慶三年（一三一〇）ころ再度探題となる風評が立った時、「愚身面目をうしなうのミニ候ハす、在京人以下あさけり無申計候歟、其上者成敗すへてかなうましく候」[11]と忌避し、在京人が指示に従わないであろうことを恐れていた。[12]かつて拙稿で明らかにしたように、十四世紀初頭に六波羅が西国成敗機関として完成し、在京人の中核を占める六波羅評定衆・引付頭人には吏僚系御家人が任命されていた。長井・伊賀・町野・海東・水谷氏らである。貞顕がその不協力を危惧したのはこれらの人々であったと考えられる。六波羅には、鎌倉のように北条一門の評定衆・引付頭人はほとんど存在せず、文筆官僚が重きをなしていたのである。貞将の探題在職期、貞顕がその動向に注目していたのも、これら六波羅高級官僚たちであった。専ら京中の治安維持を担当する一般在京人に対して貞顕はあまり関心を寄せていない。鎌倉の貞顕は自己の経験上からも、そして後醍醐天皇の不穏な動きからも、六波羅の中枢にあり、「成敗」にも影響を与えうる吏僚系在京人の動向に関心を払わずにはいられなかったのである。

貞将の探題在職期、伊賀兼光が「引付事」により出仕を止める事件があった。[13]従来この事件は正中二、三年（一三二五、二六）ころに起きたとされていたが、元徳元年（一三二九）七月ころの出来事であったことが明らかになった。当時兼光は引付頭人に在職していた。「筑後前司（小田貞知）帰洛之後、依引付事」、出仕を止めたとあるから、[14]小田貞知が鎌倉からもたらした引付の人事情報がその不出仕の原因となったとみられる。兼光はその人事で、ランクが上の引付番方に昇進できなかったのであろう。この年四月ころに、鎌倉で「六波羅二番引付管領」の人事が話題となっているから、[15]

兼光は二番引付頭人への昇進を望んでいた可能性がある。六波羅一番引付頭人は在京人筆頭の六波羅長井氏の当主貞重が占めていたから、二番頭人となることはそれに次ぐ地位を得ることとなるのである。兼光は文保元年（一三一七）以来引付頭人に在職しており、その資格は充分にあった。しかし彼はその望みを果たせなかった。また鎌倉の金沢貞顕は二番頭人に町野信宗を推していたが、信宗が任じられることもなかった。この時の人事では、小田時知が二番頭人に就任したようである。(17)

さて伊賀兼光は不満を抱きつつも、程なく出仕した。(18)兼光は貞顕の北方探題在職期から活動しており、貞顕は彼を「六波羅評定衆眼目」とさえ評価していた。(19)それだけに、兼光の出仕を喜び、昇進できなかった替わりとして「一級事」つまり位階昇進を叶えるよう、貞将に働きかけている。(20)有能な官僚の重鎮伊賀兼光を宥めることが不可欠であると貞顕は認識していたのである。兼光は一〇年以上にわたり引付頭人に任じていたから、彼の動向は六波羅の職務や吏僚を中心とした在京人たちに影響を及ぼす可能性があった。しかしこの年の末、「一級御免」も拒否される。(21)鎌倉での官途沙汰において、兼光の加階は北条高時の権臣安達時顕の反対意見により実現しなかった。兼光はすでに数年前から後醍醐天皇と密接な関係をもっており、(22)これが安達時顕の嫌うところとなった可能性が大である。時顕には浄仙という、自己に近い政僧的存在が耳目として在京していた。(23)浄仙を通じて兼光の動向は時顕に伝えられていたのであろう。引付・位階ともに昇進が叶わず、兼光は益々後醍醐に接近する志向を強くしたことは疑いない。

六波羅探題府の重職である引付頭人・評定衆の人事は探題の管掌するところではなく、鎌倉の幕府が掌握していた。現職の探題や貞顕ら探題経験者が幕府要路から意見を求められることはあっても、その意見が人事に反映されるとは限らなかった。当時はむしろ、京都や六波羅の政情・内情に精通していたとは思えない、長崎円喜や安達時顕らが決定権を握っていた。安達時顕がそうであったように、彼らも京都に独自な情報網をもっていたが、探題経験者貞顕のように、在京人の慰撫などにまで気遣いする政治的配慮は全く感じられない。六波羅探題府の中枢を占める吏僚系在京人の離反を招くことは、北条一門の在京人が不在であったことと相俟って、六波羅の崩壊に直結する。鎌倉末期、長崎円喜と安達時顕主導下の政権において、幕府と六波羅との乖離は確実に進行しつつあったのである。

三　長井貞重の動向への注視

上記の伊賀兼光一件もそうであるが、金沢貞顕は貞将から在京人の動向につき様々な情報を得ようとしていた。（元徳元年（一三二九）七月二十六日付書状[24]で貞顕は、「金田兵衛入道孫二郎子息」が「近日早世」したことを貞将から知らされたが、「在京人中ニも早世之仁候哉、可示給候」と、さらに他の在京人の死没情報を得ようとしている。貞顕がとくに注意を払っていたのが、吏僚系在京人についてのそれである。

（元徳元年）卯月二十二日付貞顕書状[25]には「水谷入道（清有）息女他界事、承候了、歎存候」とあり、故水谷清有息女の死去を知って、清有後家を「可訪申候」と貞将に指示している。水谷清有は六波羅評定衆を務めた人物で、貞顕は探題在職時代に、その所持の『侍中群要』を借り書写するなど親交も深かったのである。（同年）十月二十八日付書状[26]では奉行人神津（沢）秀政が「於播州所領他界」したことを知り、それに続け「暇を不申候て下向之条、不可思儀（議）候」と、無断で播磨国に下向したことを非難している。また（同年）十二月十二日付書状[27]の一節に、

斎藤左衛門大夫基明妻女他界之由、承候之間、為訪遣状候、付遣之、返状とりて可給候、

とあり、斎藤基明妻の死去を弔問するため書状を遣わすので、基明から「返状」をもらうよう貞将に指示した。斎藤基明は当時、六波羅奉行人の中核を占めた斎藤一族の長老的存在であり、貞顕の探題時代以前から活躍していた人物

である。(28)　貞顕もその六波羅要人であることを認め、丁重な弔問を心掛けたのである。探題経験者貞顕は、六波羅での吏僚系在京人の重要さを認識しており、彼らの息女や妻室ら関係者の死没にさえ、注意を払っていたのである。

　貞顕は「六波羅評定衆眼目」の伊賀兼光の動向を気にかけていたが、彼が最も注目していた六波羅要人は、在京人筆頭の地位にあった長井氏であろう。長井氏は六波羅探題創設以来、南北両探題を支えた重臣で、時広―泰重―頼重と続き、当時は頼重の子貞重が六波羅評定衆・一番引付頭人として重きをなしていた。貞重は貞顕が探題となる以前から六波羅で活動していて、その経歴も抜群であり、鎌倉末期の六波羅の政務は、彼に依存するところが大であったことは以前拙稿で明らかにした。(29)

　当然ながら貞顕書状に長井貞重は散見し、例えば、(元徳元年)十月二十一日付書状(30)には鎌倉から東使長井高秀が上洛したので、「貞重以下一門定もてなし候らんと覚候」と推察し、(元徳二年)二月九日付書状(31)では六波羅での何らかの儀礼の際か、「縫殿頭(長井貞重)許早出」したことに触れている。なかでも次に掲げる(元徳元年)九月八日付書状(32)は、鎌倉最末期の長井貞重ら有力在京人の動向を考える上で注目される。

　　　祭に春日社・長谷寺参詣之由、承候了、特喜思給候也、北方(常葉範貞)春日社へ参詣之旨承候、実事候哉、可
　　承存候、
　八月十四日両通御状、菊地入道下向之便、一昨日六日、下着候了、
一　筑後前司貞知(小田)一瓶持参之間、常陸前司(小田時知)・伊勢前司(伊賀兼光)・斎藤左衛門大夫(基明)・松田掃部允(頼済)等参入之由承候了、悦思給候、
一　縫殿頭(長井貞重)同持参之時、出羽左近大夫入道(長井頼秀)・丹後前司(長井宗衡)・小早河安芸前司(宣平)・水谷兵衛蔵人(秀有)・佐々木源太左衛門尉等、同参之旨、承候了、縫殿頭所存不審候、雖然先悦存候、

（後略）

これはその前半部分である。追而書についてはここでは措き、本文に注目する。貞顕は貞将からの「八月十四日両通御状」により、小田貞知が探題貞将の許に「一瓶」つまり酒を持参し、その宴席に貞知の兄弟時知や伊賀兼光・斎藤基明・松田頼済らが参入したこと、また長井貞重が同じく酒を持参し、その時には、一族の長井頼秀・同宗衡、そして小早川宣平・水谷秀有・佐々木源太左衛門尉らが集ったことを知った。そして「縫殿頭所存不審候」と書いた。貞顕は長井貞重が小田氏らとの酒宴には同席せず、わざわざ自身で酒を持参し、別人たちを集めて酒宴を催したことを不審に思ったのだろう。貞顕は貞重が小田氏らへ当て付けるかのように、別途宴席を設けたことを訝ったのである。

この貞顕書状からは長井貞重と小田・伊賀氏らとの微妙な関係がうかがえると思う。周知のように、伊賀兼光や小田時知・貞知兄弟は、六波羅探題滅亡後、建武政府に出仕し、後醍醐天皇の側近的存在となる。この当時すでに、後醍醐と接触をもっていたとみられる[33]。長井貞重はかような伊賀・小田氏らに対し、同じ六波羅評定衆・引付頭人であったとはいえ、距離を置いていたように思える。六波羅長井氏は一門の嫡流関東長井氏と親密な関係にあり、その関東長井氏は宗秀が安達時顕・長崎円喜とともに「御内宿老」と呼ばれ[34]、得宗政権を支える立場にあったから、貞重も得宗に近い立場にあったともみられる。鎌倉最末期、長井氏と伊賀・小田氏らとは、政治的な立ち位置が異なりつつあり、お互いを意識して微妙な関係となっていた可能性がある。別々の酒宴開催の背景にはこのような事情が考えられる。小田氏側の酒宴に参加していた奉行人斎藤基明は、その兄弟基任が後醍醐天皇側近と親交があった。一方、長井貞重と酒宴をともにした長井宗衡や小早川宣平は、鎌倉幕府滅亡時にも簡単に六波羅探題から離反することはなかったのである[35]。

貞顕は「縫殿頭所存不審候」と書いていた。この文言からみる限り貞顕は、幕府中枢にありながら、六波羅要人たちの微妙な対立とその背景につき、知るところがなかったようである。それは探題貞将も同様であったろう。当時の六波羅探題職は北条氏庶流による持ち回りポストと化し、鎌倉で要職に就任するための一階梯となっていた。このような探題と有力在京人たちとの間に親密な関係は成り立ち難くなっていただろう。探題に在職しているだけでは在京人たちの微妙な対立関係を危機的に捉えることができなかったのかもしれない。このように六波羅探題府内で不協和音が奏でられるなか元徳三年（元弘元）二月十二日貞重は死去する(36)。貞将が探題職を去った元徳二年閏六月末から程なくのことであった。同三年四月、後醍醐天皇の倒幕計画が露見し、八月には笠置山に逃亡し挙兵、元弘の乱がはじまる。長井貞重の死去も後醍醐の討幕運動を加速化させた要因の一つとなったであろう。

四　在京得宗被官への気遣い

鎌倉末期、京都には六波羅探題から独立した存在の得宗被官がいた。安東蓮聖・助泰父子と神五左衛門尉である(37)。安東蓮聖については北条時頼時代からの動きが知られ、京都五条にその居所を構えていた。富を追い求めたその有徳人的な活動を中心に言及されることがよくある。金沢貞将の探題在職期に活動していたのは安東助泰と神五左衛門尉である。

安東助泰は元徳二年（一三三〇）三月、後醍醐天皇の求めに応じ、渡来僧明極楚俊の参内を実現させている。このことが鎌倉で問題となり、探題でありながらこの事実を把握していなかった貞将は、「南方（金沢貞将）四足門守護にて御存知。《なき》事ハ候ハし」などと、父貞顕から譴責されていた(38)。安東助泰は六波羅探題から独立した存在で、独自の行動をしていたのである。神五左衛門尉は元徳三年（元弘元）八月、後醍醐天皇が京都を出奔した事実を六波羅探題よりも早くつかんでいた。[39]六波羅とは別の独自な情報ルートをもち、京中に目を光らせていたことがうかがえる。彼の実名は不明だが、神姓からみて諏訪一族であろう。

　金沢貞顕は年月日未詳の書状で、[40]探題貞将に対し、佐々目僧正有助が在洛するので「平次右衛門尉・神五左衛門尉等もき丶候はすハ、可申候也」と指示している。平次右衛門尉とは安東助泰のことである。探題が安東・神両氏と連絡を取り合うよう勧めているのである。また別の年月日未詳書状[41]では「神五左衛門尉新恩拝領之間、遣賀札候、忩被付候て、返状とりて、便宜之時、可給」と、神五左衛門尉の新恩拝領を祝す書状を遣わすので、「返状」をもらうように注意を与えている。探題貞将の父として貞顕は、在京得宗被官と密接な関係を保つよう努力しているのである。このような貞顕と神五左衛門尉との書状の遣り取りは（元徳二年）二月二十二日付書状[42]や（同年）三月の書状[43]からも知られる。貞顕にとって在京得宗被官は、吏僚系在京人と同様に、その動向に注目せざるを得なかったのである。神五左衛門尉が六波羅よりも先に後醍醐の出奔の事実をつかんでいたように、都とその周辺には在京得宗被官の情報網が張り巡らされていた。穿った見方をすれば、探題にもその監視の目が光っていたかもしれない。京都での些細な出来事がきっかけとなり、政治的ダメージを受ける可能性もあり得ただろう。鎌倉末期の六波羅探題府には微妙な対立関係が生じていた。探題の父たる貞顕は、六波羅の中核をなした吏僚系在京人に対するそれと同様に、在京得宗被官とも良好な関係を築いておく必要があったのである。

おわりに

　以上、金沢貞顕書状を通じて子息貞将在職期の六波羅探題について考えてみた。書状の内容は断片的なものが多く、探題府内の様相を垣間見たにすぎないが、貞顕が六波羅の中核を成す吏僚系在京人の動向に注意を払っていた様子がうかがえた。幕府倒壊前夜、六波羅要人のなかに、後醍醐天皇側に接近する者、幕府側の立場を堅持する者が存在し、微妙な対立関係が生じつつあったのである。このような対立関係が生じていたことを、探題貞将は危機的に捉えることができなかったらしい。それは貞将の政治的能力を物語るものでもあるが、鎌倉末期に持ち回り官僚ポストと化した、探題職そのものの限界を示すものでもあろう。後醍醐の監視のために上洛した貞将であったが、六波羅の政務を落ち度なくこなし、実績を積んで鎌倉に帰還することがその最大の目標であった。それは父貞顕にとっても同様であった。探題任終の元徳二年（一三三〇）には、南方探題貞将は内裏四足門の守護責任者にもかかわらず、明極楚俊が参内し後醍醐と対面したことさえ把握していなかったのである。在京が長くなるにつれ、任初の緊張感が薄れていったのだろうか。

貞将探題期、貞顕も気遣いを怠らなかった安東助泰や神五左衛門尉のような、独自に京都政界に目を光らす在京得宗被官も存在していた。しかし彼らとて幕府滅亡と運命を共にしたわけではなく、どこまで得宗に忠実であったかは疑問とせざるを得ない。明極楚俊を参内させたのは他ならぬ安東助泰であったのである。

貞顕書状は、吏僚系在京人が六波羅探題府の中枢を担っていたことを物語っているのであるが、京都での探題以外の北条一門の動きに触れることはなく、やはり六波羅には北条一門の評定衆・引付頭人が不在であったことをも示している。幕府は朝廷・公家勢力に取り込まれることを恐れ、探題以外の北条一門を在京させなかったのであろうが、伊賀氏ら外様吏僚系在京人が朝廷・公家と接近する事態となり、六波羅探題滅亡の大きな要因となるのである。

註

（1）『花園天皇日記』正中元年九月十九日条。
（2）『実躬卿記』乾元元年七月二十六日条。
（3）金沢貞顕は嘉暦元年三月に出家し、本章での主要な考察時期である元徳年間には法名崇顕を名乗っていたが、以下では俗名金沢貞顕に統一して記述する。文書名も崇顕書状ではなく、貞顕書状と記す。なお貞顕書状の概略については永井晋氏「金沢貞顕書状概論」（『金沢北条氏の研究』所収、八木書店、二〇〇六年、初出二〇〇四年）参照。
（4）『金沢北条氏編年資料集』（以下『金沢』とする）八六五。『鎌倉遺文』三〇七七八。
（5）『金沢』八七九。『鎌倉遺文』三〇七八二。
（6）評定衆・引付頭人・奉行人ら六波羅探題職員の在職については、拙稿「六波羅探題職員の検出とその職制」（拙著『六波羅探題の研究』所収、続群書類従完成会、二〇〇五年、初出一九八七・一九九〇年）参照。
（7）『金沢』九二三。『鎌倉遺文』三〇九八五。
（8）『金沢』九六四・九二二。『鎌倉遺文』三〇三〇三・三〇九五〇。筧雅博氏「道蘊・浄仙・城入道」（『三浦古文化』三八、一九八五年）参照。
（9）百瀬今朝雄氏「元徳元年の『中宮懐妊』」（『金沢文庫研究』二七四、一九八五年）。
（10）『花園天皇日記』正中元年九月二十九日条に「関東飛脚昨京着、一門輩七人、大名七人可上洛云々」とあり、北条一門七人らが上洛するとの風聞が記されているが、貞将探題在職期の貞顕書状には在京する北条一族は見出せないので、上洛していたとしても一時的なものであったと考えられる。貞将が南方探題として上洛するまでの短期間か、あるいは貞将とともに上洛し、暫く在京した程度であったとみられる。
（11）『金沢』四六九。『鎌倉遺文』二四〇一七。
（12）拙稿前掲註（6）及び「六波羅探題の展開過程」（拙著前掲註（6）所収、二〇〇五年）。
（13）『金沢』八三八。『鎌倉遺文』二九一八〇＋三〇六五七。

(14) 前註と同。
(15) 『金沢』八二八。『鎌倉遺文』未収。
(16) 前註と同。
(17) 嘉暦から元徳にかけての六波羅引付頭人として長井貞重・伊賀兼光・小田時知・長井宗衡・小田貞知が所見する。貞重は一番頭人であり、一方宗衡・貞知は、元徳元年十二月の時点で「近比頭人にてこそ候」とみえる（『金沢』八七五。『鎌倉遺文』三〇八二九）ので四番、五番頭人と推測される。とすれば、二番頭人に就任したのは小田時知ということとなる。兼光は時知より「年老、公事先立候」といわれている（同前）から、兼光にとってこの人事は屈辱的なものであったと思われる。なお町野信宗はこのころ越訴頭人であったとみられる。
(18) 『金沢』八四二。『鎌倉遺文』三〇五八三（三〇六七六）。
(19) 註（13）と同。
(20) 註（18）と同。
(21) 『金沢』八七五。『鎌倉遺文』三〇八二九。
(22) 網野善彦氏『異形の王権』（平凡社、一九八六年）第三部「異形の王権」参照。
(23) 筧氏前掲註（8）論文参照。
(24) 『金沢』八四六。『鎌倉遺文』三〇六七九。
(25) 『金沢』八二六。『鎌倉遺文』三〇五八九。
(26) 『金沢』八六三。『鎌倉遺文』三〇七九七＋三〇七六五。
(27) 『金沢』八七〇。『鎌倉遺文』三〇八〇九。
(28) 斎藤氏については拙稿「六波羅奉行人斎藤氏の諸活動」（拙著前掲註（6）所収、二〇〇五年）参照。
(29) 「六波羅評定衆長井氏の考察」（第Ⅰ部第三章）。
(30) 『金沢』八六二。『鎌倉遺文』三〇七七九。

(31)『金沢』九〇六。『鎌倉遺文』未収。

(32)『金沢』八五一。『鎌倉遺文』二九一七七＋三〇七二七。

(33)網野氏前掲註（22）論文、拙稿「六波羅評定衆考」（拙著前掲註（6）所収、初出一九九一年）参照。

(34)円覚寺文書、（元亨三年）北条貞時十三年忌供養記（『神奈川県史』資料編２古代・中世2、二三六四）。

(35)長井宗衡については、元弘三年五月十三日付伊達道西《貞綱》軍忠状（『伊達家文書』之一、二）に、四月八日、道西らが千種忠顕に属し、二条大宮の「丹後前司《(長井宗衡)》之役所」を攻めたことがみえる。小早川宣平については、その子貞平が、六波羅滅亡時、探題主従が集団自殺する近江国番場まで同行していた（『小早川家文書』之二、三三七〔年未詳〕八月十九日付小早川陽満《弘景》書状写）。宣平・貞平父子は最後まで幕府方であったとみてよいだろう。

(36)『金沢』九七五（『鎌倉遺文』三一三五〇）に「貞重凶害」なる文言があり、これを貞重の死に関するものと捉え、この貞顕書状を貞重の没日に懸ける場合が多い。しかし『常楽記』（『群書類従』第二十九輯）の貞重死去記事には、彼が「凶害」＝殺害されたとの記述はなく、この文書を貞重の死に結びつけて考えてよいかは慎重な検討が必要である。「貞重凶害」の前後が欠損していて意味が掴みにくいが、「凶害」は殺害ではなく、襲撃されたという程度に捉えるのがよいのではなかろうか。とすれば、元徳頃、長井貞重はテロに遭遇していた可能性がある。あるいは後醍醐天皇方の関係者によるものであろうか。

(37)拙稿「在京得宗被官小考」（拙著前掲註（6）所収、二〇〇五年）参照。

(38)『金沢』九二一。『鎌倉遺文』三〇九八四。筧氏前掲註（8）論文参照。

(39)『光明寺文書』一〇『光明寺残篇』元徳三年（元弘元）八月二十四日条。

(40)『金沢』九五六。『鎌倉遺文』三一一二七。

(41)『金沢』九六五。『鎌倉遺文』三〇八一〇。

(42)『金沢』九〇九。『鎌倉遺文』三〇九一七。

(43)『金沢』九二六。『鎌倉遺文』三〇九八六。

第Ⅱ部　室町幕府奉行人の考察

第一章　南北朝動乱期の奉行人斎藤氏

はじめに

中世武家政権においては御家人制や守護制度の考察と並び、政権運営を担った官僚機構の解明が重要な課題であろう。政所や問注所・侍所、そして引付などには多くの文士が配属され、右筆や裁判審理などの実務を担当したのである。私は以前、評定衆・引付衆・奉行人らの六波羅探題職員を検出し、関東の奉行人と併せ六波羅奉行人の出自などについて検討した(1)。また六波羅奉行人の大族斎藤氏の動向を追い、奉行人としての諸活動や公家との交流の様相などを明らかにした(2)。

本章では六波羅探題時代に引き続き、南北朝期の奉行人斎藤氏について考察するものである。鎌倉幕府が滅びると、六波羅奉行人の多くが建武政府雑所決断所・室町幕府奉行人に転じる(3)。斎藤氏を考察することにより、その展開の具体的様相を明らかにできると考える。また本論で述べるように、南北朝期、斎藤一族も動乱に翻弄され、浮沈を繰り返した。奉行人＝事務官僚とされ、地味であまり存在感がなく、人間味に乏しいイメージが強い。しかし南北朝期の斎藤氏をみていると、時代の荒波に揉まれながら、ようやく奉行人第一人者としての地位を保った、その懸命さが感じられる。奉行人という職能をもっていたものの、斎藤氏も元来武士・御家人であり、何人かの没落・失脚者を出しながらも、動乱を乗り切ったのである。また幕府奉行人から離れ、新たな立場となった者も一族には存在した。以下、具体的にみていこう。(4)

一　奉行人斎藤氏の概要

まず最初に註（2）拙稿にもとづき、斎藤氏について概観しておく。斎藤氏は鎮守府将軍藤原利仁の後裔を称し、平安後期以来、越前など北陸地方に栄えた一族で、建長（一二四九～一二五六）ころから六波羅探題の奉行人として所見する。関東や鎮西探題にも奉行人として一族が転出したが、斎藤氏の活動拠点の中心は京都六波羅探題であった。六波羅奉行人として一六名もの在職が確認される。

奉行人斎藤氏は、系図（図3）のようにA・B・C三つの流れが認められる。六波羅奉行人時代、A基茂（唯浄）流は『御成敗式目』の注釈を行うなど斎藤流故実の形成を

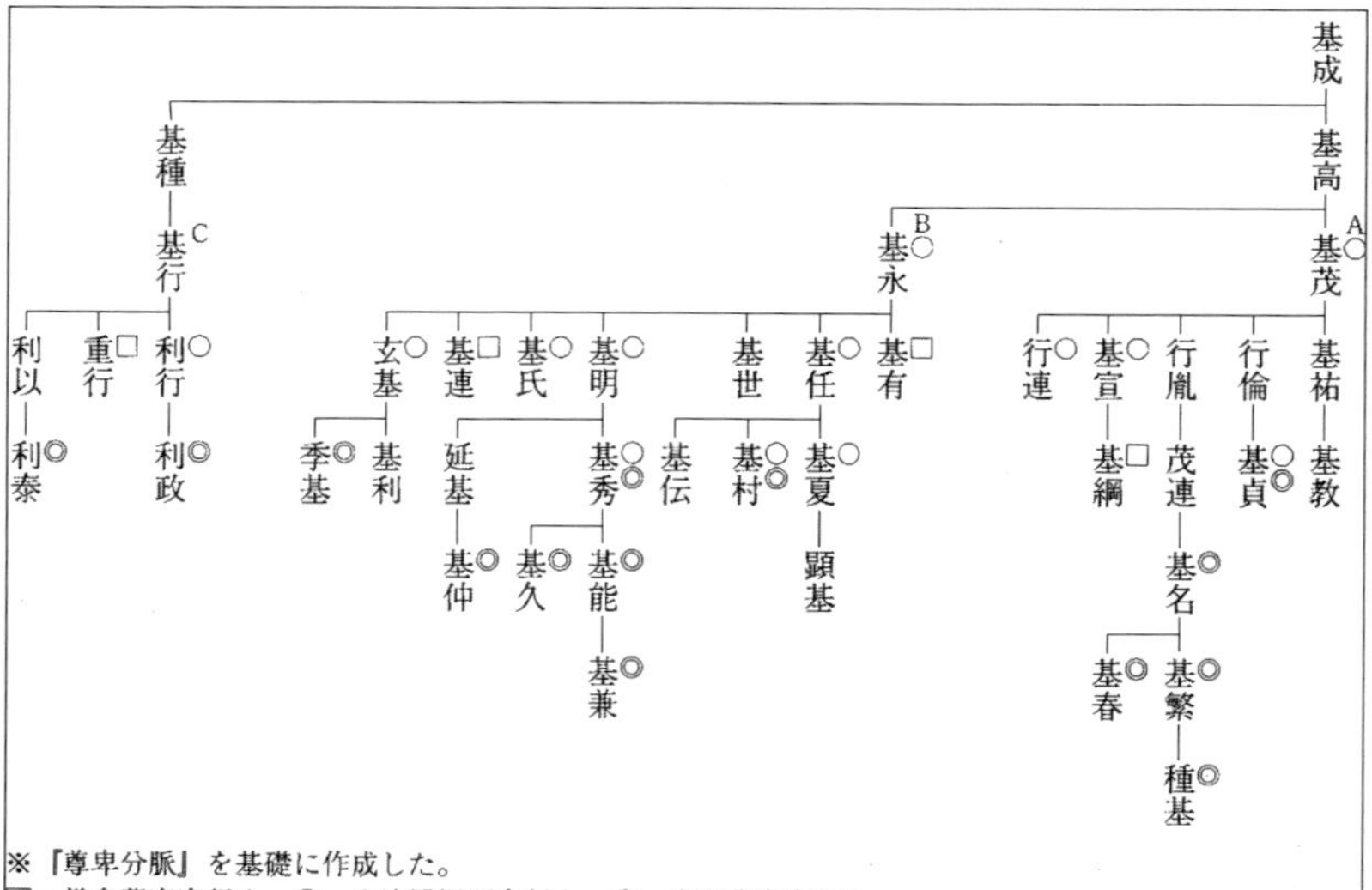

※『尊卑分脈』を基礎に作成した。
□＝鎌倉幕府奉行人、○＝六波羅探題奉行人、◎＝室町幕府奉行人

図3　斎藤氏略系図

はかり、B基永（観意）流は和歌に励んで勅撰歌人を輩出、公家とも親密な関係を築いた。またC基行流は北条氏得宗と密接な関係にあったようである。このように斎藤氏三流には、それぞれに顕著な特徴を見出せる。

さて、鎌倉幕府に引き続き室町幕府でも斎藤氏は奉行人として活動する。それは系図をみても明らかなのであるが、ここでは「結城文書」康永三年（一三四四）の室町幕府引付番文(5)によりその在職状況を確認しておこう。表2がそれである。鎌倉期と同様、A・B・C三流から奉行人が出ているのが確かめられる。斎藤利泰と季基は侍所職員としてもみえ、とくに利泰は上杉朝定を頭人とする内談方奉行人としても所見し、その活動には注目すべきものがある。

以上、六波羅探題時代～南北朝期室町幕府下での奉行人斎藤氏について概観した。次に本題である、南北朝動乱期の斎藤氏の動向についてみよう。

表2　康永3年の在職状況

引付方	2番	刑部左衛門入道（基村）	B
		七郎入道（道遵、利政ヵ）	C
	3番	左衛門尉（利泰）	C
		主計四郎兵衛尉（基貞）	A
		五郎左衛門尉（季基）	B
	5番	四郎兵衛入道（玄秀、基秀）	B
内談方	（上杉朝定方）	左衛門尉（利泰）	C
		四郎兵衛入道（玄秀、基秀）	B
侍　所		四郎左衛門尉（利泰）	C
		五郎左衛門尉（季基）	B

二　鎌倉幕府滅亡と斎藤氏

斎藤氏は六波羅奉行人の大族だったこともあり、鎌倉幕府滅亡期には一族に様々な動きがみられた。まずC流の利行は、正中の変（一三二四）勃発に際し、後醍醐天皇方の企てを六波羅探題を介さず鎌倉の幕府に急報していることが知られる(6)。これは利行の娘婿土岐頼員（頼兼）(7)が天皇に加担していたことによろうが、元来利行が、北条貞時の追悼歌を詠むなど、得宗政権と密着した立場にあったためともみられる。

元弘の乱では、A流の基祐・基教父子とB流の玄基が幕府方として奮戦したことが知られる。斎藤新兵衛入道（基祐）・兵衛五郎（基教）父子は、正慶二年（元弘三・一三三三）二月、北条一門の佐介越前守に属し奈良路からの搦手として楠木正成の籠る千早城を攻めたが、楠木軍の反撃に遭い「石礫」により負傷、「家子若党数人」も「手負或打死」した。(8) また斎藤伊予房玄基は、入京した足利尊氏（高氏）が後醍醐天皇方に寝返り六波羅探題を攻めた、正慶二年五月の合戦において、尊氏家人の設楽五郎左衛門尉と組み合い、相討ちで戦死したことが『太平記』（西源院本）巻九「五月七日合戦の事」にみえている。玄基は「歳の程五十ばかりなる老武者」で、多年奉行人として勤めてきたが、「利仁将軍の氏族として、武略累葉の家僕」の末裔でもあって、設楽と戦い討死した。このほか、『近江国番場宿蓮華寺過去帳』によると、その系譜は不明だが、斎藤宮内丞教親も六波羅探題滅亡に殉じたことが知られる。このように、鎌倉幕府滅亡期、斎藤氏は奉行人であったとはいえ、幕府に殉じ、戦死した一族も存在したのである。斎藤氏はその主たる職能が奉行人＝文士としての活動にあったとはいえ、本来「利仁将軍の氏族として、武略累葉の家僕」でもあり、戦士＝武士の性格をも備えていたのである。

しかし、鎌倉幕府に殉じたのは、斎藤一族のなかでも少数であったようである。それは、室町幕府下においても、斎藤氏が奉行人の中心的存在として活動していることをみれば明らかである。またB流の基任・基夏父子のように、六波羅奉行人時代に後醍醐天皇の側近と密接な関係をもっていた人物も存在していた。幕府滅亡時における斎藤一族の動向は様々であり、玄基のように積極的に参戦し討死した存在は恐らく稀であったろう。けれども、幕府滅亡期における行動が、その後成立する後醍醐天皇の建武政権内でのポジションに反映することとなる。

三　建武期の斎藤氏

建武政権下、斎藤氏の活動はあまり目立たない。奉行人としての活動も停滞気味である。その理由は、先にみた玄基のごとく、最後まで鎌倉幕府方に立ち討幕軍に加わらなかった者がいたからであろう。

元弘三年（一三三三）九月頃、建武政権の訴訟機関として雑訴決断所が成立する。公家や旧幕府・旧六波羅の吏僚を主要な構成員とした、その決断所職員の結番交名が元弘三年と建武元年（一三三四）のものが残っている(9)。斎藤氏は前者では二番（東山道・北陸道担当）、後者では三番（東山道担当）所属としてB流の四郎左衛門尉基夏ただ一人が見出せるにすぎない。これは、例えば、同じ旧六波羅奉行人として活動した飯尾氏が、建武元年交名に覚民（一番）・貞兼（四番）・頼連（八番）の三人がみえるのと比較すれば、その僅少さは明らかである。鎌倉幕府滅亡期、飯尾氏は京下り官人三善氏の子孫ということもあってか、軍事的活動は確認できない。恐らく、このような出自に伴う立場が幸いして、飯尾氏は一族の多くが建武政府に登用されたのであろう。これに対し斎藤一族は元来「武略累葉ノ家」であり、基祐・基教父子や玄基のように討幕軍と一戦を交える者が存在していた。さらに後醍醐天皇の第一次倒幕計画正中の変の勃発を、真っ先に幕府に報じたのは斎藤利行であったのである。これらの行為が後醍醐の心証を害したことは容易に想像でき、斎藤氏の建武政権下での不登用＝活動停滞の根本理由となったとみられるのである(10)。

基夏がただ一人登用されたのは、父基任と基夏の二代にわたり、作歌活動などを通じ、後醍醐天皇側近と関係をもっていたことがその理由としてあげられるだろう(11)。基任は二条為世・為定や北畠具行と交流があり、基夏も為世や吉田定房らと親密であった(12)。それらの交流に政治的意図を見出し、直ちに討幕謀議と結びつけることはできないとしても、このような人間関係が新政権下でプラスに作用したことは明らかであり、基夏が斎藤氏で唯一建武政府に登用された理由と考えてよいと思う[13]。

　では建武期に基夏以外の斎藤氏の活動がみえないのかといえば、決してそうではない。彼らは文士という職能を武器に、新興勢力に仕えていた。

　『太平記』（西源院本）巻二十「義助朝臣敗軍を集め城を守る事」に「随分左中将（新田義貞）の近習者」として、「斎藤五郎兵衛（季基）・同じき七郎入道々猷」がみえている。季基は玄基の子で、道猷は七郎という通称から考えて、利行の子七郎利政に比定できよう[14]。この二人は新田義貞に仕えていたのである。季基の父玄基と利政の父利行とは、ともに鎌倉幕府方を貫いた存在といえ、季基・利政両人はそれゆえ後醍醐に疎まれていたとみられる。彼らは建武政府に出仕できず、新田義貞に仕えたと考えられる。しかし延元三年（一三三八）閏七月、新田義貞が越前藤島で敗死すると程なく、この二人は「夜の間にいづちともなく落」てしまったという。これは、彼らが文士として義貞に仕えていたため、その主従関係が緩やかなものにすぎなかったからであろう。

　季基は新田氏の軍奉行または恩賞奉行であったとみられ、石見国周布蓮心の備中福山合戦での軍功認定につき奉行人としての活動が認められる[15]。利政も『太平記』（西源院本）巻二十「斎藤七郎入道道猷義貞の夢を占う事、付孔明仲達の事」に、義貞がみた夢を凶夢と判断したことがみえる。これらの所見は、彼らが文士として義貞に仕えたことを示しているとみてよい。義貞や脇屋義助らの新田一族は、斎藤氏の本国越前の国務管掌者や守護ともなっており[16]、このような関係から季基・利政が新田氏の従者になったのかもしれない。しかし彼らは新田氏に文士として仕えていたのであり、義貞が敗死すると、すぐに戦線を離脱するなど、その主従関係はきわめてルーズなものであった。室町幕府が成立すると、彼らは引付奉行人などとして活動するのである。

斎藤弥四郎利泰は足利氏奉行人として活動した。利泰はC流で、利行の兄弟利以の子である。利政とは従兄弟にあたる。利行の近親ということで、後醍醐の心証は悪く、やはり建武政権下では不遇であっただろう。それが足利氏に仕えた理由と思われる。建武三年（一三三六）三月二十八日利泰は、高師泰・島津実忠と連署で、財部孫四郎入道に対し、筑前多々良浜合戦での島津忠能の軍忠の実否を尋ねている。(17)高師泰は当時侍所頭人とみられるから、この場合、利泰は侍所奉行人とみてよいだろう。しかしこの時点の足利政権の組織は未熟であり、利泰の立場は、文士として様々な実務的処理を担当した奉行人と位置付けるのがよいだろう。利泰は室町幕府の奉行人の中心として活躍、執政足利直義の側近となる。

四　室町幕府と斎藤氏

建武二年（一三三五）の中先代の乱をきっかけに足利尊氏は後醍醐天皇から離反、翌年建武政府は崩壊し、室町幕府が成立する。兄尊氏から政務を委ねられた足利直義は鎌倉幕府の執権政治を理想に掲げ、訴訟機関として引付を設置した。引付は建武三年十一月には活動が知られるが、(18)先にも触れたように、「結城文書」に康永三年（一三四四）三月の引付番文が残っている。この番文は同月に行われた編成替えに伴うものだが、表2のように、斎藤氏は六名もの在職が知られる。また引付の機能を吸収したとされる同時期の内談方番文でも、上杉朝定頭人方の奉行人として利泰と基秀（玄秀）がみえている。これらの引付・内談方番文の右筆奉行人を概観すると、旧鎌倉幕府の奉行人、なかでも旧六波羅探題の奉行人が多数を占めていることがうかがえるが、その六波羅奉行人のなかでも斎藤氏は引付六名・内談二名と、飯尾氏の引付四名（貞兼・吉連・宏昭・為宗）・内談二名（宏昭・貞兼）、雑賀氏の引付三名（大舎人允・

貞倫・西義）・内談一名（西義）、松田氏の引付のみ二名（七郎・貞頼）を上回り、最多数を占めている。建武政府雑訴決断所で、旧幕府・旧六波羅奉行人の中心的メンバーであった飯尾氏よりも多数となったことが、とくに注目されよう。(19)

室町幕府の成立とともに、斎藤氏は奉行人の中心勢力として復活したといってよい。これも前に触れたが、表のように、A・B・Cの三流から奉行人が出ている。幕府成立以前から足利氏に仕えていた利泰がいるのは当然としても、利政（道遵）・季基がみえるのは注意されるところである。両者は新田義貞の奉行人であったが、その没後足利氏に仕えたとみられるのである。新田義貞の死は延元三年（一三三八）閏七月であるから、利政・季基が幕府に出仕したのは、幕府引付が設けられて少し後のことであったろう。当時幕府では、引付設置などの機構整備により奉行人＝文士の人材確保は不可欠であったはずで、そのような状況下、両人の幕府出仕が可能となったとみられる。一族の斎藤利泰の推挙も想定してよいかもしれない。要するに利政・季基の室町幕府出仕は、文士という専門的能力があってこそ可能であったのである。〝芸は身を助けた〟といえる。なお表2でもう一つ注意されるのは、基夏がみえないことである。基夏は斎藤氏のなかで唯一雑訴決断所職員となっていた。康永三年には死去していた可能性もあるが、その子息顕基も幕府奉行人としての形跡はない。室町幕府成立後、基夏流の行方はまったく不明となる。

室町幕府で顕著な活動をみせるのが利泰である。利泰は第一節でも触れたように、康永三年時点で引付奉行人・内談方奉行人・侍所奉行人として所見し、さらに暦応二、三年（一三三九、四〇）ころ恩賞方奉行人であったことも知られる。(20)奉行人クラスとしては稀な受領にも任官し、越前守となっている。(21)早くから足利氏に仕えたこともあってか、幕府奉行人中の有力者となっていた。

貞和五年（一三四九）八月十四日、高師直が将軍尊氏亭を取り囲んでクーデターを決行し、足利直義の政務停止を

要求したとき、斎藤利泰も排斥の対象となった。『園太暦』同日条には、師直が、

所詮上椙伊豆守（重能）・畠山大蔵少輔（直宗）・僧妙吉・奉行人斎藤左衛門大夫利康（泰）・修理進入道（飯尾宏昭）五人召給之、可散鬱之旨申之、

とみえる。利泰が上杉重能・畠山直宗らとともに直義側近として活動し、師直に憎悪されていたことがわかる。利泰は恐らく、もう一人の奉行人飯尾修理進入道宏昭とともに、執政直義のブレーン的存在であったとみてよいのではないかと思う。

さて利泰は直義の失脚とともにその地位を失ったのであるが、観応の擾乱のなかで高師直が殺され、直義が幕政に返り咲くと、再び姿をみせるようになる。『園太暦』観応二年（一三五一）三月二十八日条に、直義使者として前太政大臣洞院公賢の許に赴き、直義の院参装束などにつき尋ねていることがみえる。利泰は公賢に対し、本来このような公家への使節は「如奉行人勲仕、雖非常事、被加評定衆末、仍来旨申之」すと、奉行人から評定衆に昇格したので自分が使者を務めたのだと説明している。利泰は直義の政権復帰とともに、評定衆にまで出世したのであった。しかし翌日、直義に従い院参しての帰途、丑刻許に何者かに刺され、三十日朝死去した（『園太暦』）。利泰は直義のブレーンとして、評定衆にまで取り立てられたのであり、それだけに彼を快く思わぬ人間もおり、結局暗殺というテロに遭い、落命したのである。直義の側近として活動し、奉行人としての〝分〟を超えてしまったところに、利泰の悲劇が生じる原因があったといえるだろう。

政変相次ぐ南北朝期には没落する奉行人は少なくなかった。それは吏僚として実務を担当し、政権中枢と密接に関わる者がおり、そのような者たちは、幕政主導者の失脚に連座し没落したからである。上記の斎藤利泰はその代表的人物であったといえる。さらに斎藤氏には、貞治五年（一三六六）八月、斯波高経の没落とともに失脚した五郎左衛門尉季基（道永）もいた。季基は高経の越前没落に伴い、八月十八日政所執事代職を改替され、斎藤藤内右衛門入道

（基能、法名玄観）が同職に補された（『後愚昧記』）。季基は高経が幕府執政となった康安元年（一三六一）に評定衆となっている（『尊卑分脈』）から、高経に密着した存在であったと思われる。季基は新田義貞奉行人を経て幕府奉行人となった、特異な経歴の人物であったが、この失脚により彼の奉行人としての活動は終焉を迎えたようである。以後、季基に替わり政所執事代に任じた基能が、奉行人斎藤氏の中心的存在として活動する。基能はこれ以前に侍所開闔であったことが知られ、政所執事代には応安七年（一三七四）十一月まで在任、守護奉行右筆・御厩奉行をも兼ね、応安五年正月には評定衆、同六年十二月には式評定衆となった。幕府奉行人の重鎮として活動する。(22)

南北朝内乱期、斎藤氏の主流は、C流利泰→B流季基→B流基能と政変に連動して推移した。(23)(24)そして南北朝後期（将軍義満期）には、基能流と並びAの基名流が奉行人斎藤氏の中核となっていくと考えられるのである。

五　奉行人斎藤氏の展開

斎藤氏は室町幕府に出仕し、鎌倉期以来の有力奉行人としての勢力を回復したのであるが、その活動は京都の幕府のみにとどまらなかった。南北朝内乱期、諸国守護や九州探題の奉行人として活動し、その分国支配に重要な役割を果たす者も存在した。本節ではこのような斎藤氏の活動についてみていく。(25)

①和泉大鳥郡奉行斎藤基利

建武五年（一三三八）閏七月、和泉大鳥庄上条地頭田代基綱は、同庄住人丹生道丸・上村基宗らが(26)下地押領などの非法を行い、守護代都筑二郎左衛門入道も遵行沙汰を実行しないことを幕府に訴えたが、その訴状のなかに、

得基宗法師之語、彼郡奉行斎藤又四郎募権威、去年十一月、無是非上条布施屋里卅五坪田地五段所当米、相懸百姓等責取

之、

ともみえている。郡奉行斎藤又四郎が上村基宗と共謀し、田地五段分の所当米を百姓から責め取ったというのである。ここにみえる郡奉行とは、大鳥庄の所在した和泉「大鳥郡々奉行」のことで、守護細川顕氏配下の同郡管轄の奉行人である。斎藤又四郎は大鳥郡奉行として、和泉守護細川顕氏の分国支配の一翼を担っていたのである。郡奉行の具体的職務は明白ではないが、上記の非法行為から推測すると、兵糧米の徴収や所務遵行などに関わっていたように思われる。和泉は南朝方との勢力が伯仲する最前線地域であり、郡奉行らを置き着実な分国経営がなされていたと推定される。上記訴状にはまた「斎藤又四郎与斎藤四郎兵衛入道者、従父兄弟也」ともみえているから、斎藤又四郎は幕府奉行人斎藤四郎兵衛入道玄秀（基秀）の従兄弟であり、基秀父基明の兄弟玄基の子又四郎基利（『尊卑分脈』）に比定できる。建武四、五年ころ、斎藤基利は和泉守護細川顕氏配下の大鳥郡奉行として活動していたのである。(27)

②志摩守護代斎藤基能

康永二年（一三四三）伊勢・志摩守護仁木義長奉行人として斎藤藤内右衛門尉基能がみえる。基能は、志摩円応寺雑掌が訴えた伊勢光明寺恵観の海賊行為につき、恵観を召し進むよう、伊勢の道後政所（荒木田経茂）充に某幸員と連署で奉書を出している。(28)海賊行為は検断沙汰に属し、伊勢・志摩守護仁木義長がこの訴えを受理し、基能・幸員はその奉行人として奉書を発したものと考えられる。この訴訟は数年に及んだが、康永四年六月日付の円応寺雑掌円実重申状案(29)には、

為斎藤々内右衛門尉基能被経重々御沙汰、番三問二答訴陳之間、可進三答状之由、雖被成度々御書下、無音之間、以違背篇可預御注進之間、捧訴状之刻、基能当国御代官職事令得替、京都上洛云々、

とある。基能は三問二答の訴陳まで訴訟を担当したが、康永四年半ばころに「当国御代官職」を辞任し、上洛したこ

とがわかる。「当国」とは志摩を指すとみられるが、「御代官職」の職掌は明白でない。基能は前節で述べたように、のちに幕府侍所開闔や政所執事代・評定衆にまで任じる存在である。そのような基能の器量をも考慮すると、「当国御代官職」とは志摩守護代であったとみてよいと思う。ただし志摩守護仁木義長は伊勢守護をも兼ねていたから、基能は義長配下として伊勢支配にも関係していた可能性がある。伊勢・志摩もまた南朝勢力の強く及んだ地域であり、康永（一三四二～一三四五）ころ斎藤基能は、志摩守護仁木義長の守護代として活動し、その分国支配に重要な役割を果たしたと考えられるのである。

③今川氏奉行人斎藤氏

A流の四郎基綱（道恵）は駿河守護今川氏の奉行人となっている。観応三年（一三五二）三月二十九日、沙弥道恵は木村左兵衛尉盛綱とともに、駿河守護今川範国の命を受け、入江庄内三沢小次郎跡の下地を伊達景宗に打ち渡している。(30) 沙弥道恵の通称は斎藤雅楽四郎入道であり、(31)『尊卑分脈』にみえる雅楽允基宣の子四郎基綱（法名道恵）に比定できる。「号於奈」したとの注記もあり、於奈は遠江尾奈郷とみられるから、道恵は、今川氏分国遠江国の同郷を所領としたと考えられる。貞和二年（一三四六）七月に今川氏奉行人としての活動が初見する。(32) 道恵は鎌倉幕府奉行人としての所見があるが、(33) 室町幕府の奉行人としては確かめられない。文和元年（一三五二）足利尊氏と同行して鎌倉に在った今川範国に随従しており、(34) また遠江の地名を号したほどであるから、南北朝期には終始一貫して今川氏に仕えた存在とみてよいだろう。貞治末年から応安初年ころ（一三六〇年代後半）の駿河目代と見做されている斎藤某や斎藤入道も道恵の可能性が指摘されている。(35) とすれば斎藤道恵は、今川氏側近の駿河目代として、駿河支配の中心的存在として活動していたといえよう。

さらに今川氏被官として斎藤尾張前司や斎藤尾張四郎範基も所見する。(36) 前者は駿河目代の可能性があり、後者は在京奉行人とみられる。範基はその通称から尾張前司某の子息であろう。尾張前司の系譜は明らかでないが、恐らくは道恵の近親と思われる。

④九州探題奉行人斎藤氏

九州探題今川了俊の奉行人となった斎藤一族もいた。前項の今川氏被官斎藤道恵流との関係は確認できないが、探題了俊には斎藤氏数名が仕えていたことが認められる。主要な存在として、永和二年(一三七六)~永徳元年(一三八一)の斎藤明真、永和四年~明徳元年(一三九〇)の斎藤兵庫允、永徳三年~応永二年(一三九五)の斎藤聖信の活動が知られる。

明真は大隅国人禰寝氏に対し軍功による所領安堵を約したり、大隅に派遣された大将今川満範(了俊息)から了俊への事案披露を依頼されたりしている。(37) 兵庫允某は京都代官として活動した。(38)

聖信は了俊から「代官斎藤美乃入道」と呼ばれた存在で、(39) 永徳三年九月の肥後吉野山在陣時まで九州に在ったが、その後上洛し、至徳二年(一三八五)八月、将軍義満の肥後阿蘇惟村への所領安堵につき尽力したことが知られる。(40) ただしこの安堵の担当奉行は聖信ではなく、松田貞秀であった。応永二年十一月、今川了俊が九州探題を解任され、駿河守護に任じた際には、義満から了俊に同行し駿河に下向するよう命じられた。(41) 聖信の「愚息弥四郎男者、公方奉公之者」であり、(42) 聖信自身も応永初年幕府奉行人として活動するから、元来この一流は幕府奉行人であったと考えられる。恐らく斎藤聖信は幕命を受け幕府奉行人を辞して九州に下り、了俊に仕えたのであろう。ただし、聖信と斎藤明真との関係や、その九州探題組織内での地位は明らかではない。了俊の執事であった可能性もあろうが、確証はない。ここでは、在国中は九州探題今川了俊配下の奉行人、在京中は了俊の代官=在京雑掌・奉行人として活動したと考えておきたい。(43) なお明真・兵庫允両人の実名や系譜は不明だが、聖信は美濃守に任官しているので、B流基能の子基千（『尊卑分脈』）に比定できるかもしれない。とすれば、奉行人の宿老斎藤基能の子息が今川了俊配下として活動したこととなる。

以上、守護や九州探題に仕えた奉行人斎藤氏の存在を明らかにし、その活動についてみてきた。彼らの存在形態は様々で、基能や聖信のようにその後幕府奉行人となった者や、道恵のごとく一貫して今川氏に仕えた人物も存在していた。しかし彼らが文士＝奉行人として分国支配に重要な役割を果たしたことは軌を一にしている。

斎藤一族が守護たちに仕えた理由は様々であったろう。幕府に復帰した基能や聖信は、幕命により守護仁木氏や探題今川了俊に仕えた可能性が高く、道恵は吏僚として今川氏家人となり、奉行や目代に任じたとみられる。南北朝期には相次ぐ戦乱のため、軍勢動員が頻繁となり、兵糧米徴収や没収地預置、さらに使節遵行など守護の権限が大幅に拡大する。そのような職務を的確に処理するため、守護が奉行人らの吏僚を必要とする理由が存在していた。このような時代情勢のなかで、奉行人斎藤氏出身者が守護に仕える状況が出現したといえるだろう(44)。ただし基能や聖信のように、幕府（将軍）の指令にもとづき、一時的に守護や九州探題の奉行人に転出した存在もあった。このことは幕府が、幕府奉行人を通じ守護・探題との関係を緊密にする一方、彼らを通じ守護・探題の行動を監視・制御させたとも考えられるであろう(45)。

おわりに

以上、鎌倉幕府倒壊期から南北朝動乱期までの奉行人斎藤一族の動向についてみてきた。その様相を一口で言えば、

内乱や権力抗争に翻弄され、浮沈を繰り返した存在が少なくなかったといえる。斎藤利泰は、

足利氏奉行人→幕府奉行人→（恩賞奉行）→失脚→幕府奉行人→評定衆→暗殺

斎藤季基（道永）は、

新田氏奉行人→幕府奉行人→政所執事代・（評定衆）→失脚

という、波瀾の多い活動足跡を残した。またのちに政所執事代や評定衆に昇進し、室町期斎藤氏の主流としての地位を確立する基能（玄観）も、初期は志摩守護仁木義長の守護代であったのである。南北朝内乱期、守護は戦争遂行のため、その権限を拡大し、奉行人らの事務官僚を必要としており、斎藤氏のなかには守護に仕える者も現れたのである。このような守護被官となる奉行人は斎藤氏のみではなかったが(46)、斎藤氏は鎌倉期以来の奉行人の大族であり、基能や道恵のような守護代や目代クラスの存在も出現したのである。

さて、本章では奉行人としての斎藤氏の動きを中心にみてきたのであるが、一族のなかには奉行人の職能から離れ、新たな立場で活動をはじめる者も現れた。例えば、B流の基任の子七郎基伝（玄教）は摂津伊丹資宗女（尼見性）を妻として伊丹氏との関係を深め、その子基康は暦応五年（一三四二）摂津橘御園森本大路村下司・公文職を相伝、孫基長以後は伊丹森本氏を名乗り、伊丹一族化する(47)。奉行人から国人領主となったのである。

またA流の基名・基繁は南北朝後期、B流の基能・基兼と並び奉行人斎藤氏の中心として活躍したが、基繁の子筑前五郎左衛門尉種基は将軍義満出行の際、衛府侍として供奉する(48)など、将軍近習となる。奉公衆五番衆としてみえる斎藤御薗（園）(49)氏は、通称や官途名などから判断して、恐らくその子孫と考えられる。幕府管領職の確立に伴い、将軍義満期には引付が廃絶、奉行人も淘汰される状況が生じていた(50)。このような幕府官僚機構の変化に伴って、種基は義満近習となり、この一流は奉行人から奉公衆へと転身するのである(51)。

室町期、奉行人斎藤氏は一族の結束を固めつつ、基恒・親基父子ら日記を残す人材を輩出し、活躍を続けていくのである。[52]

註

（1）拙著『六波羅探題の研究』（続群書類従完成会、二〇〇五年）第二編「六波羅奉行人の考察」。

（2）拙稿「六波羅奉行人斎藤氏の諸活動」（拙著前掲前註所収）。

（3）佐藤進一氏「室町幕府開創期の官制体系」（『日本中世史論集』所収、岩波書店、一九九〇年、初出一九六〇年）、拙著前掲註（1）。

（4）奉行人斎藤氏についての専論は管見の限りみあたらないが、南北朝期の奉行人に関する論考として、中田薫氏「鎌倉室町両幕府の官制に就て」（『法制史論集　三上』所収、岩波書店、一九四三年、初出一九一二年）、佐藤氏前掲前註論文、羽下徳彦氏「室町幕府侍所考」（小川信氏編『室町政権』所収、有精堂、一九七五年、初出一九六三・一九六四年）、伊藤富雄氏「諏訪円忠の研究」（『伊藤富雄著作集　一』所収、甲陽書房、一九七八年、初出一九六五年）、森茂暁氏「建武政権の構成と機能」（『南北朝期公武関係史の研究』所収、文献出版、一九八四年、初出一九七九年）、小川信氏「管領頼之在任時の評定衆・引付頭人・奉行人」（『足利一門守護発展史の研究』所収、吉川弘文館、一九八〇年）、今谷明氏「室町幕府奉行人奉書の基礎的考察」（『室町幕府解体過程の研究』所収、岩波書店、一九八五年、初出一九八二年）、榎原雅治氏「新出『丹後松田系図』および松田氏の検討」（『東京大学史料編纂所研究紀要』四、一九九四年）、家永遵嗣氏「『別奉行』制の源流と引付方」（『室町幕府将軍権力の研究』所収、東京大学日本史学研究室、一九九五年、初出一九九二年）、岩元修一氏「室町幕府の役人たち」（『Museum　Kyushu』一六―一、一九九八年）、林譲氏「諏訪大進房円忠とその筆跡」（皆川完一氏編『古代中世史料学研究下』所収、吉川弘文館、一九九八年）、雉岡恵一氏「室町幕府奉行人中沢氏の成立について」（東寺文書研究会編『東寺文書にみる中世社会』所収、東京堂出版、一九九九年）、木下和司氏「備後杉原氏と南北朝の動乱」（『芸備地方史研究』二四二、二〇〇四年）、設楽薫氏「室町幕府奉行人松田丹後守流の世系と家伝史料」（『室町時代研究』二、二〇〇八年）、山家浩樹氏「室町幕府前期における奉行人の所領」（同）、田中誠氏「康永三年における室町幕府引付方改編について」（『立命館文学』六二四、二〇一二年）等がある。

（5）『大日本史料』六―八、一七六頁以下。

（6）藤島神社文書、（正中元年）九月二十六日付結城宗広書状（『鎌倉遺文』二八八五三）、『花園天皇日記』正中元年九月十九日条。

（7）『玉葉和歌集』（『新編国歌大観』第一巻）二三八三。

（8）『楠木合戦注文』（『続々群書類従』第三）。

（9）比志島文書一五五、雑訴決断所結番交名（『鹿児島県史料』旧記雑録拾遺諸氏系譜三）、及び『雑訴決断所結番交名（建武元八）』（『続群書類従』第三十一輯下）。

（10）丹後を本拠とする六波羅奉行人松田氏も、性秀（秀頼）が最後まで幕府方であったため、雑訴決断所職員に登用されず冷遇されたことが榎原氏前掲註（4）論文で指摘されている。

（11）拙稿前掲註（2）参照。

（12）熊谷隆之氏「摂津国長洲荘悪党と公武寺社」（勝山清次氏編『南都寺院文書の世界』所収、思文閣出版、二〇〇七年）。

（13）ただし陸奥守北畠顕家が義良親王を奉じ赴任した、陸奥国衙の三番引付方に合奉行斎藤五郎（実名未詳）が所見する（『建武年間記』、『群書類従』第二十五輯）。

（14）斎藤七郎入道の法名は「道遵」であり（佐藤氏前掲註（4）論文二二七頁）、『太平記』の「道猷」は「道遵」の誤りの可能性が高い。

（15）萩藩閥閲録、（延元元年）九月二十七日付周布蓮心申状写（『南北朝遺文』中国・四国編四九四）。

（16）吉井功兒氏『建武政権期の国司と守護』（近代文藝社、一九九三年）九一頁以下、及び二九三頁参照。

（17）薩藩旧記所収山田文書、（建武三年）三月二十八日付足利尊氏奉行人連署奉書写、及び（建武四年）山田忠能軍忠状（『南北朝遺文』九州編五三三五・一一一一）。

(18) 佐藤氏前掲註（4）論文。なお初期室町幕府の訴訟制度については、山家浩樹氏「室町幕府訴訟機関の将軍親裁化」（『史学雑誌』九四―一二、一九八五年）、岩元修一氏『初期室町幕府訴訟制度の研究』（吉川弘文館、二〇〇七年）、山田徹氏「室町幕府所務沙汰とその変質」（『法制史研究』五七、二〇〇八年）等、参照。

(19) 羽下氏前掲註（4）論文によれば、侍所奉行人としての所見人数も斎藤氏が最も多い。

(20) 遠山文書、貞和三年四月七日付足利直義裁許状写（『神奈川県史』資料編 3 古代・中世（3上）三九七六）。

(21) 天竜寺重書目録、観応二年五月十九日付尼性戒寄進状写（『静岡県史』資料編 6 中世二〔以下『静岡』とする〕四三八）。

(22) 『祇園執行日記』文和元年十月十八日条、『花営三代記』（『群書類従』二十六輯）応安七年十一月三日・同四年十月十九日・同年十一月二十五日・同五年正月十一日・同六年十二月二十七日条。

(23) 基能の子基兼（四郎右衛門尉）の奉行人としての活動は『花営三代記』応安元年四月十五日・同五年十一月二十二日・同六年九月二十三日・康暦元年六月二十一日・同年七月二十五日・同二年六月六日・同年十二月二十五日条等に所見する。基名は「石清水八幡宮記録」貞治五年四月二十日の記事（『大日本史料』六―二十七、二七四頁）に「奉行人　斎藤左衛門大夫基名」としてみえ、その子基繁（筑前五郎左衛門尉）も『花営三代記』康暦元年七月二十五日・同二年正月二十五日・同年十二月二十五日条に奉行人としての活動が記されている。なお基名の法名は「業心」である（尊経閣文庫所蔵青蓮院文書、応安三年十二月二十七日付室町幕府裁許状〔『南北朝遺文』中国・四国編三八三五〕）が、（貞治六年）十二月二十五日に肥後阿蘇惟村に書状を出した斎藤筑前入道「素心」（阿蘇文書、『南北朝遺文』九州編四七一一）も基名のことであろう。基名は筑前守に任官しており（『尊卑分脈』）、また阿蘇文書は写であるから、「業」を「素」に誤写した可能性が考えられる。

(24) 『花営三代記』応安元年四月十七日条にみえる斎藤太郎兵衛尉利員は、その通称・名前からC流とみられ、同流も途絶えたわけではなく、僅かながら奉行人として所見する。

(25) 以下の記述における、各国守護の在職状況については、佐藤進一氏『室町幕府守護制度の研究』上・下（東京大学出版会、一九六七年・一九八八年）参照。

(26)　田代文書、田代基綱言上状案（『高石市史』第二巻資料編Ⅰ、一三二）。
(27)　『高野山文書』之七（又続宝簡集）、一四八八、近木庄施行状案のうち、建武四年八月二十八日付和泉守護代都筑二郎左衛門入道施行状案によれば、斎藤三郎兵衛尉（実名未詳、法名世茂と同一人か）も、和泉守護細川顕氏に日根郡奉行として仕えていた形跡がある。
(28)　『光明寺文書』九、（康永二年）五月六日付志摩守護仁木義長奉行人連署奉書案、同一〇、（同年）七月二十一日付志摩守護仁木義長奉行人連署奉書案写。
(29)　『光明寺文書』一五。
(30)　駿河伊達文書、斎藤道恵・木村盛綱連署打渡状（『静岡』四九八）。
(31)　駿河伊達文書、正平七年閏二月十六日付駿河守護今川範国書下（『静岡』四九三）。
(32)　大石寺文書、貞和二年七月十八日付道恵請文（『静岡』三三八）。
(33)　佐伯藤之助所蔵文書、嘉暦四年正月二十四日付前将軍久明親王百ヶ日仏事布施取人交名案（『鎌倉遺文』三〇四九七）にみえる「斎藤雅楽四郎」は基綱（道恵）であろう。
(34)　喜連川家御書案留書、観応三年三月二十四日付将軍足利尊氏安堵状写、古簡雑纂五、観応三年三月二十九日付心省（今川範国）奉書写、円覚寺文書、観応三年四月八日付道恵（斎藤基綱）打渡状、同、同日付白井行胤打渡状（『神奈川県史』資料編３古代・中世（3上）四一四九・四一五二・四一五七・四一五八）。
(35)　松本一夫氏「守護の国衙領有形態再考」（『史学』五四―四、一九八五年）。
(36)　円覚寺文書、永和二年十月二十六日付今川範国書状、東寺百合文書さ、（応永二年）十一月二十七日付柴季秀書状、同、同日付斎藤範基書状（『静岡』九〇九・一二〇一・一二〇二）。
(37)　禰寝文書、（年未詳）九月二十一日付斎藤明真書状、同、（永和二年ヵ）七月十日付今川満範書状（『南北朝遺文』九州編六六六〇・七一〇一）。
(38)　禰寝文書、（永和四年）三月五日付今川了俊書状案（『南北朝遺文』九州編五四五六）。

(39) 入来院文書、（至徳二年ヵ）八月十日付今川了俊書状（『南北朝遺文』九州編五九二五）。

(40) 阿蘇文書、（至徳二年）九月十一日付斎藤聖信書状写（『南北朝遺文』九州編五九二七）、同、（応永二年）十一月十五日付斎藤聖信書状写（『静岡』一一九九）。

(41)(42) 阿蘇文書、（応永二年）十一月十五日付斎藤聖信書状写。

(43) 佐藤健一氏「九州探題今川了俊の召還と解任」（『日本歴史』七一七、二〇〇七年）は、聖信を幕府の九州奉行とするが、聖信は了俊から「代官」と呼ばれており、了俊に仕えていたことは明らかである。聖信は元来幕府奉行人であったとみられるから、在京中は幕府奉行人に在職しながらも、九州探題今川了俊の雑掌としても活動した「兼参輩」（『武政軌範』〈『中世法制史料集』第二巻室町幕府法、岩波書店、附録〉引付内談篇の「諸家兼参輩事」参照）と位置付けるべきであろう。なお九州探題今川了俊の被官奉行人については中島丈晴氏「今川了俊の軍事動員と所務沙汰訴訟」（『歴史学研究』八二九、二〇〇七年）も参照。

(44) 明徳三年八月の『相国寺供養記』（『群書類従』第二十四輯）には、畠山基国の「郎等三十騎」のなかに、斎藤次郎基則・斎藤彦五郎利久・斎藤次郎左衛門尉利宗・斎藤孫左衛門尉利房らがみえるが、名前の「基」や「利」の通字から、彼らも奉行人斎藤氏出身者と考えられる。

(45) 例えば、基能の父斎藤基秀（玄秀）は、六波羅時代以来の経歴をもつ室町幕府奉行人の重鎮であり、志摩に在国した子息基能に対し、機会を捉え指示や助言を与えていたことは容易に推定できる。

(46) 南北朝期、安威氏が斯波高経に仕え（『祇園執行日記』文和元年十一月二十九日条）、島田氏が斯波義将の執事となっている（「吉田家日次記」永徳三年七月二十二日条）。また矢野氏は細川頼之に仕え（毛利文書、永和二年五月毛利元春自筆事書案〈『南』中、四二六九〉）、飯尾・伊地知氏は赤松氏奉行人となり（八坂神社文書、至徳二年九月三日付伊地知某・飯尾六郎左衛門尉某連署奉書案〈『南北朝遺文』中国・四国編四九六四〉）、伊地知氏はさらに島津氏被官となる（薩藩旧記所収伊地知文書、正平七年五月二十二日付島津道鑑充行状写〈『南北朝遺文』九州編三四一二〉）などの事例が知られる。

(47) 諸家文書纂一一、建武三年七月日付藤原基康軍忠状、森本文書、暦応五年四月十一日付尼見性譲状案、同、森本系図、諸家文書纂一二、文和二年正月二十九日付足利義詮感状（『伊丹市史』第四巻史料編Ⅰ、九〇・九三・一五二・九八）。
(48)『相国寺供養記』、『石清水放生会記』（明徳四年八月、『群書類従』第一輯）。
(49)『蜷川文書』之一、三〇幕府番帳案に斎藤御薗五郎左衛門尉・同次郎左衛門尉が、『永享以来御番帳』（『群書類従』第二十九輯）に御薗五郎左衛門尉が、『長享元年九月十二日常徳院殿様江州御動座当時在陣衆着到』（同）に御園筑前守がみえる。なお『康正二年造内裏段銭并国役引付』（『群書類従』第二十八輯）の御薗五郎左衛門尉の段銭納入記載から、尾張御薗村が名字の地であることが判明する。
(50)細川頼之の管領在任期後半ころより、引付方が形骸化し、その職権が管領に吸収されると考えられている（小川氏前掲注（4）論文）。応安末年ころより引付頭人奉書は激減する。
(51)安威・門真・杉原氏らも奉行人から奉公衆に転じることが知られる。なお奉公衆（五箇番）が将軍義満期に成立することは、拙稿「室町幕府奉公衆の成立時期について」（第Ⅲ部第一章）参照。
(52)「吉田家日次記」応永五年三月二十三日条（『大日本史料』七―三、六六九頁）には、B流の斎藤基久がA流の斎藤種基とともに、吉田兼熙の許を訪れたことがみえている。また『康富記』嘉吉三年四月四日条によれば、「斎藤党」は白山を信仰していたため、「古今不詣熊野者也」とされていた。

第二章　奉行人安威資脩伝

はじめに

安威資脩（法名性遵、のち性威）は南北朝期の室町幕府奉行人としてよく知られた存在である。足利尊氏や直義が発給した幕府文書の右筆であったことなどが指摘されている。(1) 本章では資脩の奉行人としての活動を中心に考察する。

安威資脩という一奉行人の活動を考える理由として、南北朝期の代表的奉行人であることはもちろんであるが、実は彼が鎌倉幕府以来の奉行人であり、その鎌倉から室町幕府奉行への転身過程を追い、草創期室町幕府吏僚の人員構成の一斑を明らかにしたいからである。次いで資脩が、奉行人の中核を占めた旧六波羅の出身者でないにもかかわらず、室町幕府吏僚として枢要な地位に昇った、その理由・背景を具体的事実に即して考察するためである。資脩は和歌や連歌にも長じており、文化活動も注目されるところである。(2) また奉行人安威氏は南北朝末期で職務活動を停止するが、その理由や以後の動向についても考えてみたいと思う。

一　鎌倉・建武政権期の活動

最初に室町幕府奉行人となる以前の資脩や安威氏について概観しよう。

奉行人安威氏は鎌倉中期から活動がみえる。建長年間（一二四九〜一二五六）六波羅奉行人として「安井五郎」が所見する。安井という奉行人家は見出せないので、この「安井」は「安威」と考えられる。[3] 恐らく資脩の先祖であろう。またその出身地については、以前明らかにしたように摂津とみられる。[4] 同国島下郡安威庄が名字の地であろう。畿内出身者ながら、六波羅奉行人となることで、御家人に列したようである。なお「神氏系図」[5] によれば、安威氏は本姓安倍氏であったが、資脩の父有脩（法名性昭）の時「神告」があり、その妻の姓神氏（諏訪氏）に改めたという。

さて奉行人安威氏の活動が頻繁にみられるようになるのは、鎌倉末期の有脩からである。有脩は鎌倉で活動していて、左衛門入道性昭と呼ばれ、元亨二年（一三二二）には安堵奉行、翌元亨三年には五番引付奉行人であったことが佐藤進一氏により明らかにされている。[6]

資脩も父と同様鎌倉で活動し、嘉暦三年（一三二八）・元徳元年（一三二九）・正慶元年（元弘二・一三三二）の奉行人在職が確認されている。[7] 当時新左衛門尉（左衛門尉）と称していた。とくに顕著な活躍は見出せないが、元徳元年には高札執筆であり、彼が能書であったことを示している。

実は資脩の初見は右記の奉行人としてのものではなく、文化活動として見出される。それは連歌の活動であって、『菟玖波集』[8]（二〇五五）に、

　元応二年春の頃、鎌倉の花下にて一日一万句の連歌侍りけるに

花もならでいつみし雲ぞ山桜　　　　　性遵法師

というものである。性遵とは資脩の法名であり、元応二年（一三二〇）春、鎌倉での花の下連歌に加わっていたことがわかる。当時資脩は出家していたわけではないが、延文元年（一三五六）に成立する『菟玖波集』に二〇句以上採られた有力な作者であり、元応二年の詠句が、延文元年時点で法体であった資脩の法名性遵の作として採録されたものと思われる。資脩は応安四年（一三七一）に没しているが、年齢は不明である。その没年の五〇年以上前となる元応二年では、当然若年であったと考えられる。しかしその一方で、臨機応変・当意即妙の発想を要する連歌会のメンバーであったことを考慮すれば、金子金治郎氏が推測された如く[9]、当時すでに三〇歳位であったと考えてよいのではないかと思う。資脩の生年は一二九〇年ころと推測される。

さて鎌倉幕府が滅亡すると、資脩は雑訴決断所寄人となった。すなわち、元弘三年九月ころ成立の雑訴決断所結番交名の南海道・西海道担当の四番職員の一員としてその名がみえる[10]。旧関東奉行人出身者は少数であったが、安威氏は元来摂津国御家人であり、京畿にも基盤を有していたのだろう。だが資脩の建武政権下京都での活動は短く、遥か遠く奥州に転任することとなる。

陸奥守北畠顕家が義良親王を奉じて赴任し、建武元年（一三三四）正月に整備された陸奥国衙の引付の一番に安威左衛門入道・安威弥太郎、三番に安威左衛門尉がみえる[11]。弥太郎については不明だが、左衛門入道は性昭つまり有脩に、左衛門尉は資脩に比定できる。奉行人安威氏は有脩・資脩父子ら一族が奥州に赴いたのである[12]。なお有脩は寺社奉行にも任じていた。ところで結城宗広宛の元弘三年九月三日付陸奥守北畠顕家御教書写には「陸奥国吏務以下事、綸旨之趣、以安威新左衛門尉資脩被仰遣候」とあるから、資脩は下向以前から陸奥国務に関係していたとみられる。資脩の奥州での活動は元弘四年二月や建武二年三月などに確認でき[13]、安堵や恩賞沙汰にも関与していたようであり、陸奥国衙奉行人の中心的存在であったと考えられる。

二　室町幕府奉行人としての活動

資脩は暦応二年（一三三九）以降室町幕府奉行人として現われ、その活動は応安四年（一三七一）の死去までの三〇余年に及ぶ。そこで本節では、①観応擾乱以前の足利直義執政期（暦応二年〜貞和五年〔一三四九〕）、②擾乱以後の将軍足利尊氏・義詮期（観応元〔一三五〇〕〜貞治六年〔一三六七〕）、③管領細川頼之執政期、つまり資脩の晩年（応安元年〜同四年）の三期に分けて、その活動を考える。

1　足利直義執政期の活動

資脩は暦応二年十月ころから室町幕府奉行人として活動がみえる。すなわち、足利尊氏・直義兄弟はこの年八月吉野で没した後醍醐天皇の冥福を祈るため天龍寺の造営を企てるが、十月ころに定めた造営奉行人五人として、高師直・細川和氏・後藤行重・諏訪円忠とともに「安威新左衛門入道性意」の名がみえている。(14)この人物こそ建武期に陸奥国衙奉行人として活躍していた安威新左衛門尉資脩その人であろう。かつて仕えた鎮守府将軍北畠顕家は暦応元年五月堺で戦死していたから、そののち幕府奉行人に転身したのかもしれない。鎌倉幕府→雑訴決断所→陸奥国衙→室町幕府と三度目の所属変更であった。すでに五〇歳前後の年齢であったと思われる。

ところで上記史料では資脩の法名は性意となっているが、これは性遵の誤りかもしれない。資脩は法名性遵を称し、のち性威に変えている。性遵と性威を別人とみる考え（註（2）参照）もあるが、同時代の文書などによれば、性遵は暦応四年六月から延文四年（一三五九）四月までの間、[15]性威は貞治二年四月から応安四年正月までの間に所見があり、両者は同時期には現れないので、[17]性遵＝性威と考えられる。また資脩は法名を性威と変えたのち改判している。[16]このように安威資脩は法名性遵・性威で知られており、性遵以前に性意を称した可能性も皆無ではないが、ここでは性遵の誤りと考えておきたい。なお資脩が出家したのは、その時期から考えると、陸奥国衙から室町幕府に出仕する際、帰順の証としてなされたものであろうか。

さて足利直義執政期での資脩の活動は、上記のように天龍寺造営奉行を嚆矢とするが、さほど目立つものではない。暦応三、四年ころに奉行人として幕府訴訟を担当しているのがわかる程度である。[18]しかも康永三年（一三四四）の引付方・内談方番文にはその名が見出せなくなる。事実このころ、奉行人としての活動が確認できない。[19]康永・貞和年間（一二四三～一二五〇）資脩は奉行人としての活動を停止していたようにみえる。

頓阿の私家集『続草庵集』に「性遵時をうしなひて、行へもしらず籠居侍りし比」との詞書のある歌がみえ、[20]資脩が失脚し籠居していたことが知られる。頓阿と資脩との交流は両者が在京していた時期であるから、資脩の室町幕府出仕以後である。とすると、「性遵時をうしなひて、行へもしらず籠居侍りし比」とは、資脩の奉行人活動がみられなくなる、康永・貞和ころのことであろう。

次項で述べるように、観応擾乱で足利直義が失脚したのち、資脩は足利尊氏・義詮の近習奉行人として活発に活動を再開する。このことから考えて、資脩の康永・貞和ころの失脚・籠居は、当時の執政直義による処分と判断される。資脩が何らかの問題を起こし、それが直義の忌避するところとなったのであろう。訴訟などにおける職務上の不正、あるいは、このころから顕在化する直義と高師直との対立の影響などが理由として考えられるが、真相は不明である。一般に官僚層は足利直義の党派とみられているが、安威資脩のような直義と相容れない奉行人の存在にも注意すべきである。何れにしろ、直義執政期の早い時期に資脩は失脚・籠居し、さほどの活動足跡を残すことはなかったのである。

2　足利尊氏・義詮近習奉行人として

足利義詮が鎌倉から上洛し、直義に替わり政務を執るようになると、資脩は奉行人として再び現れる。観応元年三月日の越後黒川茂実代重貞重申状に、担当奉行人として裏花押を据えているのがその活動再開の初見である(21)。尊氏・義詮父子により再び奉行人として登用されたものと考えられる。しかもこれ以後、単に幕府裁判に携わる奉行人としてのみではなく、幕府使節となるなどその活動は重要性を帯びていく。

例えば観応二年正月八日、近江国三箇庄を寄進する代償として山門に対し、桃井直常ら直義方の北陸勢と相対することを求める事書を付している(22)。また同年八月ころには、幕府と南朝との和睦工作のため、二階堂時綱とともに播磨の赤松則祐の許に赴いている(23)。どちらも尊氏使者として活動しており、観応擾乱最中の難局において、重要な使節任務を果たしていることがわかる。後者の一方使節二階堂時綱は当時評定衆であり、その相使として奉行人資脩を起用したわけだから、尊氏の重用ぶりは明らかである。資脩の吏僚としての器量がうかがえる。足利直義執政期に比し、その活動には目覚しいものがあった。

幕府訴訟の奉行人としてはもちろん、延文元年には政所執事代として所見する(24)。また貞治年間（一三六二～一三六八）には侍所職員ともなっていた(25)。これ以前政所執事代を経歴していたのであるから、侍所では単なる奉行人ではなく、奉行宿老が任じた開闔《かいこう》であった可能性が高いと思われる。このように尊氏・義詮父子に再登用されて以後は、幾多の政変にも連座・失脚することなく、着実にその地位を上昇させていったのである。資脩が吏僚としての能力を最も発揮したのが、この時期なのであった。

貞治六年七月五日、将軍義詮は山城国寺社本所領につき、御前沙汰を開始するが、そのメンバーは「上首二階堂中務少輔行元・小田常陸前司《(時綱)》・安威新左衛門入道、奉行人布《(布)》□弾正大夫《(資連)》・雅楽左近入道《(道喜)》・松田八郎左衛門尉《(貞秀)》」であった。[26]資脩は奉行人とは区別される「上首」の一人であり、二階堂・小田氏の家格を考慮すれば、評定衆として出座していたとみられる。奉行人が訴訟案件を披露する役割だったのに対し、「上首」は義詮の裁断に助言を与える立場にあったと考えられる。資脩は義詮期にはこのような地位にまで到達したのである。[27]

資脩は官僚として義詮を支えただけではなく、その近習でもあった。貞治二年四月ころ、六波羅蜜寺造営のため、「御所近習」三十数名が馬や銀剣などを奉加しているが、[28]そのなかに、沙弥性威つまり資脩がみえる。足利氏の根本被官伊勢氏らとともに義詮の側近く仕えていたことがうかがえる。資脩は直義執政期に雌伏を余儀なくされたこともあり、再登用された時には、尊氏・義詮父子への恩義から、側近くに仕えることとなったのだろう。資脩は吏僚として優れた器量を有しており、また直義とは相容れない立場だったから、尊氏・義詮父子からすれば、信頼の置ける利用価値の高い人物であったといえる。当時資脩がかなりの高齢とはいえ、義詮が近習としたのも自然なことであった。子息親脩は権少外記に任官し、[29]孫の詮有は奉行人クラスとしては稀な将軍偏諱を受ける。資脩が義詮近習となったことは、自身の昇進はもちろん、子孫の栄達にもつながっていったのである。[30]だが将軍義詮は貞治六年十二月に死去し、また資脩も晩年を迎えることとなる。

3　晩年の活動

足利義詮の跡は義満が継ぎ、管領細川頼之がこれを補佐する体制となる。この当時資脩はすでに七〇歳を越えていたとみられるが、前代と同様に活動している。

まず応安元年正月二十八日、代替り後の評定始があったが、資脩は評定衆としてその末席に列なっている。(31)この時の奉行人層出身の評定衆は彼のみであり、まさに宿老的存在であったといえる。また同年三月と翌年二月の、吉良満貞方の内談始では右筆としてみえる。(32)さすがにこのころとなると、資脩は高齢であり、また一方で子息らが奉行人として活動していたから、彼が個別的な裁判に関わることはみられなくなる。そのようななかで注目されるのは、応安元年閏六月の延暦寺の訴訟への対応である。これより先、南禅寺長老定山祖禅が「続正法論」を著し諸宗を謗ったので、延暦寺が蜂起し南禅寺破却などを求める事態となっていた。資脩は山門奉行としてこれに対処したのである。

応安元年閏六月二十九日の社頭三塔集会衆議書によれば、(33)同月十七日、資脩は山門側の梶井宮御使に対し「続正法論非南禅寺之所行之由」を述べ、衆徒から「作忙然之申状、引汲之至極歟、沙汰之外次第也、又伺武家幼稚之隙、及乱悪之企歟」と糾弾されている。資脩は「山門摩滅歟、武家滅亡歟、所存儲也」と「武家代始放呪詛之荒言」ったという。延暦寺衆徒らは激怒し、その山門奉行を改められるよう要求した。この衆議書からみる限り、資脩は山門奉行でありながら、訴えを聞き入れず、頑なな態度をとったようである。これは当時の執政細川頼之の指示に基づくものとも思えるが、「武家滅亡歟、所存儲也」と「武家代始放呪詛之荒言」ったというから、資脩自身の考えをも交えた対応であろう。

資脩が当時老齢であったとはいえ、評定衆にも列なる幕府高級官僚が「武家滅亡」と発言したのはどうみても失言である。鎌倉幕府や建武政権、そして足利直義らの滅亡を目の当たりにしてきた宿老資脩にしてみれば、幼少の義満を擁した当時の室町幕府に、なにがしかの危うさを感じていたのかもしれない。しかし「武家代始放呪詛之荒言」ったと指弾されても弁護の余地はなく、かつて資脩が足利直義に疎まれたことを思い合わせると、彼には失言癖があったのかとも疑いたくなる。資脩の当時の政権に対する考えが、うっかり口をついて出てしまったのだろう。ベテラン官僚の、上意不在の政権に対する危惧がわかり興味深いところでもある。なお翌年四月延暦寺衆徒は遂に強訴・入京し、七月南禅寺楼門が破却されることとなった。その惣奉行に佐々木氏頼を任じ、配下の小奉行の一人として資脩の姿がみえる。(34)

さて応安四年正月二十二日、評定始が行われ、五山十刹以下住持事につき定めた。(35)資脩はこの法制定を奉行している。次いで同年五月二十七日の評定にも参仕した。(36)これが彼の活動の終見である。この二ヶ月あまりのち八月一日死去した。『師守記』同日条に「安威入道他界云々」と簡潔な記事がある。八十歳を越える高齢であったか。

三　資脩の文化活動

資脩が鎌倉幕府の時代から連歌を嗜んでいたことは第一節でみた。彼が室町幕府奉行人として京都で活動するようになると、公家や寺社関係者らと頻繁に交わるようになり、その豊かな文化的環境のなかで、職務のかたわら文事にも励んだ。

まず和歌からみると、延文四年（一三五九）四月に撰進された『新千載和歌集』にその詠歌が採られ、(37)資脩は勅撰歌人となった。

　題しらず　　　　　　　　　　　　　　性遵法師

わかの浦にたゆたふ船の綱手縄ひく人あらば道もまよはじ

資脩は奉行人として裁判に携わっていた。物事を裁くなかで迷いが生じることは多々あったに違いない。この歌は奉行人という職務に根ざす、心の揺れについて詠んだものではないかと思う。また貞治三年（一三六四）四月の『新拾遺和歌集』には、

又の年の三月晦日の日常在光院にて読み侍りける　　　　性威法師
又もこん春だにもうき別ぢに去年をかぎりの跡ぞかなしき

とある。(38)常在光院は足利尊氏ゆかりの寺だから、尊氏死去の翌延文四年に詠まれた追悼歌である。自身を取り立ててくれた尊氏を偲んだ歌である。このほか、資脩の死後ではあるが、永徳二年（一三八二）の『新後拾遺和歌集』にも一首入集している。(39)

このように資脩は勅撰集に入集し、武家歌人のなかでも有力メンバーであった。和歌を好んだ足利義詮が貞治六年三月、関白二条良基以下の詠歌を召し新玉津島社で歌合を行うと、資脩は佐々木導誉や今川心省ら有力武家歌人とともに、そこに加えられたのである。(40)

次に連歌の活動についてみよう。資脩は在鎌倉時代から連歌数寄であった。『菟玖波集』が編まれた時代の代表的作者の一人である。醍醐寺三宝院賢俊の日記によれば、文和四年（一三五五）五月二十四日、資脩は佐々木導誉らと賢俊の月次連歌に参加している。(41)その常連メンバーであったと思われる。

『菟玖波集』には資脩の二十八句が入集した。これは武家では、そのパトロンであった導誉の八十一句、尊氏の六十八句に次ぐ入集数で、義詮の二十一句を上回る。二十五句入集の同僚奉行人門真寂意とともに、吏僚でありながら有力な作者であったことがわかる。(42)その詞書には、

・暦応四年（一三四一）救済法師家の百韻連歌
・文和四年十二月北野社千句連歌

・二品法親王（梶井宮尊胤）家千句連歌
・導誉法師家百韻連歌

などがみえ、[43] 地下連歌師救済や梶井宮尊胤、そして導誉らの連歌会に参加していたことがわかる。このような会に加わることにより、都で交流の輪を広め、独自の人的ネットワークを築いていたと考えられる。とくに資脩と佐々木導誉とは連歌を通じ親密な関係にあったから、足利直義失脚後、資脩が奉行人として再登用された背景には、導誉の推挙があったかもしれない。言うまでもなく導誉は尊氏党の有力者だからである。なお晩年には細川頼之家の連歌会にも参加していた。[44]

資脩はキャリアからみてもこの時代を代表する連歌作者の一人であり、和歌以上に連歌でその文才を発揮したといってよいだろう。資脩は文人としてもその名を後世に残したのである。

おわりに

安威資脩は鎌倉幕府奉行人↓雑訴決断所寄人↓陸奥国衙奉行人↓室町幕府奉行人と転身し、四〇年以上の長きにわたり活躍した、当代を代表する吏僚であった。足利直義執政期には失脚したものの、足利義詮の上洛以後、奉行人に復帰し、その近習として政所執事代や評定衆にまで昇進した。和歌や連歌にも長じた、奉行人の宿老であった。南北朝期は〝一寸先は闇〟という戦乱・政変相次ぐ時代であり、奉行人という官僚といえども、その荒波を掻い潜って無傷のまま生き抜くことはなかなかに困難であった。資脩も失脚の憂き目に遭ったが、評定衆にまで昇りつめ天寿を全うしたのである。

最後にその子孫につき概略を述べよう。「神氏系図」には資脩の子息として直資（次郎）・清綱（三郎、法名蓮阿）・親脩（小次郎、法名寂阿）の三人がみえる。「豊原信秋記」の応安七年（一三七四）五月十二日条[45]に「安威次郎右衛門入道・同蓮阿・同寂阿」らが信秋の許を訪れたとの記事があり、この三名が上記の資脩子息三人にあたると考えられる。彼らはこれ以前、奉行人として幕府に仕えていたようであるが、当時奉行として活動していたのは次世代の新左衛門尉詮有のみである。詮有は「神氏系図」によると、直資の子で資脩の孫にあたる。しかしその詮有も「永徳元（一三八一）十一十七遁世」（「神氏系図」）し、安威氏の奉行人としての活動は終わりを告げる。

詮有が何故遁世したのか、その理由はわからない。しかしこのころ引付はほぼ廃絶し、奉行人の活動の場も狭まっていた。当時安威氏で活動していたのは詮有のみで、斎藤氏や飯尾・松田氏らのように、安威氏が奉行人家として族的発展を遂げていたとは考えられず、その家職を維持・継承することが困難となっていたのだろう。こうして奉行人安威氏は足利義満初政期に終焉を迎えたのである。門真氏もほぼ同じころ、奉行人としての活動を停止しており、一三八〇年代は奉行人家が数家に絞られ固定していく時期でもあった。

だが安威氏は滅んだわけではない。安威氏は将軍近習の奉公衆（五箇番）二番衆として活動することとなる。奉公衆安威氏は次郎（二郎）や新左衛門尉を称し、また名前に「脩」字を用いているから[46]、資脩や詮有の子孫と考えられる。安威氏は元来摂津を本拠としており[47]、奉行人から奉公衆へと転身するには条件的に有利であったといえるだろう。資脩はかつて義詮の近習であり、奉行人を離職したその子孫が、義満期に成立する奉公衆に加入し、組織されたのはごく自然であったともいえる。また安威氏は奉公衆でありながら、摂津守護の管領細川家とも主従関係を結び[48]、その本拠地支配も安泰ならしめようと努めたようである。十四世紀末以降安威氏は、奉行人から奉公衆・国人領主へと転身していくのである。

註

（1）『日本古文書学講座』4中世編Ⅰ（雄山閣、一九八〇年）六五～六七頁（上島有氏執筆）、小松茂美氏『足利尊氏文書の研究』Ⅰ研究篇（旺文社、一九九七年）二七〇～二八二頁。

（2）金子金治郎氏『菟玖波集の研究』（風間書房、一九六五年）第二編第五章「菟玖波集時代の武家作者」のなかで、連歌作者としての安威性遵について考察している。ただし氏は安威性遵と安威性威を別人とし、後者を資脩とみている。後述するように、両者は同一人と考えるのが妥当とみられるのであるが、金子論文は安威性遵・性威の主な事蹟を列挙しており、有益である。

（3）拙稿「六波羅探題職員の検出とその職制」（拙著『六波羅探題の研究』所収、続群書類従完成会、二〇〇五年、初出一九八七・一九九〇年）。なお文永十二年三月日付清水寺地主御前西桜垣用途勧進状（冷泉家時雨亭叢書第八十一巻『冷泉家歌書紙背文書』上　新古今和歌集文永本紙背、第一冊4）に後藤左衛門入道（見仏）や斎藤四郎左衛門入道（基永・観意）らの六波羅吏僚とともに安威八郎の名がみえる。安威八郎の実名は未詳だが、六波羅奉行人の可能性が高い。

（4）拙稿「六波羅奉行人の出自の考察」（拙著前註所収、初出二〇〇二年）。

（5）『大日本史料』六之三十四、二三七・二三八頁。

（6）（7）「鎌倉幕府職員表復元の試み」（『鎌倉幕府訴訟制度の研究』所収、岩波書店、一九九三年）。

（8）日本古典全書による。

（9）金子氏前掲註（2）論文。

（10）比志島文書。

（11）『建武年間記』（『群書類従』第二十五輯）。引付をはじめとする陸奥国衙の人員構成については、吉井功兒氏『建武政権期の国司と守護』（近代文藝社、一九九三年）三〇五～三一三頁に詳しい。

(12) 白河結城文書（『南北朝遺文』東北編七）。

(13) 遠野南部文書、元弘四年二月日付曽我光高申状案（『南北朝遺文』東北編五二）に「奉行人阿井《安威》左衛門尉」がみえ、同文書、建武二年三月二十五日付北畠顕家下文（同一四〇）に資脩が訂正裏花押を据えていることが知られる。『花押かがみ』七、南北朝時代三、二五〇頁参照。

(14) 「天龍寺造営記」（鹿王院文書研究会編『鹿王院文書の研究』〔思文閣出版〕第一部文書編三七）。

(15) 東寺百号文書レ、暦応四年六月十四日付室町幕府奉行人奉書案（ただし「遵性《ママ》」とする）今谷明氏・高橋康夫氏編『室町幕府文書集成　奉行人奉書篇』〔思文閣出版〕三）を初見とし、延文四年四月撰進の『新千載和歌集』（『新編国歌大観』第一巻）一九九五を終見とする。

(16) 六波羅蜜寺文書、（貞治二年四月頃）将軍足利義詮近習連署奉加状（『大日本史料』六―二十五、三六頁以下）を初見とし、応安四年正月二十二日の追加法一〇六条（佐藤進一氏・池内義資氏編『中世法制史料集』第二巻室町幕府法、岩波書店）を終見とする。

(17) ただし『常楽記』（『群書類従』第二十九輯）の死去記事には応安四年「八月一日、安威入道性遵」とある。事情は不明だが、旧法名で書かれたのであろう。何れにしろ安威性遵・性威の活動は以後見出せない。

(18) 東寺文書射、島津家文書、東寺百号文書ぬ、同レ、仁和寺文書など。

(19) 資脩の康永・貞和年間の所見としては、尾張国真清田社神官と同国今寄庄内神田畠につき相論していること（『久我家文書』六七、貞和二年四月七日付足利直義裁許状）と、資脩妻が中原氏から車を借用していること（『師守記』貞和五年六月七日条）が知られる程度である。

(20) 『続草庵集』（『新編国歌大観』第四巻）二九八。

(21) 三浦和田文書（『新潟県史』資料編４ 中世二文書編Ⅱ、一二九六）。岩元修一氏「南北朝期室町幕府における訴訟関係文書の再検討」（『初期室町幕府訴訟制度の研究』所収、吉川弘文館、二〇〇七年、初出二〇〇一年）表19参照。ただし東寺百合文書タ「太良荘地頭方評定引付」貞和五年閏六月十六日条に「阿井《安威》新左衛門入道之小奉行」の動きがみえているので、資脩の活動再開は足利直義執政末期にまでさかのぼる可能性がある（この点につき田中誠氏のご教示を得た）。
(22)『園太暦』観応二年正月九日条。
(23)『園太暦』観応二年九月三日条。
(24)東寺百合文書な、延文元年十二月二十九日付東寺雑掌頼憲用途送進状（『大日本史料』六―二十一、二〇頁）。
(25)『師守記』貞治五年十月五日条。
(26)『師守記』同日条。
(27)『師守記』貞治六年六月二十六日条によれば、資脩は松田貞秀とともに、来日・入京した高麗使の帰国に際しその差配を行っていることも知られる。
(28)六波羅蜜寺文書、（貞治二年四月頃）将軍足利義詮近習連署奉加状。
(29)『外記補任』（『続群書類従』第四輯上）文和二年条。
(30)なお資脩は、子息とみられる次郎左衛門（直資ヵ）を斯波高経に出仕させ、足利一門の有力者とも関係を結んでいたようである（『祇園執行日記』文和元年十一月二十九日条）。
(31)『花営三代記』（『群書類従』第二十六輯）同日条。
(32)『花営三代記』応安元年三月八日・同二年四月二十二日条。
(33)『祇園社記』第十所収。応安の山門訴訟の関連史料を収録している。
(34)『祇園社記』第十。
(35)『花営三代記』同日条。
(36)『花営三代記』同日条。
(37)『新千載和歌集』一九九五。
(38)『新拾遺和歌集』（『新編国歌大観』第一巻）八九八。
(39)『新後拾遺和歌集』（『新編国歌大観』第一巻）八三二。

(40)『新玉津島社歌合』(『群書類従』第十三輯)。
(41)「賢俊僧正日記」同日条(『大日本史料』六―二十、一七二頁)。
(42)金子氏前掲註(2)論文参照。
(43)『菟玖波集』四一六・五六三・二一〇四・五七六。
(44)『落書露顕』(『群書類従』第十六輯)。
(45)『大日本史料』六―四十二、一四四頁。
(46)『文安年中御番帳』・『永享以来御番帳』・『長享元年九月十二日常徳院殿様江州御動座当時在陣衆着到』(『群書類従』第二十九輯)および『見聞諸家紋』(同第二十三輯)など。
(47)資脩以来安威氏は摂津国江口五ヶ庄地頭でもあった(秋元興朝氏所蔵文書、応安元年閏六月十二日付室町幕府管領細川頼之奉書〔『大日本史料』六―二十九、四〇四頁〕および、関戸守彦氏所蔵文書、同五年五月十九日付室町幕府管領細川頼之奉書〔同六之三十五、三三七頁〕)。
(48)『蔭凉軒日録』寛正二年十月十五日条に管領細川勝元被官安威新左衛門がみえ、同書延徳二年十二月二十日条には細川政元が摂津国安威に屋形を建てようとしたことがみえている。細川勝元被官安威新左衛門は奉公衆二番衆安威新左衛門賢脩(『見聞諸家紋』)と同一人物の可能性が高い。

第三章　奉行人明石氏の軌跡

はじめに

中世武家政権において政権運営の実務を担った官僚機構の解明は重要な課題である。鎌倉・室町幕府には文筆の才を以って仕え、事務的能力を発揮した奉行人たちがいた。奉行人は法的知識をも備え、裁判の場でも活躍した。奉行人という官僚集団がいなければ、政権の運営は困難であった。

このような奉行人については近年、その検出作業を中心に研究が進み、鎌倉期の幕府・六波羅探題・鎮西探題、室町期の幕府・鎌倉府につき、その構成員がかなり明らかになってきた。(1)今後はこれらの成果を総合して、鎌倉・室町期を通じた奉行人の考察や、各活動機関における奉行人の特質などについて明らかにしていく必要があると思う。このような考察を通じ、その活動の様相から、幕府や地方機関それぞれの政権運営に関わる特性などを浮かび上がらせることが可能となると考える。

私は以前、奉行人の大族斎藤氏につき、六波羅奉行人時代から南北朝期の幕府奉行人時代までの諸活動を考察した。(2)そこでは家職継承のための努力や文化的活動、動乱期における一族の盛衰、そして守護被官化など展開の様相について考えた。有力在京奉行人の活動足跡をある程度明らかにできたのではないかと思う。

ここでは同じく鎌倉・室町期を通じた奉行人研究の一環として明石氏について考察したい。明石氏は引付成立以前の鎌倉中期から室町期にいたり、鎌倉を中心に活躍した有力奉行人である。斎藤氏が在京奉行人の代表的存在とすれば、明石氏は関東系奉行人の代表格といってよい。しかし先行研究としては、鎌倉府奉行人の明石氏につき述べている湯山学氏の論考が存在するにすぎない。(3) その点からも鎌倉・室町期を通じた明石氏の考察は意義があると考える。ただし関連史料はあまり多くなく、職務活動以外の、文化的活動などを追うことは困難である。したがって、これまで部分的にしか考察されなかった職務活動を、鎌倉・室町期を通じて明らかにすることを主要課題とする。そして明石氏の活動足跡を通じて、斎藤氏ら室町幕府奉行人とは異なる、鎌倉府奉行人の特質についても少し考えてみたいと思う。

一　鎌倉幕府奉行人明石氏

鎌倉幕府奉行人として活動する明石氏を所見年代とともに示すと次の通りである。(4)

・兼綱（左近将監・左近大夫）：寛元三年（一二四五）～弘長二年（一二六二）
・行景（孫次郎）：文永十一年（一二七四）
・行宗（民部大夫）：弘安七年（一二八四）～徳治二年（一三〇七）
・盛行（民部二郎・長門介）：永仁三年（一二九五）～正和二年（一三一三）
・某（彦次郎）：永仁三年

・行連（民部大夫）：元亨元（一三二一）

以上の六名が奉行人として確認される。鎌倉中期以降、幕府奉行人としての家職を確立・継承したことがわかる。その系譜についてはよるべきものがないが、活動年代や官途・通称などを考慮すると、

兼綱――行宗――盛行
　　　　　　　└行連

のようになろうか。以下、その活動の様相をみてみよう。なお行連については行論の都合上、次節で述べる。

兼綱　明石氏の初代は兼綱である。兼綱は『吾妻鏡』寛元三年（一二四五）十月六日条に、評定衆の二階堂行義とともに寮米入道後家の改嫁事につき奉行し、その所領を本主子息次郎国朝に付したとあるのが初見である。その後も『吾妻鏡』に奉行人としての活動がみえるが、[5] 宝治二年（一二四八）五月十五日、盗人罪科軽重事を奉行したのが注目される。この案件は七月十日、追加法として出されており、[6] 兼綱が立法にも参画した有能な奉行人であったことを物語っているのである。当然ながら、執権北条時頼の時代になり引付方が設置されると、引付奉行人となった。[7]『吾妻鏡』に載せる建長三年（一二五一）から弘長元年（一二六一）に至る引付番文の何れにもその名がみえる。兼綱は所務沙汰訴訟を中心とした引付奉行人として活動したのである。

　さて兼綱の活動の概要は以上のようであるが、明石氏がどのような出自であったのか、また幕府奉行人となった由来についてはよくわからない。藤原姓であったことが確認されるが、[8] 名字の地などは不明である。ただ、執権泰時時代末期～執権経時期の一二四〇年代になると、その後の引付番文にも名を連ねる、新顔の奉行人が多くみえるようになるから、[9] 明石兼綱もこのような一人として幕府に仕えたのであろう。

　ところで、兼綱の初見が二階堂行義との奉行活動であったことは先にみたが、兼綱と行義との関係を示唆する興味

深い史料が存在している。それは蓬左文庫所蔵金沢文庫本斉民要術紙背文書の某氏女重陳状[10]（年代は文応元年〔一二六〇〕七月から文永五年〔一二六八〕閏正月の間のもの）で、この重陳状は加藤景経と亡父西阿遺領につき争った「西阿継娘」のものだが、西阿継娘＝氏女が景経から、

前奉行明石左近将監兼綱者、被扶持出羽入道之間、□好引汲氏女、不達理訴云々、

と訴えられたことが書かれている。前奉行の明石兼綱は「出羽入道」つまり二階堂行義（法名道空）に「扶持」されていた存在であったため、景経の「理訴」が聞き入れられなかったというのである。行義の関係者とみられる氏女は「出羽入道扶持兼綱事、証拠何事哉」と反論してはいるが、この訴えは兼綱の活動初見から考えると事実であった可能性が高いと思う。それは寛元三年の活動初見のとき、奉行人兼綱が評定衆行義とともに沙汰しているのが異例だからである。奉行人は同格の奉行人とともに担当案件を沙汰するのが一般的であった。兼綱が行義とともに奉行したことは異例であり、ここから両者の深い関係がうかがえるのである。また兼綱以後の明石氏が、二階堂氏の通字「行」を名前に用いるようになるのも、行義との関わりを前提に考えれば理解しやすい。このように考えると、明石兼綱は二階堂行義の推挙などにより、幕府奉行人として登用された可能性があると思う[11]。兼綱が行義に「扶持」されたこと、つまり被官的立場にあったことは、行義が有力な高級官僚であったことを考慮すれば、その後の奉行人明石氏の発展にプラスとなる人的関係であったと評価できるであろう。ただし兼綱の次世代行宗以降も二階堂氏との関係が継続したかは定かでない。

行宗　兼綱の子とみられる孫次郎行景は、木田見成念嫡女熊谷尼代子息熊谷直高と舎弟木田見長家との成念遺領武蔵牛丸郷内田畠等をめぐる相論で奉行人としてみえ、文永十一年正月ころの在職が知られる[12]。ただしこれが唯一の所見である。

行景の兄弟とみられる行宗は弘安七年（一二八四）から活動がみえる。すなわち神領興行・名主職安堵のため、関東特使として長田教経・越前政行の両奉行とともに鎮西に下向した。行宗らは「徳政御使」と呼ばれ、弘安八年正月以来博多にて任務に従い、九月までには鎮西を去っている。[13]行宗は大友頼泰を合奉行として、教経・政行と同様に三カ国（肥前・筑前・薩摩）を分担したが、鎌倉での決定事項は行宗宛に伝えられていたから、[14]三人のなかのリーダーであったとみられる。ただ、これ以前に奉行人としての活動は史料に見出せない。偶然関係史料が残らなかったのだろうが、弘安七年当時にはすでに民部大夫であり、熟練した奉行人であったと考えられる。そうすると、想像の域を出ないが、先にみた行景と同一人の可能性もあろう。

さて行宗はその後、正応三年（一二九〇）八月には二番引付奉行人として所見し、[15]永仁二年（一二九四）十二月には矢野倫景とともに「直被聞食被棄置輩訴訟事」につき奉行している。[16]倫景は評定衆とみられるから、行宗は奉行人の重鎮として倫景の相方となり沙汰したとみてよい。翌永仁三年には、式評定などの場で、評定衆摂津親致・矢野倫景らとともに南都闘乱事につき沙汰した。[17]自身の意見を連署大仏宣時ら幕府重臣に聞かせてもいる。[18]奉行人ながら行宗が幕府の政治的意思決定に関っている様子がわかる。行宗は優れた器量の奉行人であったのだろう。同年五月には侍所奉行人ともなった。[19]その後しばらく所見がなく、徳治二年（一三〇七）六月十八日、極楽寺行者随縁法住らが訴えた関米運取などの狼藉につき、問注所執事太田時連と連署で、内管領長崎高綱宛に奉書を出した。[20]問注所から得宗家（もしくは侍所）に訴訟を移管したと思われ、行宗は当時問注所奉行人であったとみられ、またこれが彼の最終所見でもある。

盛行　盛行は永仁三年（一二九五）閏二月十二日、三番引付奉行人に任じられているのが初見である。[21]明石民部二郎という通称から行宗子息と考えられる。なお同じ日に彦次郎が侍所奉行人に召し加えられているが、[22]盛行との関係は不明である。盛行は正和の神領興行法執行のための「関東御使」として鎮西に下向したことで知られている。安富長嗣・斎藤重行の両関東奉行人とともに正和元年（一三一二）九月以前に下向し、翌年七月までは在国、神領興行法を執行している。[23]盛行がこのような関東特使に任用されたのは、父行宗が弘安期の特使だったことが関係しているだろう。ただし特使三名のなかで盛行がリーダー的存在であったかどうかはわからない。位次からみると、長嗣（大蔵大夫・散位）・重行（左衛門尉）・盛行（前長門介）の順で最下位である。[24]なお安富氏や斎藤氏の一族には鎮西探題奉行人も存在していたから、[25]このような奉行人家の人的のネットワークが考慮されて、長嗣・重行両名は任用されたのであろう。

鎮西から帰還した後の盛行については関係史料がなく不明である。『太平記』（西源院本）巻第十「相模入道自害の事」には、正慶二年（一三三三）五月の幕府滅亡に際して、北条一門とともに「明石長門介入道忍阿」の名がみえ、盛行に比定できるから、彼は得宗被官的存在となり、北条高時に殉じたことがうかがえる。

二　雑訴決断所寄人・室町幕府奉行人明石氏

雑訴決断所寄人となったのは民部大夫行連である。また室町幕府奉行人としての明石氏を次に示す。

・行連（法名法準（法準）、民部大夫・因幡守・因幡入道）：建武三年（一三三六）～貞和三年（一三四七）
・某（縫殿大夫）：暦応二年（一三三九）
・某（法名道可、民部丞）：在職期間不明

室町幕府奉行人はこの三名が知られる。某（法名道可）については次節で述べる。

行連　行連は鎌倉幕府以来の奉行人である。元亨元年（一三二一）五月には二番引付奉行人であったことが確認できる。(26)この他に所見はないが、幕府滅亡まで関東奉行人として活動したとみてよいであろう。

鎌倉幕府が滅ぶと行連は、雑訴決断所の寄人に加わっている。建武元年（一三三四）八月の『雑訴決断所結番交名』(27)の八番（西海道）一員として「明石民部大夫行連」がみえる。行連が鎌倉から上洛し建武政権の訴訟機関の職員となったことがわかる。一族の盛行が北条高時に殉じたことは先にみたが、にもかかわらず行連が後醍醐天皇に登用されたことは、行連が盛行の子ではないことを示していると思う。行連はその通称が同一である点からも、行宗の子で、盛行の兄弟（弟カ）であったと考えられる。あるいは永仁三年に侍所奉行人に任じられた彦次郎は行連その人であったかもしれない。

さて行連は雑訴決断所寄人のなかでは少数派の関東奉行人出身者であった。旧幕府官僚では京都にいた元の六波羅探題奉行人が多く採用されていたのである。「器用堪否沙汰モナク、モル、人ナキ決断所」(28)であったとはいえ、行連が関東奉行人でありながら登用されたのは、明石氏が旧幕府奉行人の中核的存在であったこと、そしてその器量に基づくところが大きいであろう。建武政府は程なく崩壊するが、行連が雑訴決断所職員として活動したことは、鎌倉では経験不能な、京都の公家や有力寺社など諸権門と接触する機会をもちえた点で、大きな意味があったと思われる。元関東奉行人の行連が、スムーズに室町幕府奉行人に転身できたのも当該期の在京活動がプラスしたことは間違いない。

室町幕府の草創期、行連は『建武式目』(29)の制定に参画している。建武三年十一月七日に定められた『建武式目』は、明法家中原是円・真恵兄弟が足利氏の諮問に答えた上申書の形式をとるが、その立案に参画した「人衆」八人のなかに「明石民部大夫」としてみえている。建武政府崩壊後、行連は足利氏の許に属したのである。なおこの八人のうち旧幕府奉行人出身者として行連のほか、太田七郎左衛門尉・布施彦三郎入道（道乗）の二人がみえ、ともに元の関東奉行人と推定され、六波羅奉行人出身者はいない。建武政権崩壊時、京都には元の六波羅奉行人が少なからずいただろうが、彼らは『建武式目』制定には関らなかった。それはかつての六波羅探題が立法府としての機能を備えていなかったからであろう。幕府法は鎌倉で制定されていた。法制定にはやはり、関東で活動していた奉行人の経験や知識が必要であったのである。明石行連は京都に在りながらそのような知識を備えた、貴重な人材であったのである。なお明石氏の一族には、永仁（一二九三〜一二九九）ころ、足利氏の御領奉行を務めた明石二郎左衛門尉がおり[30]、明石氏が足利氏と前代以来関係をもっていたことが、行連が足利氏に重用される理由の一つともなったかもしれない。

行連はその後、暦応二年（一三三九）三月ころ、遠山朝廉が訴えた美濃遠山庄手向郷地頭職につき庭中奉行としてみえ[31]、同三年から康永三年にかけては、東寺と長田頼清息女源氏女とが争った山城上桂庄の相論で奉行を務めた[32]。またすでに佐藤進一氏が述べておられるように[33]、康永三年（一三四四）三月の引付結番に際して一番に属し、上杉朝定頭人の内談方にも加えられている[34]。何れにも「因幡入道」（法名法隼〔法準とも〕）とみえ、評定衆に列なっていた。なお佐藤氏が行連の人名考証などで示された史料によれば[35]、行連は暦応二年七月から十月の間に出家している。この間の九月、後醍醐天皇が吉野で死去しているが、出家との関係はわからない。何れにしろ行連は、奉行人クラスでは稀な受領（因幡守）に任官し、評定衆となったのであった。このような昇進過程は、やや後のこととなるが、足利直義の側近奉行人斎藤利泰と同様であり、行連が足利氏のブレーンの一人として重んじられたことを物語っていよう。貞和三年（一三四七）四月ころ、直義からの下問につき、先の美濃遠山庄手向郷沙汰の次第について「写進記録」しているのが[36]、行連の最終所見である。担当案件に関する記録を残していたことも確認できる。

縫殿大夫　『師守記』暦応二年十一月九日条に武家奉行明石縫殿宿所で火事があり、直義の三条坊門第の近々だったため武士が多く馳せ参じたとの記事がある。その実名や行連との関係は不明だが、明石縫殿は引付訴訟などを掌握していた直義の近隣に住み、奉行人として出仕していたことがうかがえる。伊勢の乙部源次郎政貫なる者が、建武以来の軍忠についての「一烈注進」（軍忠状ヵ）を奉行人明石縫殿大夫家で紛失したと申していたのも、この時の火災によるものかもしれない。なおこの明石縫殿大夫は、上述の康永三年（一三四四）三月の引付番文にはその名がみえない。理由はわからない。[37]

三　鎌倉府奉行人明石氏

鎌倉府奉行人となった明石氏は以下の通りである。[38]

・某（法名道可、民部丞）：応安四年（一三七一）～同五年
・行氏（左近将監）：至徳二年（一三八五）～同三年
・某（修理助入道）：嘉慶二年（一三八八）
・章行（民部丞）：応永四年（一三九七）～同十五年（一四〇八）ころ
・某（弾正）：応永五年
・某（法名利行、加賀守・加賀入道）：応永八年～同二十年
・行実（筑前守・前筑前守）：応永二十五年～正長三年（一四三〇）

弾正某が利行もしくは行実と同一人の可能性もあるが、七名の在職が知られる。『鎌倉年中行事』[39]に「奉行人数六人、壱岐　明石　布施　雑賀　清　吉岡」とみえ、明石氏が鎌倉府奉行人の中心メンバーであったことがわかるが、この

所見人数もこれと合致するものである。ただしその活動初見が南北朝後半以降であることに注意すべきである。以下個別にみていく。

道可・行氏　応安四年（一三七一）二月十四日、「官使奉行明石」は侍所とともに円覚寺に入り僧二人を捕らえたことが、義堂周信の日乗『空華日用工夫略集』にみえる。前月に同寺僧徒が住持梅林霊竹を追う事件があり、その首謀者を捕らえたのである。この「官使奉行明石」は道可とみられる。『空華日用工夫略集』には、当時鎌倉禅林にあった義堂と道可との交流の様子がみえる。応安五年正月六日条には子弟を教誡し学問を勧めること、同二月十五日条には同僚の奉行人雑賀（希善ヵ）とともに聯句につき話している。道可は義堂の許に出入りし、知識・教養などを高めようとしたとみられる。

また『義堂和尚語録』[40]巻四には「明石道可居士」の項があり、そのなかに「公遺属令子行氏俾余為賛」とみえ、道可（「公」）が子息（「令子」）行氏に命じ自身の死後、義堂（「余」）に賛を依頼していたこともわかる。[41]両者はよほど親密だったのだろう。この「明石道可居士」からは彼の人となりを垣間見ることができるが、ここでは、

故明石戸部郎中可公寔抱道而隠于史者也。言正直而行清廉。歴職東西両府者殆三十祀。

との記述に注目したい。道可が「戸部郎中」つまり民部丞であったこと、清廉潔白な性格だったこと、そして「東西両府」に約三十年仕えたことなどがわかるのである。「東西両府」とは鎌倉府と室町幕府のことで、道可が「両府」に仕えたことが判明する。道可の室町幕府奉行人としての活動は管見に入らないが、恐らく若年のころ京都で活動していたのだろう。前節でみたように、室町幕府奉行人としての明石氏は行連が貞和三年（一三四七）にみえるのが最後で、これ以降は見出せない。行連はこの時点で高齢であったと思われるから、程なく死去したとみてよい。道可は行連の後継者ではなかったか。官途民部丞からみて子息の可能性が高いだろう。明石氏は元来関東系の有力奉行人家

だったから、行連の死後、道可の代に、鎌倉府の機構整備などと連動する形で京都から鎌倉に移ったと考えてよいと思う。ただしその下向時期は活動のみえる応安（一三六八〜一三七五）以前としかわからない。何れにしろ道可が明石氏初代の鎌倉府奉行人となったとみてよいだろう。

さてここで従来不明瞭とされている鎌倉府の引付について触れておきたい[42]。鎌倉府奉行人の考察に際して、その訴訟機関につき明らかにしておく必要があると考えるからである。結論からいえば、鎌倉府の引付は応安六年十二月二十四日に設置されたとみられる。すなわち『花営三代記』[43]同日条に、

　廿四日。関東番文始行。

　　奉行　　上椙伊予入道

　　右筆　　与田右衛門入道

とあり、この「関東番文」とは、同記応安五年六月二十一日条の「内談番文施行」との記事を参考にすれば、関東引付（内談）番文のことと考えられるからである[44]。つまりこの日、それが「始行」＝設置されたのである[45]。奉行上椙伊予入道は扇谷上杉顕定、右筆与田右衛門入道は聖法に比定され、ともに鎌倉府所属の人物である。実はこの前年の応安五年十二月、若年の関東公方足利氏満を補佐する関東管領上杉能憲が上洛し、同六年四月まで在京していた[46]。能憲の鎌倉下向後の、十月九日に関東五山事につき幕府法が出され[47]、同二十八日には「関東御沙汰被始行」ており[48]、能憲と幕府管領細川頼之との間で鎌倉府の政務の在り方などにつき折衝がなされたことがうかがえる。「関東番文始行」もその一環であって、能憲・頼之両者の協議に基づき鎌倉府に引付が創設されたものと考えられる。当該期、幕府では引付は形骸化しつつあったが、鎌倉ではようやくそれが設置されたのである。応安七年以降、鎌倉府奉行人連署奉書が多くみられるのも[49]、引付設置により奉行人組織が充実したと考えれば理解しやすい。

生田本『鎌倉大日記』裏書の応永二年（一三九五）七月二十四日条には「引付二方被行之」とみえ、引付は二番編成だったことがわかる。『鎌倉大草紙』(50)の応永五年十二月の記事にも「引付頭人二階堂野州入道清春。一方頭人長井掃部助入道道供」とあり、これに対応している。なお生田本『鎌倉大日記』裏書の永和四年（一三七八）八月二十七日条に「越訴并官途御推挙、所付長井掃部頭入道々広、為頭人始行之」とみえ、引付設置から約五年後に越訴頭人が置かれたことも知られる。引付の上部機関であったとみられる評定も、同書に永和元年六月二十五日に氏満がはじめて御出したと初見するから、やはり公方氏満・関東管領能憲期に幕府との交渉を経つつ、訴訟機構が整えられていったものと考えられる。

道可に即して考えれば、彼は引付設置以前に鎌倉にいたから、その創設に伴い京都から下向したわけではない。ただ彼も鎌倉府の機構整備と関わる形で下向したことが推測される。雑賀や布施氏ら鎌倉府の有力奉行人も、同じころから所見しており、道可は彼らと同時期に京都から鎌倉に下向し、官僚として鎌倉府の政務を支えたものと考えられる。強いて推測するならば、関東管領に上杉憲顕が就任し、鎌倉府がようやく安定・自立した権力へと向かいつつあった、公方基氏の貞治年間（一三六二〜一三六八）ころに下向したのではなかろうか。元の関東奉行人であった明石氏や布施氏は、鎌倉幕府滅亡後在京し、建武政府・室町幕府に出仕していたが、再び鎌倉に戻り、鎌倉府奉行人として活動することとなったのである。

さて道可の子行氏の活動についても触れておこう。至徳二年（一三八五）十一月、明石左近将監行氏は、同僚の布施家連らとともに、鎌倉極楽寺に向かい本尊聖教・道具などを受け取り、鶴岡新宮別当頼印に渡している。(51)また翌年三月、京都の義堂周信へ「関東奉行明石左近将監」の書が届き、「幕府」の命を伝えたが、この明石左近将監も行氏のことであろう。(52)

章行・弾正　嘉慶二年（一三八八）九月、大輔阿闍梨頼円へ鶴岡両界供僧職を沙汰付ける使者として明石修理助入道がみえるが、[53]実名などはわからない。

民部丞章行は『鶴岡事書日記』[54]に散見し、応永四年（一三九七）七月十六日、鶴岡北斗堂立柱上棟に「公方御代官明石民部丞章行」、同五年六月二十三日、同夷・大黒上棟に「御代官明石民部丞章行」、そして同月二十五日の記事では、材木盗犯の沙汰のため神主ら鶴岡社官から起請文を召している。章行は鶴岡八幡宮の担当奉行（別奉行）だったと考えられる。また民部丞という官途から、道可の子孫ともみられる。

道可――行氏――章行

という系譜が推測される。

弾正某は『鶴岡事書日記』応永五年六月の記事に、「改（政）所并心経会奉行明石弾正」とみえるが、実名などは不明である。

利行　利行については前掲湯山学氏註（3）論文に詳しい。これを参考にして概略を述べる。利行は法名であり、実名・系譜は不明。官途は加賀守であった。応永十二年（一四〇五）九月日付の円覚寺仏日庵雑掌浄貞申状案に、[55]丸孫太郎入道との安房長田保西方をめぐる相論につき、「去応永八年、為明石加賀守奉行、被成御奉書畢」とみえ、応永八年を初見としてその活動が確認される。同十一、十二年にも鎌倉府奉行人連署奉書の奉者としてみえる。[56]

応永十九年、鹿島神宮大禰宜中臣憲親が訴えた神領常陸行方郡内小牧村をめぐる相論の奉行となり、これを沙汰した。[57]同年九月ころ、「当奉行人明石加賀入道、背管領所存子細之間、依無出仕間、披露置之申候」事態、つまり利行が関東管領上杉禅秀の意に背くことがあり出仕しなかったため、評定への披露が滞ることがあった。[58]そして十一月二十五日「於御評定無為ニ令落居」め、神宮の訴えが認められた。[59]この一件は、評定で最終判断が下されたことがわかり、鎌倉府裁判制度を考える上で稀有な事例である。(60) 九月二十二日、利行が中臣憲親に宛てた書状(61)には「抑御訴訟事、三問三答取調候者、早速可致申沙汰候」とあり、三問三答が行われていたこともわかる。恐らくそれは引付で行われたのであろう。なおこの書状は、利行が「背管領所存」き「無出仕間」に書かれたとみられるから、関東管領上杉禅秀との意見対立はこの「三問三答」を行うか否かにあったのかも知れない。十一月二十五日に判決が下されたことを考慮すると、三問三答は行われた可能性が高い。しかもそれは当然、理非を重んずる奉行人利行の主導によるものであろう。この点から考えると、明石利行は関東管領の意のままにならぬ、公方直臣の奉行人重鎮としての姿が思い浮かんでくる。受領にも任官しており、鎌倉府奉行人の中核明石氏宿老として重きをなしていたのであろう。

ところで応永二十四年十月十四日、公方足利持氏は伊豆三島社に「武蔵国比企郡大豆戸郷明石左近将監跡、」を寄進している。(62) 時期から判断して、この年はじめに平定された上杉禅秀の乱与党者の所領を寄進したものと考えられるが、「明石左近将監跡」が誰を指すかは不明である。明石氏に禅秀の乱与党者のいたこと、武蔵に所領のあったことが判明する。

行実　応永二十五年（一四一八）を初見とする奉行人明石筑前守の実名が行実であることは湯山氏前掲註（3）論文で明らかにされている。ただし系譜は不明。同年八月烟田幹胤は、恩賞による常陸鳥栖村・富田村の還補につき、「為明石筑前守奉行而、雖令度々言上、未達上聞之条、歎中次第也」と重申状のなかで述べている。(63) また応永三十年十一月には、常陸小栗満重攻めのため発向した大将上杉憲実が幼少で花押を据えることができなかったため、島田泰規とともに、参陣した鳥名木国義ら武士の軍忠状に裏書をして証判を加えている。(64) この両事例からすると、行実は恩賞関係の奉行であったか。その後、応永三十三年九月には過書を発給し、(65) 同三十四年十二月から正長三年（永享二・一四三〇）十月にかけて鎌倉府奉行人連署奉書の奉者として所見する。(66) この当時は前筑前守と称している。鎌倉府奉行人明石氏としては行実が最後の所見となるが、(67)『里見家永正元亀中書札留抜書』(68)に、「六奉行与者、扇谷殿・佐々木・梶原・町野・本間・二階堂、此外ニ清・明石御判奉行御右筆也」とあり、古河公方足利氏の時代にも文筆官僚として仕えていたらしい。

おわりに

以上、奉行人明石氏の活動足跡についてみてきた。その系譜については、

兼綱──行宗─┬─盛行
　　　　　　└─行連──道可──行氏──章行

のように推定可能なこと。そしてこの系譜に即していえば、盛行・行連の代までが鎌倉幕府奉行人、さらに行連は鎌倉幕府滅亡後、雑訴決断所寄人・室町幕府奉行人となり、その次世代の道可に至り、室町幕府奉行人から鎌倉府奉行人に転身したことを明らかにした。行宗や盛行が神領興行法執行のため、関東特使として鎮西に下向したこと、行連が『建武式目』の制定に参画したことに明らかなように、明石氏は奉行人の中核的存在として活躍したのである。

初代兼綱は二階堂行義との関係から奉行人として出仕し、盛行は北条氏の被官となり、またその一方で二郎左衛門尉某が足利氏に仕えるなど、鎌倉期、奉行人明石氏は様々な有力者と関係をもっていた。これは恐らく明石氏が奉行人の有力氏族となり、文士という職能に基づいて結ばれた関係であろう。ただし盛行は北条氏とともに滅亡しており、強固な主従関係にあったようである。

盛行のように、政争のため滅ぶ存在もいたが、明石氏はこれらを乗り越え、奉行人の中核として室町幕府・鎌倉府、そしてその後の古河公方にも仕え続けた。鎌倉期から、没落することなく活動を継続した稀有な奉行人一族といって

よい。明石道可が義堂周信と子弟を教誡し学問を勧めることを話したように、明石氏歴代が奉行人の家職継承のため、子弟を教導し、また行連の項でみたように、奉行人の職務に関わる「記録」などを作成し、それを保持・蓄積していったことなどがうかがわれる。家職継承のための様々な努力がなされていたのである。

さて明石氏は長きにわたり有力奉行人として活動したのであるが、南北朝期以降、その一族が幕府・鎌倉府以外に仕えたことは認められない。これは大きな特徴といってよいと思う。以前明らかにしたように、(69)南北朝期の室町幕府奉行人斎藤氏には、細川・仁木・今川氏らの被官となり、守護代・目代・守護奉行人などに任じた一族が存在していたのである。また飯尾氏や安威氏ら幕府有力奉行人の一族も管領や守護に仕えていたことが知られる。南北朝期以降、幕府奉行人の一族が守護被官となることは珍しくなかった。これに対し、鎌倉府奉行人明石氏の場合、守護被官となった者は見出せない。明石行実が幼少の上杉憲実の代行として軍忠状に裏書していたが、これは彼が憲実被官だったからではない。関東公方持氏直臣の奉行人であったからである。明石氏一族が関東管領や東国守護の被官となることはなかった。そして、このような鎌倉府のみに仕えるという存在形態は、壱岐・布施・雑賀氏ら他の鎌倉府奉行人にもあてはまるようである。

この事実から判断すると、京都の斎藤氏らが守護奉行人などになり、鎌倉の明石氏らがそうならなかったのは、活動地域の相違に根ざすものと考えられる。

南北朝期以降の京都には、足利一門ら新たに守護となったが者が多数いた。これら新興守護たちの家政機関は未熟だったはずであり、分国支配のために被官を必要としていたとみられる。また京都は公家や有力寺社の都市でもあったから、これらの勢力との交渉も必要となってくる。そのような様々な実務をこなせる存在としては、奉行人層が最適であったと考えられる。斎藤・飯尾氏ら奉行人の一族が、足利一門ら新興の守護の被官となった主な理由はここにあろう。これは守護側からみた場合、室町幕府管下の守護らが奉行人一族を被官化することで、幕府と同様な法的、あるいは行政処理システムをもちえたことを意味する。

これに対して、関東の守護には三浦・千葉・佐竹・小山・武田ら鎌倉以来の旧族領主が任じられていたから、家政機構も存在していたはずで、奉行人層がそこに入り込む余地はあまりなかったと思われる。また鎌倉は鶴岡八幡宮や鎌倉五山など一部有力寺社も存在したが、武士を中核とする都市だった。東国守護は鎌倉府奉行人の一族を積極的に被官に組み込む必要はなかった。上野をはじめ武蔵・伊豆などの守護を兼任した関東管領上杉氏は新興勢力であったが、東国武士の長尾氏を執事に登用するなどやや特殊な傾向があり、奉行人一族を積極的に被官化するような動きは認めにくい(70)。

室町期、東国守護の家政機構がどのような展開を遂げたか、ここで述べる余裕はないが、上杉氏を別とすれば、幕府管下の守護が発給したような奉行人奉書はほとんど見出せないように思う。東国守護の統治システムは、奉行人一族を登用しなかったことからみて、鎌倉府など中央権力の影響をさほど受けることなく独自に展開したといえるのではないか。

かくして、鎌倉期には北条氏や足利氏と関係を結んでいた奉行人明石氏も、室町期にはそうした多様な関係をもつことはなく、古河公方の衰滅とともにその姿を消していったのである。

註

（1）鎌倉幕府＝佐藤進一氏「鎌倉幕府職員表復元の試み」（『鎌倉幕府訴訟制度の研究』附録、一九九三年）・拙稿「執権政治期幕府奉行人の出自の検討」（『六波羅探題の研究』所収、二〇〇五年、初出二〇〇一年）、六波羅探題＝拙稿「六波羅探題職員

の検出とその職制」（拙著前掲所収、初出一九八七・一九九〇年）、鎮西探題＝川添昭二氏「鎮西評定衆及び同引付衆・引付奉行人」（『九州中世史研究』一、一九七八年）、鎌倉府＝植田真平氏「鎌倉府奉行人の基礎的研究」（佐藤博信氏編『関東足利氏と東国社会』所収、二〇一二年）。室町幕府については日本史の辞典類に奉行人表が収録されている。

（2）拙稿「六波羅奉行人斎藤氏の諸活動」（前註拙著所収）・「南北朝動乱期の奉行人斎藤氏」（第Ⅱ部第一章）。

（3）「鎌倉御所奉行・奉行人に関する考察」（湯山学中世史論集4『鎌倉府の研究』所収、二〇一一年、初出一九八六年）。

（4）検出にあたり、佐藤氏前掲註（1）論文を参照した。

（5）寛元四年三月十三日・宝治二年閏十二月十八日・建長二年四月二十日条など。

（6）追加法二六三条（佐藤進一氏・池内義資氏編『中世法制史料集』第一巻鎌倉幕府法）。

（7）拙稿「執権政治期幕府奉行人の出自の検討」参照。

（8）兼綱の孫とみられる盛行が「前□□《（長門）》介藤原」と署判している（永弘文書、正和二年八月十八日付藤原氏女和与状案（裏書）、『鎌倉遺文』四九五一一）。

（9）例えば、『吾妻鏡』仁治二年六月十六日条に内記祐村、寛元二年六月十日条に越前政宗、同三年十月二十八日条に長田広雅が所見する。

（10）『鎌倉遺文』一一六〇六。年代は二階堂行義の出家と没年月とによる（『関東評定衆伝』〈『群書類従』第四輯〉参照）。

（11）例えば、仁治三年正月、行義は安達義景とともに後嵯峨天皇擁立のため東使として上洛している（『民経記』同月十九日条）。

（12）熊谷家文書、建治元年七月五日付関東下知状（『鎌倉遺文』一一九四五）、同、文永十一年正月二十七日付関東御教書（同一一五二三）。

（13）追加法五四四条、弘安八年九月豊後国大田文案（『鎌倉遺文』一五七〇〇）。弘安の神領興行法については、上横手雅敬氏「弘安の神領興行令をめぐって」（『鎌倉時代政治史研究』所収、一九九一年、初出一九七六年）、海津一朗氏「弘安の神領興行法」（『中世の変革と徳政』所収、一九九四年）参照。

（14）追加法五六二条。なお五六九条も参照。

(15) 高野山文書宝簡集、正応五年正月十五日付備後国太田庄文書目録（『鎌倉遺文』一七七九八）。
(16) 追加法六五〇条。
(17) 『永仁三年記』正月二十五日・二月十日・閏二月二十五日条。
(18) 『永仁三年記』閏二月二十三日条。
(19) 『永仁三年記』五月二日条。
(20) 金沢文庫文書、徳治二年六月十八日付鎌倉幕府問注所執事太田時連・明石行宗連署奉書案（『鎌倉遺文』二二九八六）。
(21)(22) 『永仁三年記』同日条。
(23) 永弘文書、正和元年ヵ九月日付藤原重連申状案（『鎌倉遺文』二五〇〇八）、黒水文書、文保元年八月二十五日付鎮西下知状（同二六三二七）、益永文書、元亨二年十二月十六日付鎮西下知状（同二八二七九）。正和の神領興行法については、川添昭二氏「鎮西探題と神領興行法」（『日本古文書学論集』6所収、一九八七年、初出一九六三年）、村井章介氏「正和の神領興行法をめぐって」（同所収、初出一九七八年）、海津一朗氏「正和の九州五社神領興行法」（『中世の変革と徳政』所収）参照。
(24) 永弘文書、（正和二年）正月二十五日付安富長嗣等連署奉書案（『鎌倉遺文』二四七七七）。
(25) 関東御使が下向した時期にあたる鎮西探題金沢政顕期には、二番引付に安富頼泰と斎藤利尚が在職していた（川添氏前掲註（1）論文参照）。
(26) 平河文書、（元亨二年）平河道照申状（『鎌倉遺文』二八二九八）。
(27) 『続群書類従』第三十一輯下。
(28) 『二条河原落書』（笠松宏至氏等編『中世政治社会思想』下）。
(29) 佐藤進一氏・池内義資氏編『中世法制史料集』第二巻室町幕府法。
(30) 倉持文書、年月日未詳、足利氏所領奉行注文（『神奈川県史』資料編 三 古代・中世〔三上〕〔以下『神奈川』とする〕三一四二）。
(31) 遠山文書、貞和三年四月七日付足利直義裁許状写（『神奈川』五九七六）。

(32) 東寺百合文書な、観応元年三月日付東寺供僧申状（『南北朝遺文』九州編二七二八）。なお文中に暦応二年から奉行となったとみえているのは、暦応三年の誤りである。
(33) 「室町幕府開創期の官制体系」（『日本中世史論集』所収、一九九〇年、初出一九六〇年）。
(34) 結城文書、室町幕府引付番文（『大日本史料』六―八、一七六頁以下）。
(35) 註（33）論文、二二五・二二六頁参照。
(36) 註（31）に同じ。
(37) 楓軒文書纂所収進藤文書、康永三年五月二十八日付吉見円忠注進状写（『大日本史料』六―二一、八五二・八五三頁）。
(38) 検出にあたり、湯山氏前掲註（3）論文、植田氏前掲註（1）論文を参照した。
(39) 『海老名市史』2　資料編中世、付録1。
(40) 『大正新修大蔵経』第八十巻。
(41) 湯山氏前掲註（3）論文は道可を行氏と同一人としているが、父子とみるべきであろう。
(42) 田辺久子氏『乱世の鎌倉』（かまくら春秋社、一九九〇年）によれば、鎌倉府が完全な裁判権を得たのは公方足利氏満期と考えられている（五八～六〇頁）。ただし引付設置については不明瞭であり、鎌倉府の総括的研究といえる、渡辺世祐氏『関東中心足利時代の研究』（新人物往来社、一九九五年、初出一九二六年）では、幕府同様引付が存在し長井・二階堂氏らが頭人となったこと（二三頁）、田辺氏『鎌倉公方足利氏四代』（吉川弘文館、二〇〇二年）では、永和四年に長井道広が頭人としてみえるのが古く、鎌倉府には引付頭人奉書が所見しないことなど（九二・九三頁）が述べられているにすぎない。なお長井道広については『喜連川判鑑』（『群書系図部集』第二）の永和四年「八月二十七日。長井掃部頭入道道広、頭人ニ補シ始テ行之」との記載から引付頭人に任じたとされることが多いが、本論でも述べるように、実はこの日、道広は「越訴并官途」頭人に任ぜられているのであり（生田本『鎌倉大日記』）、『喜連川判鑑』の記述は正確ではない。『喜連川判鑑』の記事から、引付頭人に任じられたとみるのは誤りであろう（ただし長井氏の鎌倉幕府以来の高級官僚という家柄よりすれば、道広が「越訴并官途」頭人とともに引付頭人を兼任していた可能性は高いと考えられる）。

(43)『群書類従』第二十六輯。

(44)『花営三代記』応安六年七月二十三日（「番文施行」）・応安七年六月一日（「内談番文施行」）条も参照。

(45) 上杉顕定は黒田基樹氏「扇谷上杉氏の政治的位置」（シリーズ・中世関東武士の研究第五巻　同氏編『扇谷上杉氏』所収、戎光祥出版、二〇一二年）、与田聖法は円覚寺文書、貞治三年正月日付円覚寺評定衆連署規式条書（『神奈川』四四八九）及び、同、応永三年十一月初吉、円覚寺正続院文書目録（同五一七二）参照。

(46)『花営三代記』応安五年十二月二十日条。上杉能憲の上洛についてはすでに小国浩寿氏「香取社応安訴訟事件の一背景」（『鎌倉府体制と東国』所収、吉川弘文館、二〇〇一年、初出一九九七年）が注目しており、本論でみるような幕府の関東に関する諸政策などから、幕府管領細川頼之と能憲との間で「連携強化と漸次的な鎌倉府への権限委譲」についての折衝があったと指摘されている。ただし「関東番文始行」の内容についての考察はない。

(47) 追加法一一五条（『中世法制史料集』第二巻室町幕府法）。

(48)『花営三代記』同日条。

(49)『神奈川』を一覧すれば明らかである。なお田辺氏前掲註（42）『乱世の鎌倉』は氏満期に「奉行の衆」が組織化されたと指摘していた（六〇～六二頁）が、引付設置との関わりを視野に入れたものではない。奉行人の人材がどのように確保されたかは明らかでないが、京都から下向した奉行人や鎌倉での現地採用者が考えられる。

(50)『群書類従』第二十輯。

(51)『頼印大僧正行状絵詞』（『群馬県史』資料編6　中世2）第九。

(52)『空華日用工夫略集』至徳三年三月二日条。なお松本一夫氏は「関東奉行明石左近将監」が「幕府」の命を伝えていることから、鎌倉府奉行人とみることに疑義を呈している（「南北朝・室町前期における幕府・鎌倉府間の使者」、佐藤博信氏編『中世東国の政治構造』所収、岩田書院、二〇〇七年）が、『空華日用工夫略集』には鎌倉府を「幕府」と呼ぶ例があり（例えば応安四年三月十六日条）、前年十一月の『頼印大僧正行状絵詞』の記事と併せ、「関東奉行明石左近将監」は鎌倉府奉行人明石行氏に比定してよいと考える。

(53) 相承院文書、嘉慶二年九月二十五日付関東管領上杉憲方施行状（『神奈川』五〇四六・五〇四七）。
(54) 『神道大系』神社編二十鶴岡。
(55) 円覚寺文書、『神奈川』五三六四。
(56) 『神奈川』五三四一・五三五九。
(57) 塙不二丸氏所蔵文書六三〜六九（『茨城県史料』中世編Ⅰ）。
(58) 塙不二丸氏所蔵文書六四、（応永十九年）九月二十一日付沙弥蓮誉書状。
(59) 塙不二丸氏所蔵文書六五、（応永十九年）十一月二十六日付沙弥蓮誉書状。
(60) この訴訟については、湯山氏註（3）論文や田辺氏前掲註（42）『乱世の鎌倉』（五九・六〇頁）、山田邦明氏「鎌倉府における訴訟手続き」（『鎌倉府と関東』所収、一九九五年、初出一九八七年）、江田郁夫氏「鎌倉公方連枝足利満隆の立場」（『室町幕府東国支配の研究』所収、二〇〇八年、初出二〇〇五年）などが制度面を中心に考察している。
(61) 塙不二丸氏所蔵文書六七、（応永十九年）九月二十二日付沙弥利行書状。
(62) 三島神社文書、関東公方足利持氏寄進状、同、同日付関東管領上杉憲基施行状（『神奈川』五五四二・五五四三）。
(63) 烟田文書、応永二十五年八月日付烟田幹胤重申状案（『神奈川』五五七八）。
(64) 鳥名木文書、応永三十年八月日付鳥名木国義軍忠状、烟田文書、応永三十年八月日付烟田幹胤軍忠状案（『神奈川』五六八四・五六八五）。
(65) 大慈恩寺文書二五、応永三十三年九月二十七日付鎌倉府過所（『千葉県史料』中世編　諸家文書補遺）。
(66) 『神奈川』五七九六・五八〇七・五八一〇・五八二四・五八五三。
(67) 佐藤博信氏「鎌倉府奉行人の一軌跡」（『中世東国の支配機構』所収、思文閣出版、一九八九年、初出一九八三年）が考察した、永享十年から所見する義行（民部丞・前下野守）は明石氏の可能性がある。
(68) 『勝浦市史』資料編中世、第二編記録資料三。
(69) 拙稿「南北朝動乱期の奉行人斎藤氏」参照。

(70)　佐藤博信氏「上杉氏奉行人島田氏について」(『中世東国の支配機構』所収、思文閣出版、初出一九八七年)が指摘する、島田泰規が上杉憲実の奉行人となった程度である。島田氏は鎌倉幕府の奉行人家であった。なお松本一夫氏「鎌倉府及び関東管領家奉行人奉書に関する一考察」(『関東足利氏と東国社会』所収)も参照。

第四章　室町幕府奉行人飯尾為種考

はじめに

飯尾氏は三善康信の子孫とされ、鎌倉期以来、斎藤氏や松田氏とともに奉行人の中核的存在として活躍した。本章で考察する飯尾為種は足利義持期〜義政初期の奉行人である。為種は奉行人のなかではよく知られた存在で、足利義教時代の永享山門騒動の際、衆徒に弾劾されたことなどが概説書類で触れられることがある。山門奉行たる立場を利用して山徒と結託し延暦寺供料を流用したのであり、為種には職権を濫用して私腹を肥やしたダーティなイメージがある。(1)しかし当該期の史料から為種の活動を追うと、練達した奉行人として優れた能力を発揮し、長期にわたり幕府の実務を担った明敏な人物であったと理解される。山門騒動での一件は、色濃くマイナス的側面が現れた一場面にすぎず、この件のみから彼を評価することは妥当ではない。本章は飯尾為種の奉行人としての活動足跡を辿り、あわせてその文化活動や家族・被官などについて考察するものである。

室町中期の奉行人に関連する論考は少なくない。例えば将軍義教の御前沙汰と奉行人との関係を考察したものなどである。(2)しかしそれらは、裁判制度との関わりを述べたものであって、奉行人の活動の軌跡を追っているわけではない。個別的な奉行人の活動軌跡を明らかにした考察はほとんど存在しない。奉行人の個別的考察となると、微細に立ち入りすぎとの感もあるが、飯尾為種のように長期にわたり在職した奉行人の活動をみることにより、奉行人の地位上昇の様子や諸活動の実態を明らかにすることができると考える。

さて本論に入る前の準備的考察として、為種の経歴や家族について概観しておこう。

まずその生年。はっきりはしないが、夫人の生年が一つの目安となる。すなわち、文正元年（一四六六）二月二十五日、将軍義政が為種の子飯尾之種宅に御成したとき、之種老母つまり為種未亡人は八十歳であったというから[(3)]、嘉慶元年（一三八七）生まれとわかる。恐らく為種もこの年前後の生まれであろう。仮に夫人と同年齢であったとみれば、為種は長禄二年（一四五八）五月二十日に没しているので[(4)]、七十余年の生涯であったと推定できる。その父については明白でない。室町時代の奉行人飯尾氏は世襲官途から加賀守流、大和守流、美濃守流などいくつかの系統が知られるが、為種は肥前守流である。将軍義満期から義持期に飯尾肥前守を称した為永（法名常健）がおり、為種の父ともみられるが定かではない。それよりも、応永二十一年（一四一四）十一月、鹿王院へ一条万里小路北角一条面の「為継相続居住之在所」売却に際して為種は、当事者の飯尾備中守為継とともに「雖為子々孫々、更以不可申異儀」との内容の売券に連署しているから[(5)]、為継の子息であった可能性が高いと思われる。為継は幕府奉行人であり、その官途備中守を為種の弟為秀が称しているから、為継を為種の父とみることができるのではないかと思う。なおこの屋地売券が為種の初見である。

為種の奉行人としての活動時期は義持から義政の時代に及ぶ。その活動状況については次章以下に述べることとして、ここではその役職などにつき簡単にみておきたい。

室町幕府奉行人については今谷明氏によって御前奉行や別奉行につき基礎データが提示されている[(6)]。氏により、為種は御前奉行として正長元年（一四二八）から康正元年（一四五五）の間に奉行人奉書一四五通に加判していることが明らかにされ、これは当該期において飯尾貞連（応永三十一年から享徳三年〔一四五五〕までに一二九通）と並んで突出した数となっている。将軍義教期に限れば、為種と貞連の二名で全加判数の五八％を占め、さらに一族の為行を加えれば七六％に達するとされている（為種七一通、貞連八八通、為行五〇通）。これは専属担当奉行たる別奉行に多く任じたためであり、同じく今谷氏によれば為種は、公人奉行・神宮開闔となったほか、東寺・八幡・南都・関東・賀茂・祇園・北野・山門・伏見宮・妙光寺などの別奉行を兼ねていたことが判明している。評定衆にも任じられており、また御書奉行・御内書右筆でもあった。このように飯尾為種は、将軍義教期以降、一族の貞連や為行らとともに奉行人の中心的存在として活躍したのである。なお貞連は大和守流、為行は加賀守流であり、美濃守流の飯尾貞元も義教期以降活発に活動する。

　最後に為種の子息について簡略にみておこう。長男は為数。生年は不明。政所執事代や公人奉行などの要職に任じた。応仁元年（一四六七）六月十一日、西軍に通じた疑いにより、足利義視によって討たれた[7]。二男は之種。文明五年（一四七三）五月二十日、五一歳で死去しているので[8]、その生年は応永三十年とわかる。政所執事代や多数の別奉行に任じている。為数・之種ともに、将軍義政によって出仕を止められたこともあったが、父為種の地位を継承し、奉行人の中核的存在として活躍した。後に述べるようにそれは、為種が奉行人の第一人者としての地位を占め、奉行人としての家職を継承させるために努力した賜物であったともいえる。以下本論で、為種の奉行人としての活動の様相や文化的活動、そして子弟らに対する教育的活動などについて具体的にみていきたい。

一　奉行人としての活動

1　義持・義教期

為種は室町殿足利義持の末期（将軍義量期）には奉行人としての活動が知られる。応永三十一年（一四二四）十月十四日、石清水神人が飯尾加賀守為行宿所に列参して嗷訴《ごうそ》し、これを捕らえようとする侍所京極持光と闘争となり、多くの死傷者が出た。これにより「飯尾加賀守・同肥前・問注所等奉行三人」が蝕穢となり、三十日間籠居する事態となった(9)。「同肥前」は飯尾為種に比定され、彼が当時奉行人であったことがわかる。八幡奉行として為行とともに対応したのかもしれない。その活動が具体的にわかるのは、応永三十二年八月十日が最初で、飯尾為行とともに、醍醐寺三宝院門跡満済に対し、北野万部経御料所尾張国山田庄の百姓を門跡領内に置くべからざることを指令している(10)。奉行人として初見時の応永三十一年では、年齢はすでに四〇歳程度とみられ、肥前守を称してもいた。既述のように、一〇年前の応永二十一年に屋地売券に連署していたから、奉行人としての活動は応永二十年代にはさかのぼるとみてよいだろう。応永三十一年に為種が、欠所地「京都地下人珍阿弥」宅を拝領しているのも(11)、奉行人としての多年の奉公に基づく恩賞と考えられるのである。

為種の義持期奉行人としての活動は『満済准后日記』に散見する(12)。応永三十三年正月十九日、興福寺による東大寺への発向を止めんがため、飯尾為行とともに奈良に下向している。また同三十四年十一月一日にも、為行とともに、播磨に下国した赤松満祐の追討使細川持元に対し、早々に合戦を遂げるよう義持の命を伝えている(13)。僅かな事例にすぎないが、為種が幕府奉行人として重要な役割を果たしていることがうかがえよう。

さて正長元年（一四二八）正月義持が死ぬと、義教の時代となる。義教は石清水八幡宮での籤により選ばれた将軍ということもあってか、治者意識が強烈で、同年五月「御沙汰ヲ正直ニ諸人不含愁訴様ニ、有御沙汰度事也、仍如旧評定衆并引付頭人等被定置度也」と満済に語り(14)、評定衆・引付頭人を整備しようとの意志をもっていた。将軍義満期以前に存在した評定・引付制を再設しようとしたのである。これは実現しなかったようだが、将軍義教自身が奉行人を直接に指揮して裁判の判決や政務を執行する方式が成立してくる。奉行人制度が充実し、彼らは将軍の権力基盤ともなり、その役割は重みを増し政治的地位を上昇させた(15)。義持期に飯尾為種の加判した奉行人奉書が見出せないのに対し、義教期にはその加判数が七一通にも達する。義教期になると、為種の活動が活発化し、その躍進振りがうかがえるのである。

当該期の奉行人奉書を一覧すると、義教初政の正長元年以来、為種の加判が確認される。当然ながら、為種が別奉行に任じた東寺・八幡・南都などに関わるものが多くみられる。義教期、為種は幕府奉行人の中核として活躍する。それは義持期からの職能を引き継いだものともいえるが、彼の能力、当時の言葉でいえば、器量（器用）に基づく面が大きかったと考えられる。例えば、永享三年（一四三一）八月将軍義教は、伏見宮貞成親王家の別奉行に為種を指名している(16)。貞成は後花園天皇の実父であり、義教も優遇していた。かような要人の担当奉行には有能な人物が選ばれたはずである。実際、同五年、貞成の膝元伏見の庄民が醍醐寺三宝院領炭山郷と境界をめぐって争った時、貞成は相手方領主が満済ということもあり、義教御台所三条尹子の侍女西雲庵らを通じ執り成しを依頼しているが、為種も奉行として解決に尽力し、「無等閑申沙汰云々、神妙也」と貞成にいわしめた(17)。また同年七月、延暦寺が、山門奉行為種の三千聖供流用などの罪を訴え、その身柄を給わるよう要求した時、幕府は為種の出仕を止め、流罪と決するが(18)、実のところ為種は「尾張へ下国、強非流罪儀歟」あるいは「為上意逐電了」とみえるように(19)、ほとぼりを冷ますためしばらく京都から姿を消したにすぎなかった。義教が為種を庇護したことがわかる。かような寛大な処分の背景にも、山門嗷訴に対し断固たる対応をした義教の政治姿勢のみではなく、有能な奉行人を失うまいとする義教の意向が表れていると考えられるのである。[20]

義教期の為種の特徴的な活動として、将軍の諮問に対する意見を管領や諸大名から徴し、それを記録して披露することがあった。満済のもとでこれを行っていることが少なくない。具体的にみてみると、

① 篠川殿（足利満直）注進状につき、管領畠山満家や斯波義淳・山名時熙ら七大名に対し意見を尋ねる（相使飯尾為行）。

② 満済のもとで、東使（二階堂盛秀）に対する罰状などにつき、管領斯波義淳や畠山満家・山名時熙の「申詞」を二紙に注し義教に披露する。

③ 満済のもとで、九州情勢に対する管領斯波義淳や畠山満家・山名時熙ら五大名の「申詞」を清書し義教に披露する（相使飯尾貞連）。

④ 満済のもとで、九州情勢に対する管領斯波義淳や畠山満家・山名時熙ら七大名の「申詞」を大名被官から受け取り、銘を加えたのち、義教に披露する（相使飯尾貞連）。

⑤ 大友持直の処分につき、管領斯波義淳や畠山満家・細川持之ら六大名の「申詞」を注し義教に披露する。さらに大友使者の処遇について管領らの意見を問い披露する（相使飯尾貞連）。

⑥ 満済のもとで、今川遠江入道（貞秋）「申詞」を録したうえで、駿河今川氏家督につき、管領細川持之や畠山満家・斯波義淳ら五大名の意見を尋ねる（相使飯尾貞連・松田貞清）。

などの事例がある。[21]ここで詳しく述べる余裕はないが、幕府と緊張関係にあった鎌倉府政策に関わるもの（①・②）、

大内盛見戦死後の九州情勢への対応（③・④・⑤）、今川氏の家督問題（⑥）など重要事項の諮問のための使者であったことがわかる。(22) 為種の基本的役割は、大名らの意見を個々に集めて披露することであり、義教に対し自身の意見を申上するようなことはなかった。単なる使者にすぎないともいえるが、徴した意見を「申詞」として正確に記述する能力が不可欠であったと思われる。(23) 為種は九州に下向する上使が帯びる「仰詞」を執筆するなど文筆能力に長け、御内書右筆ともなった。ここでの役割は右筆事務的なものに限定されているが、器量を買われ、重事諮問の使者として起用されたと考えられる。

さて将軍義教期、為種は奉行人として精勤していた。永享十一年六月二十八日、『新続古今和歌集』が奏覧され、為種詠歌の入集を知った義教は、「為種為奉行人毎事如雑訴取乱者也、以何隙可詠歌哉、雖有先祖例、彼等只今無殊誉、入勅撰如何」と評した。(24) 奉行人の職務に専念していれば、和歌に精進する暇などなかったはずだ、などと不快の念を露わにしている。しかしこの義教の発言は、為種が奉行人職という激務のなか、いつ詠歌を学んでいたのかという、義教の驚きであったようにも思われる。為種が奉行人としての職務を疎かにして、和歌に励んでいたならば、酷薄な義教に処罰されぬはずはないからである。為種は奉行人としての激務の合間に詠歌を学んでいたのであろう。なお為種が連歌をも好んでいたことは後でみる。

『新続古今和歌集』奏覧から約半年後の永享十一年十二月二日、義教は為種宅へ御成した。(25) 義教が為種を重用し続けていたことの現れである。「事躰結構無申計」と『師郷記』同日条は伝える。大名宅への御成はよくあるが、義教が奉行人宅へ御成したのはこれが唯一である。為種は奉行人でありながら、重臣並みに処遇され、その政治的地位が重みを増したことが理解される。当時、評定衆にも列しており、奉行人衆を統括する公人奉行であったともみられる。(26) 奉行人として頂点をきわめていた。しかし永享十二年春、義教の時宜に違い出仕を止められる。(27) 何らかの理由で義教の怒りを買ったものと思われるが、原因はわからない。だが四月二十八日には赦され「御免出仕」となり、(28)その復帰は早かった。やはり義教にとって為種は必要で欠くべからざる存在となっていたのであろう。嘉吉元年（一四四一）六月、嘉吉の変が起こり、将軍義教は暗殺される。為種はこれを悼み、一族の大和守貞連・加賀守為行らとともに出家し、法名永祥を称した。

2　義勝・義政期

義教の跡は嫡男義勝が継承するが、嘉吉三年七月、義勝はわずか一〇歳で没する。次いで弟義政（初名義成）が擁立されるものの、幼年であり、その征夷大将軍補任も六年後の宝徳元年（一四四九）四月であった。義政が将軍として親政を行うのは、享徳末年から長禄初年頃（一四五〇年代半ば）とみられ、義教の死後十数年間は、細川・畠山両氏が交互に管領に就任し、その主導により幕府政治が行われた。(29)

将軍義教によって幕府の奉行人体制が整えられたことから、その死が奉行人の役割や地位を低下させたとも考えられる。しかしその死後も幕府奉行人奉書の発給状況に大きな変化はみられず、管領政治下においても奉行人の活動は活発であった。為種の奉行人奉書への加判数も、嘉吉元年から康正元年（一四五五）の一五年間で七〇通以上が確認される。(30)義教の死後、管領細川持之が「御政道」を行い、「細々事、飯肥入永祥、飯加入真妙、飯和性通等以三判下知之了」(31)とあるように、飯尾為種・同為行・同貞連という義教期奉行人の中心人物三人が、「御政道」を支えていたのである。訴訟など幕府の実務を担当する奉行人の存在抜きに、幕府機構は動かしえなかったのである。

室町殿義勝・義政期における為種の活動をみよう。奉行人としての活動が確認されるのは康正元年までであり、ほぼ管領政治の時期に相当する。当該期、為種は評定衆や公人奉行を兼任し、奉行人の宿老的地位にあったと考えられる。義教死去の時点ですでに、奉行人筆頭の位置を占めていたであろう。年齢的にも五〇歳をすぎた円熟期である。

嘉吉元年八月一日為種は、幕府が朝廷に申請した赤松満祐追討綸旨を三条実雅亭で受け取り、管領持之のもとへ持参するという、重要な任務を果たしている。(32)翌年六月には、出家した持之の後任の管領職に畠山持国を指名するため、波多野通定・伊勢貞国とともに使者として赴いた。(33)波多野通定は頭人（評定衆）、伊勢貞国は政所執事で義勝側近、為種は奉行人宿老であり、三者は、その所属組織の代表格として持国のもとに赴いたとみられる。当時の幕政が管領を中心としながらも、将軍側近と評定衆・奉行人によって運営されていたことが理解される。その奉行人衆の筆頭が為種なのであった。(34)さらに評定衆の波多野（通定ヵ）・二階堂（之忠ヵ）とともに、加賀守護代山川八郎切腹の検使を務めたことも、その地位をうかがうに足る活動である。義勝期、為種は義持期以来の奉行人の重鎮として活動したが、評定衆を兼ねる存在としても重要な職責を果たしたのである。このような為種の地位・役割は義政期にも引き継がれてゆく。

義政が家督を継いで程なくの嘉吉三年九月、後南朝勢力が蜂起する禁闕の変が起こるが、内裏炎上に際し為種は内侍所（神鏡）守護を「申沙汰」し、また延暦寺によった南朝後胤尊秀王らの誅伐につき「条々申沙汰」した。(35)翌文安元年（一四四四）閏六月には焼失した内裏造営のための諸国段銭賦課に際し、惣奉行として国分けを行っている。(36)また義勝期と同様、使節としても重要な任務を果たしている。文安四年五月、斯波持種と斯波氏重臣甲斐将久が不穏な対立状況にあった時、摂津満親とともに両方を「宥仰」せ、(37)翌六月には伊勢貞国・摂津満親と「公方御使」として、軍勢を率い上洛した前管領畠山持国に対し、その意図を問うている。(38)さらに宝徳元年七月には、管領職辞意を表明した細川勝元に対し、畠山・山名・細川讃州・一色らの大名や伊勢貞親とともに、その慰留にあたった。(39)これ以前為種は、波多野・摂津氏ら評定衆とともに使節を務めたことはあるが、諸大名と同様な活動をするのははじめてであった。

その政治的地位の高さを物語る事例といえる。義政の「御父」伊勢貞親が使節となったのは自然といえるが、為種がこれに加わったのは、評定衆を兼ねる奉行人宿老としての地位とその器量によるものだろう。勝元説得のため、練達した職能に根差す弁舌能力などが有用であったと思われるのである。義政初期には、為種は一層の存在感を示し、幕府内でさらに重要な存在となっていたと考えられる。文安四年六月には、富樫氏の加賀守護職相論につき、管領細川氏周辺に独自に意見を上申してもいた(40)。このような為種の存在は奉行人全体の政治的地位をも上昇させたであろう。奉行人は管領政治期にも重要で不可欠な存在であり、為種に即して考えれば、豊富な経験を有し実務に練達したその活動は、義教期よりもさらにその幅を広げ、当該期より活発となって重みを増していったと考えられるのである。

為種は奉行人衆からも支持され頼られる存在となっていた。嘉吉二年（一四四二）八月、評定始で波多野通定と座次をめぐり争うと、「諸奉行人一味同心」し、為種を支持している(41)。同三年四月には、中原康富・大夫史大宮長興ら下級官人とともに、松田貞清・飯尾為行・同貞通らの奉行人三〇余人が為種亭に参会した(42)。この時為種妻が熊野に参詣していたためか、白山を信仰する斎藤党は集合しなかったが、為種亭では康富や多数の奉行人たちにより何らかの行事が催されたようである。当時為種は公人奉行であったが、職務上だけではなく、日常的にも奉行人衆と交流していたことがうかがえるのである。また文安五年（一四四八）七月には、阿波守護細川持常被官七条某と飯尾為行との、もと為行従者で「七条がめし使こもの」殺害をめぐるトラブルにつき対応した(43)。これは公人奉行としての立場に基づく行動であろうが、同僚ため尽力している様子がわかるのである。

さて為種は康正二年正月十日「四品御免」つまり従四位下に叙された(44)。「四代以前有其例歟」とされており、稀有な叙位であったといえる。為種の多年の功労によるものであろう。ただし「近年所労無出仕也」とあるように、このころ奉行人としての職務活動を停止していた。奉行人奉書への加判も前年の享徳四年（康正元年）閏四月十九日付のものを終見とする。(45)当時、子息為数は政所執事代の要職に任じており、奉行人としての家職継承も順調に進んでいた。為種は二年後の、長禄二年二月には病が重くなり、(46)五月二十日死去する。その奉行人としての活動は三〇年以上の長きに及んだのである。

二　為種の文化活動

1　和歌と連歌

為種が和歌に精進したことは『新続古今和歌集』に入集したことからわかる。義教は歌会を頻繁に催すなど和歌を好んだが、(47)この入集に対し、奉行人は職務に忠実に専念しておればよく「只今無殊誉、入勅撰如何」と、不快感を示した。ただし先にみたように、為種は職務を忠実に全うしていたのであり、激務の合間を縫って詠歌に励んだのであった。その入集歌を次に掲げておく。(48)

題しらず

なげくぞよわかのうら波代代かけし　跡をみるにもおろかなる身を

為種が幕府の歌会に参加したことは管見に入らず、私的なものでも文安三年（一四四六）正月十八日、歌人尭孝が参加した子息為数の月次会始に名を連ねているのが見出せる程度である。(49)和歌よりはむしろ連歌の活動が多くみられる。

嘉吉二年（一四四二）六月十四日、その宿所で法楽連歌を行い、七月七日の七夕にも法楽連歌を行ったことが『康富記』にみえる。波多野元尚（通春）や二階堂（之忠ヵ）ら評定衆、そして中原康富・右大史高橋員職らが参加している。また同記には文安四年六月二十九日条を初見として、為種亭における月次連歌会の記事が散見し、高山宗砌（山名氏被官）・蜷川智蘊（伊勢氏被官）・浜名法育（奉公衆）らの名手や布施貞基（奉行人）、そして康富らが参加していた。[50] 為種が連歌会を開いた史料は『康富記』に限られ、その初見も同記の残存状況が良好となる嘉吉二年となっている。為種は中原康富と親しく、親密な交流が『康富記』の嘉吉二年以後の記事に頻繁にみえるが、恐らく為種はこの頃から、本格的に連歌に執心することとなったと思う。将軍義教の死去によって、職務のみに専念させようとしていた圧力がなくなり、奉行人も和歌や連歌などの文芸活動を公然と行えるようになったと考えられるからである。嘉吉以後は奉行人といえども、「毎事如雑訴取乱」のみの存在から解放されていったのである。[51]

2　学問と著作

為種は永享の乱の時、錦御旗の作成に関わり、銘の書き手世尊寺行豊に助言を与えこれを調進させたという。御旗の「沙汰立之様を知人更無之」く、為種のみがその故実に通じていたと、後年自ら語っている。[52] また宝徳三年（一四五一）七月幕府は、山門衆徒が猥に神輿を動座し、堂舎に閉籠して嗷訴することを戒め、支証を以って訴訟するよう命じた。その際、管領畠山持国の指示により、違反者への処罰などを定めた事書が奉行・頭人の評議により決められたが、その草案は為種が作成した。中原康富はそれをみて「文章優美也、可謂文武達者歟」と絶賛している。[53] 当時の権大外記康富をも唸らせる文章を為種は書いていたのである。文筆能力の高さが知られる。これらの事例は、前節でみたと同様に、為種の奉行人としての器量を如実に示すものである。

為種がこのように、奉行人として優れた能力を身に付けるに至る過程については史料がなくよくわからない。当然ながら、元来その素質が優れていたことや職務経験の積み重ねなどにより、奉行人としての高い能力を備えていったものであろう。そして父祖による教育や、自身が若年から学問に励んだことなどが想像されるのである。

『康富記』宝徳二年二月二十二日条によると、康富は為種息為数のもとで、一六歳で元服したての為数男彦次郎に『論語』を授けている。また為数のもとで『左伝』を読んだこともあった。[54]奉行人にとって四書五経が修得すべきものであったことが理解される。さらに『御成敗式目』について学んでもいる。宝徳三年七月二日、為種の所望により、少納言清原業忠による『御成敗式目』の講釈が行われ、為種亭には康富や官務大宮長興、問注所町野氏・飯尾之清、そして為種男之種らが参会した。[55]清原業忠は当代を代表する学者の一人で、『清原業忠貞永式目聞書』[56]作者としても知られている。為種は自身の希望もさることながら、子息之種らにも『御成敗式目』談義を聞かせるため、業忠にその講釈を依頼したのであろう。当たり前だが、最初の武家法典たる『御成敗式目』は奉行人として必修すべきものであった。以上『康富記』から、為種一族の学習状況につき垣間見たが、要するに四書五経や『御成敗式目』など法書の修得に励んでいたことが知られるのである。恐らく為種自身も若年の時、これらを中心に学んでいたことが想像される。これらの学問を糧にして、奉行人として経験を積みながら、為種は優れた実務能力を身に付けたと考えられるのである。

実は為種は『撮壌集』という辞典を著している。同書は『続群書類従』（第三十輯下）に収められている。その序を享徳甲戌（三年）十有一月、「桃花坊蘭雪斎」すなわち一条兼良が書いており、為種晩年の著作であることが知られる。為種は、兼良から法楽連歌に発句を寄せられるなど私的な交流があり、先祖の三善清行影像への着賛を依頼したり、また不明の字義につき教えを乞うこともあった。[57]為種は幕府奉行の重鎮であり、兼良も公私につき接触する機会が少なくなかったと思われる。為種の依頼により、兼良が序を書くこととなったのであろう。

さてその序には「飯尾氏之族有善永祥者、志于稽古類聚事物之名数、以幼子姪名曰撮壌集、其志可嘉矣」とあり、為種は「幼子姪」のため、「類聚事物之名数」つまり簡易百科便覧的な手引書を編んだのである。享徳三年（一四五四）当時、子息為数・之種はすでに奉行人として活動しているから、「幼子姪」とは孫世代を指していよう。例えば、為数の子為修・為脩らはこの数年後奉行人として活動をはじめているのである。本書は全三巻から成り、上巻に天象・風雨など一〇項、中巻に地儀・海部など一九項、下巻に人倫・医書など一三項を配する部門別辞書となっている。(58)ただし固有名詞や普通名詞を列記したものであり、説明文的な注記はほとんどない。『和名類聚抄』や中国の『玉篇』『広韻』などから引用がなされた、簡易な百科便覧である。武略部が詳細をきわめているとされ、これはもちろん為種が武家奉行であったことによるものであろう。そのほか学芸部に詳しい記述があるのも、教養人為種に相応しい。為種は幼い子孫のため『撮壌集』を著し、奉行人となるため必要な基礎知識を示したのだといえよう。それだけ為種は、奉行人という家職継承のため力を注いだのであった。次章ではこのような為種の薫陶を受けた子弟や被官につきみてみよう。

三　為種の子息と被官

1　子息

為種には二人の子息がいた。長男為数と二男之種である。為数の生年は不明であるが、之種は応永三十年（一四二三）生まれである。(59)為数は嘉吉三年（一四四三）十二月、御前奉行に任じられ、「父子相並為奉行之条、依器量被仰出歟、眉目之至」と評せられた。(60)次いで宝徳二年（一四五〇）十二月には政所執事代、父の死去から程なくの長禄二年七月には「諸奉行頭」すなわち公人奉行に任じられている。(61)中原康富との八朔の贈答が、康正元年（一四五五）に為種から為数へと変わっているので、このころ家督を継承したとみられる。之種は政所執事代や多数の別奉行に任じ、文正元年（一四六六）二月にはその宅に将軍義政が御成するほどの地位となった。長禄三年九月、為数は「山名相州之訴訟」により出仕を止められ、(62)寛正四年（一四六三）十一月には「出仕御免」となるものの、(63)義政御成当時は弟之種が為種の後継者となっていたようである。しかし之種も文正元年十一月、義政の「御折檻」を受け、「所帯并奉行事等悉」く兄為数に付けられた。(64)政所執事伊勢貞親が失脚した文正の政変に、執事代として連座したらしい。之種は翌応仁元年（一四六七）二月には奉行として復帰するが、時代は間もなく応仁の乱に突入する。同年六月十一日、為数は西軍内通の疑いにより、足利義視によって誅殺された。之種は乱中の文明五年（一四七三）五月二十日、五一歳で死去する。「奉行中穏便之者」であったという。(65)

このように、為種の二人の息子為数・之種は、浮沈はあったものの、父と同様、幕府奉行の中核として活躍した。それは当然ながら、両人とも優れた器量を有していたからであろうが、その器量は父為種の教導により育まれものと考えられるのである。

為種が『撮壌集』を著したことは先にみた。為数・之種の若年時、同書は成立していないが、その内容と同様な知識を為種が両息に教えたことは間違いないだろう。また前にもみたが、四書五経や法書などを学ばせたものと考えられるのである。

為種は奉行人の職務に即した実習的指導も行っていた。文安四年（一四四七）三月、為種は湯山に湯治に行くが、留守中、二男孫三郎に春日社造替段銭につき御教書を書いておくよう指示している。(66)この孫三郎は与三郎の誤りで之種とみられる。当時之種はまだ奉行人ではなかったようで、為種は、奉行人として必要な文筆能力を修得させようとしたのであろう。之種は同年八月には、八幡奉行たる父の代理として神人の訴訟処理のため、石清水八幡宮に行っている。[67]これも訴訟受理などの交渉力を身に付けさせるためであったとみられる。為種は子息に対し、知識のみではなく、様々な機会をとらえ、奉行人に必要な実務を修得させていたのである。

さて為種は康正元年ころに家督を為数に譲った。長禄元年九月、為数は為種の「倉ニある方之文書」を引き継いだ。[68]文書の詳細は不明だが、[69]奉行人の職務に関するものが中心であったと思われ、別奉行関連の文書類、幕府法令や判例、記録類などがあったと考えられるのである。

2　被官

内者・家人・若党などと呼ばれた、為種被官については数名が知られる。[70]所見順に列記すれば、小倉小三郎・片岡次郎左衛門入道・川（河）瀬・檀那寺三郎左衛門尉・木下らである。小倉小三郎は万里小路時房の所領尾張国六師庄代官職に、片岡次郎左衛門入道は四条隆夏の所領備前国豊原庄六郷代官職にもなっている。[71]当然その任用の背景には幕府奉行の重鎮為種の被官であったことが関わっていよう。

彼ら被官の特色として、為種の申次を務め、訴訟手続きなどに通じていたことが知られる。例えば片岡次郎左衛門入道は、嘉吉元年四月、為種が訴訟を担当することとなった大円寺領尾張国山科方以下の重書正文一七通を一見、証拠文書の充分なことを確認し、為種から将軍義教への披露が延引するであろうから、正文を寺家に預けておくよう寺使喜蔵主に指示している。[72]また檀那寺三郎左衛門尉は、為種息為数がその宅に宿すなど、[73]被官中の最有力者とみられ、文安四年六月、中原康富らとともに池田充正宿に参会し、『御成敗式目』を読んでいる。[74]為種被官として法制に通じていたことがうかがえる。なお檀那寺氏は、為種のみではなく、為数・之種兄弟の被官としても所見するから、[75]為種流飯尾氏に仕えた存在と位置付けられる。檀那寺氏は為種家の執事であったと思われ、為数・之種兄弟に、奉行人となるための教育的指導を行ったことなどが想像されるのである。

おわりに

以上、飯尾為種の活動の軌跡やその周辺についてみてきた。為種は奉行人の中心的存在として長期にわたり活躍し、その優れた能力を発揮して幕府の実務を担ったのである。高い教養を有し、子息ら後進を教導したのであった。為種の活躍により、奉行人は幕府内での政治的地位を上昇させたと評価してよいと思う。

ところで為種は中原康富ら朝廷の実務官人とも親しく交わり、互いの職務を遂行する上で、協力関係をもっていた。例えば、嘉吉三年（一四四三）五月、為種は大外記清原業忠と「高麗人」（朝鮮使節）を京都に入れぬための口実を「密々談合」している[76]。これは使節入京による出銭を諸大名が嫌い「追返」す口実が欲しかったのであるが、為種が管領畠山持国らの意を汲み業忠に意見を問うたようである。また宝徳元年（一四四九）七月には、為種亭で「書写官符宣旨」することもあった[77]。「官符宣旨」とは朝廷の発する官宣旨で、この年の「天変地震疫癘飢饉等御祈祷」のため、諸寺・諸社・五畿七道に対し出されたのである。諸国宛は国司ではなく守護に遣わされたためか、為種亭で書かれた。「於我許書写之国々支配分及七八十通」んだと為種は語り、中原康富は「官務之助成之由」と戯むれ半分でこれを労っている。官宣旨の発給担当者は官務といわれた左大史大宮長興で、康富も官宣旨執筆メンバーの一人であったが、為種が七八十通もそれを書写したことを冗談半分で慰労したのである。為種は長興の作成した原文を諸国宛にして書写したと思われ、幕府奉行人が朝廷官人の職務を手助けしているのである[78]。当時、実務官僚の間では、公武の隔ては厳然として存在しておらず、職務において協業関係が成立していたことがわかる。為種はこのような公武一体化した時代に、遺憾なくその能力を発揮した武家官僚の中心人物なのであった。

為種はどんな人物であったかのか。最後にこの点をみておこう。文安四年（一四四七）正月十二日、為種は正月の挨拶のため万里小路時房の許に赴いた。為種は当時南都奉行であり、南都伝奏の時房に新年を賀したのである。為種が来る前、同僚の飯尾為行も時房亭を訪れていた。為行は万里小路家別奉行であった。時房の日記『建内記』には両者との対面の様子が書かれており、興味深い。為行は上段にあった時房に対し「跪下段差莚」き挨拶し、「礼節不恥古者也」と時房は褒めた。一方為種は時房と対座、「礼儀以外無四度解者也、而風躰極心神妙也」と評された。要するに時房にとって為行は礼節を弁えた人物であったが、為種の礼儀はなっていなかったというのである。ただ「風躰極心神妙也」と、為種が誠実で実直な人間であることには感心したのである。(79)

時房は当時正二位・前内大臣であり、為種という重鎮とはいえ、奉行人クラスと対座して応対することを快く思わなかったのであろう。下段で挨拶した為行こそ、時房にとってはあるべき礼節であった。為種の礼儀は、時房にすれば「無四度解」かったのである。しかし為種がまったく礼儀知らずの人間であったとは思えない。何故なら、彼は『撮壌集』を著すほど教養をもつ人物であり、公家に対する礼節の基本を知らなかったはずはないからである。

このような身分秩序を無視した礼儀の背景には、為種の職能に裏付けられた自信があったものと思う。零落する公家を支えるのは幕府で、その幕府の実務を担っているのは奉行人である。幕府機構で奉行人が重要性を高めていくなかで、為種はその中心人物として自他ともに認める存在となっていた。その自信が時房との対座での挨拶という形となって現れたとみられるのである。(80)「極心」な為種であってみれば、公武一体化した時代において、空虚な礼節などは敢えて無視したと思われるのである。為種のこのような心性は、室町中期に活躍した奉行人重鎮としての立場に由来するものといえるだろう。

註

（1）今谷明氏『日本国王と土民』（集英社、一九九二年）、森茂暁氏『室町幕府崩壊』（角川書店、二〇一一年）等。

（2）太田順三氏「将軍義教と御前落居奉書の成立」（『日本古文書学論集』8所収、吉川弘文館、一九八七年、初出一九七五年）、桑山浩然氏「足利義教と御前沙汰」（『室町幕府の政治と経済』所収、吉川弘文館、二〇〇六年、初出一九七七年）、同「足利義教の裁許とその背景」（同書所収、初出一九八六年）、設楽薫氏「永享元年『伺事記録』逸文の紹介と研究」（『史学雑誌』一〇一―八、一九九三年）、同「将軍足利義教の『御前沙汰』体制と管領」（『年報中世史研究』一八、一九九三年）、鈴木江津子氏『室町幕府足利義教「御前沙汰」の研究』（神奈川大学、二〇〇六年）等。このほか室町中期の奉行人についての論考に、桑山氏「室町幕府の権力構造」（『日本古文書学論集』8所収、初出一九七六年）、青山由樹氏「室町幕府『別奉行』についての基礎的考察」（同書所収、初出一九七九年）、青山英夫氏「室町幕府奉行人についての一考察」（同書所収、初出一九八〇年）、今谷明氏「室町幕府奉行人奉書の基礎的考察」（『室町幕府解体過程の研究』所収、岩波書店、一九八五年、初出一九八二年）、設楽氏「室町幕府の評定衆と『御前沙汰』」（『古文書研究』二八、一九八七年）、同「室町幕府奉行人松田丹後守流の世系と家伝史料」（『室町時代研究』二、二〇〇八年）、鳥居和之氏「室町幕府の訴訟の受理方法」（『日本史研究』三一一、一九八八年）、山家浩樹氏「室町幕府の賦と奉行人」（石井進氏編『中世の法と政治』所収、吉川弘文館、一九九二年）、松園潤一郎氏「室町幕府『論人奉行』制の形成」（『日本歴史』七二六、二〇〇八年）等がある。

（3）『飯尾宅御成記』（『群書類従』第二十二輯）。

（4）『長禄二年記』（『続群書類従』第二十九輯下）同日条。なお『経覚私要鈔』五月二十三日条では五月二十一日死去とする。

（5）鹿王院文書研究会編『鹿王院文書の研究』（思文閣出版、二〇〇〇年）第一部文書編三五四、応永二十一年十一月二十四日付飯尾為継屋地売券。

（6）今谷氏前掲註（2）論文。また今谷氏と高橋康夫氏により『室町幕府文書集成　奉行人奉書篇』上・下が編集され、室町幕府奉行人奉書の発給状況が容易に一覧できるようになった。

(7)『大乗院寺社雑事記』応仁元年六月十三日条。
(8)『親長卿記』同日条。
(9)『兼宣公記』応永三十一年十月十四日条。
(10)『満済准后日記』同日条。
(11)『満済准后日記』応永三十二年六月二十一日条。
(12)『満済准后日記』同日条。
(13)『満済准后日記』同日条。
(14)『満済准后日記』正長元年五月二十六日条。
(15)註（2）に掲げた御前沙汰関係の論文参照。なお御前沙汰が管領の関与を排除していたわけではないことは、設楽氏「将軍足利義教の『御前沙汰』体制と管領」参照。
(16)『看聞日記』永享三年八月十一日・十八日条。
(17)『看聞日記』永享五年四月二十五日条。この事件の顛末については榎原雅治氏「一揆の時代」（同氏編『一揆の時代』所収、吉川弘文館、二〇〇三年）七三〜七五頁参照。
(18)『看聞日記』永享五年閏七月十六日条。
(19)『満済准后日記』永享五年閏七月二十五日条、『看聞日記』同二十六日条。
(20)下坂守氏『京を支配する山法師たち』（吉川弘文館、二〇一一年）一三八〜一四七頁に、足利義教の山門衆徒対策の概略が述べられている。
(21)出典はいずれも『満済准后日記』。①＝永享元年七月二十四日・九月二日・同三日条、②＝永享三年三月二十八日・四月四日・同七日・同十一日・同十三日条、③＝永享三年七月十六日条、④＝永享四年正月二十五日条、⑤＝永享四年六月九日条、⑥＝永享五年五月晦日・六月二十三日・七月十七日条。

(22)　管領ら諸大名から室町殿への意見具申については、今谷明氏「室町幕府の評定と重臣会議」(『室町幕府解体過程の研究』所収、初出一九八四年)、吉田賢司氏「管領・諸大名の衆議」(『室町幕府軍制の構造と展開』所収、吉川弘文館、二〇一〇年、初出二〇〇一年)参照。
(23)　『満済准后日記』永享三年六月九日・七月十七日条。
(24)　『建内記』永享十一年六月二十八日条。
(25)　『斎藤基恒日記』は義教の御成を永享十二年十二月一日条に記しているが、『師郷記』により永享十一年十二月二日とすべきであろう。『斎藤基恒日記』は写本であり、後述する為種の出仕停止についても、『建内記』が永享十二年春とするのを、嘉吉元年正月十日としており、記事に約一年のズレがある。筆写の際の錯誤が想定される。
(26)　為種は永享十一年六月八日付意見状に波多野元尚(通春)・二階堂之忠ら評定衆と連署しており(佐藤進一氏・池内義資氏編『中世法制史料集』第二巻室町幕府法、第三部参考資料三一九)、当時評定衆であったことがわかる。また永享七年ころまで奉行人在職が知られる松田満秀に次ぐ公人奉行であった(『斎藤基恒日記』公人奉行の項)。
(27)　『建内記』永享十二年二月二十日条。
(28)　『師郷記』同日条。
(29)　鳥居和之氏「嘉吉の乱後の管領政治」(『年報中世史研究』五、一九八〇年)参照。
(30)　『斎藤基恒日記』嘉吉元年条。
(31)　為種・為行・貞連三名連署の奉書が嘉吉元年から文安五年までに九通確認され、そのうち嘉吉元年は五通に及び、沙汰付や押妨排除を命じている(『室町幕府文書集成　奉行人奉書篇』二五六、二五七、二六〇～二六三、二七六、三二一、三四二)。
(32)　『建内記』同日条。
(33)　『康富記』嘉吉二年六月二十九日条。
(34)　『看聞日記』嘉吉三年二月二十八日条。
(35)　『康富記』享徳二年八月八日条、『斎藤基恒日記』嘉吉三年九月条。

(36)『斎藤基恒日記』文安元年閏六月条。
(37)『康富記』文安四年五月二十八日条。
(38)『康富記』文安四年六月六日条。
(39)『康富記』宝徳元年七月二十日条。
(40)『建内記』文安四年六月八日条に、加賀守護職相論につき為種が、管領細川勝元の補佐役同持賢に意見を献じたことがみえている。ただし持賢は「無甘心」ったという。
(41)『康富記』嘉吉二年八月二十八日条。
(42)『康富記』嘉吉三年四月四日条。
(43)『康富記』文安五年七月二十五日条。なおこの事件については清水克行氏『喧嘩両成敗の成立』（講談社、二〇〇六年）一三七～一四一頁に、下手人との関わりで述べられている。
(44)『斎藤基恒日記』同日条。
(45)『室町幕府文書集成　奉行人奉書篇』四一九、南禅寺文書。
(46)『蔭凉軒日録』長禄二年二月十五日条。
(47) 義教の和歌好尚については井上宗雄氏『中世歌壇史の研究　室町前期（改訂新版）』（風間書房、一九八四年）第四章「永享期の歌壇」、三角範子氏「足利義教とその和歌会」（『日本歴史』六四九、二〇〇二年）等、参照。
(48)『新続古今和歌集』雑歌中一八九八（『新編国歌大観』第一巻）。
(49)『尭孝法印日記』（『群書類従』第十八輯）。
(50)『康富記』文安四年六月二十九日（今谷明氏「文安の土一揆拾遺」（『京都市歴史資料館紀要』一〇、一九九二年）・九月十九日・宝徳二年七月九日条。応仁二年成立の心敬の『ひとり言』（『続群書類従』第十七輯下）には「近き世までの好士」として高山宗砌・蜷川智蘊・浜名法育がみえ、宗砌と智蘊は「名聞え堪能」であったと特記されている。なお為種活動期の連歌界については伊地知鐵男氏『連歌の世界』（吉川弘文館、一九六七年）二四七頁以下参照。

(51)『建内記』嘉吉三年六月二十二日条には、武家伝奏中山定親の言として「近日奉行等沙汰之様、更不定之式也」とみえ、義教死後、奉行人の職務に弛緩が生じていたことがうかがえる。
(52)『康富記』享徳二年八月八日条。なお杉山一弥氏「室町幕府における錦御旗と武家御旗」(二木謙一氏編『戦国織豊期の社会と儀礼』所収、吉川弘文館、二〇〇六年)参照。
(53)『康富記』宝徳三年七月二十四日条。
(54)『康富記』享徳二年十月一日条。
(55)『康富記』同日条。
(56)池内義資氏編『中世法制史料集』別巻御成敗式目注釈書集要、所収。なお清原業忠の活動については和島芳男氏『中世の儒学』(吉川弘文館、一九六五年)一七一～一七三頁参照。
(57)『康富記』嘉吉二年七月七日・享徳二年八月八日・宝徳元年三月一日条。
(58)『撮壌集』については、川瀬一馬氏『古辞書之研究』(講談社、一九五五年)六七一～六八二頁、『群書解題』第二十の「撮壌集」の項(国田百合子氏執筆)参照。以下の記述も主としてこれらに依拠している。
(59)『康富記』嘉吉三年十二月十三日条。
(60)『斎藤基恒日記』宝徳二年十二月十二日条。
(61)『経覚私要鈔』長禄二年七月十日条。
(62)『蔭凉軒日録』長禄三年九月二十日条。飯尾為数は山名持豊のもとに挨拶に出向いたり(『康富記』文安元年八月二十二日条)、応仁の乱中、西軍に内通して殺されるなど、山名氏と親密な関係にあったことがうかがえる。ただしこのような関係の由来は不明である。
(63)『大乗院寺社雑事記』寛正四年十一月十九日条。
(64)『斎藤親基日記』文正元年十一月二十日条。
(65)『親長卿記』文明五年五月二十日条。

(66)『建内記』文安四年三月四日・二十八日条。
(67)『康富記』文安四年八月十六日条。
(68)『山科家礼記』長禄元年九月十一日条。ちなみに飯尾為種と『山科家礼記』の記主大沢久守とは「知音ニよんて無御等閑」き間柄であった（菅浦文書、文安六年二月十三日付菅浦物庄置文）。
(69)管見の限り為種が記した記録類は伝存しないが、「御元服記」永享四(元)年七月二十五日の記事（『後鑑』所収）に、足利義教の任内大臣大饗の行列を「御出奉行飯尾肥前守為種・飯尾左衛門大夫貞之等可記録」とみえており、幕府儀礼を記したものの存在が推測できる。
(70)小倉小三郎＝『建内記』嘉吉元年三月八日条、片岡次郎左衛門入道＝『建内記』同年七月二十六日条、川（河）瀬＝『建内記』文安四年二月二十五日条、『康富記』文安五年五月九日条、檀那寺三郎左衛門尉＝『康富記』文安四年六月二十六日条、『建内記』同年十二月十六日条、『康富記』同五年五月十二日条、木下＝『康富記』享徳二年八月七日条。
(71)『建内記』嘉吉元年三月八日・七月二十六日条。
(72)『建内記』嘉吉元年四月二十日条。
(73)『康富記』文安四年十月二十一日条。
(74)『康富記』文安四年六月二十六日条。
(75)『康富記』宝徳三年十一月十七日条、『飯尾宅御成記』。
(76)『康富記』嘉吉三年五月六日条。
(77)『康富記』宝徳元年七月三日条。六月十一日・十六日条も参照。
(78)『宗賢卿記』長禄元年七月二十四日条によると、「宝徳元年三合御祈之時」（同年十月ころ）にも、「自　禁裏(後花園天皇)被申室町殿(足利義政)、仍自武家被仰出奉行人成奉書、被相副官府宣、付守護方」けられており、公武官僚の協業がなされていた可能性が高い。なお『宗賢卿記』は、東京大学史料編纂所研究成果報告二〇一一―四『古記録の史科学的な研究にもとづく室町文化の基層解明』に榎原雅治氏らによる翻刻が収録されている。

(79)「極心」の意味は『日本国語大辞典』の「ごくしん　極信」①「きわめて忠実なこと。非常に誠実、実直なこと。また、そのさま」による。なお「ごくしん　極心」は「ごくしん　極信」と漢字表記が混用されるとのことで、ここでは、同辞典の「ごくしん　極心」の「心をこめてすること。きわめて真心のあること。また、そのさま」よりも、「ごくしん　極信」①の意味のほうが相応しいと判断した。

(80) 為種は、文安四年二月二十七日飯尾為行とともに、管領細川勝元使者として時房亭に赴いた時にも、為行が「存礼儀在差筵」ったのに対し、「欲昇畳上」している(『建内記』)。

第五章　『飯尾宅御成記』にみる奉行人家の様相

はじめに

寛正七年（文正元・一四六六）二月二十五日、将軍足利義政は御台所日野富子を伴い、飯尾肥前守之種宅に御成した。之種は当時政所執事代の要職に任じていた奉行人の重鎮で、前章でみた飯尾為種の子である。『蔭涼軒日録』文正元年二月二十七日条によると、之種宅への義政御成は「以祖父肥前守旧例申之」とあり、之種は「祖父肥前守」の先例に倣い、将軍の御成を仰いだという。「祖父肥前守」とは将軍足利義満～義持期に有力奉行人として活躍した、飯尾為永（法名常健）とみられる。為永宅に将軍義満、あるいは義持が臨んだことがあったのであろう。また之種の父為種も永享十一年（一四三九）十二月、その宅に将軍足利義教の御成を仰ぎ饗応していた。

このように飯尾氏の肥前守流は為永・為種・之種の三代にわたり、その邸への将軍御成を実現させたのである。将軍の奉行人家への御成は他に見出せないから、飯尾肥前守家は将軍義満～義政期において、奉行人の第一人者としての地位を築いたと考えてよいだろう。そしてこのような地位は、前章でみたごとく、飯尾為種の活躍によって盤石なものとなったのである。

さて本章では『飯尾宅御成記』を素材に奉行人飯尾之種家の構成員である一族・同姓衆や被官の様相などについて考察する。『飯尾宅御成記』は、文正元年二月二十五日、将軍足利義政が飯尾之種宅へ御成した時の記録である。記主は神山掃部助三善数速で、二日後の二月二十七日にこれを記している。後でも述べるが、数速は之種家の「内衆若衆」であった。『飯尾宅御成記』は御成記とはいっても、御成の式次第についてはあまり詳しくなく、「義政が飯尾肥前守之種邸へ御成を行った際の、飯尾家からの進物と、引出物の目録の覚え書きといった程度のものにすぎない」[1]とされている。このような性格の史料であるためか、本書を主題とした研究は見当らないようである。だが本書は御成の式次第から離れると、室町幕府奉行人家の内部構造を考えるための重要史料となる。当時最も有力な奉行人であった飯尾之種家の、一族・被官らの構成や役割、そしてその経済力などを読み取ることが可能なのである。もちろん『飯尾宅御成記』の内容は断片的なものであるから、他の史料を交えて考察する必要がある。

以下、最初に飯尾之種の経歴を概観し、次いで文正元年二月の御成の式次第について考える。また御成の政治的背景や之種の財力、そして之種家の構成員について考察し、室町幕府有力奉行人家の内部構造を明らかにしたいと思う。なお『飯尾宅御成記』は『群書類従』第二十二輯（武家部）に収められているが、本章では基本的に『大舘記』所収の同書[2]（『飯尾肥前守私宅御成之記』）を用いた。また以下では『御成記』と略称する。

一　奉行人飯尾之種略伝

飯尾之種は為種の二男である。祖父は飯尾為永。先に触れたように、この系統は代々肥前守に任じ、奉行人飯尾氏の主流となった。まず為種と為永との関係をみておく。

前章で述べたように、飯尾為種の父は飯尾備中守為継であったと考えられる。しかし備中守の官途は為種弟為秀が継承し、為種は肥前守を名乗るから、為種は肥前守為永の後継者となったとみられる。つまり為種は為永の養子となったと推定される。為永は評定衆にまで昇進した奉行人中の有力者であり、(3)為種は出身家の備中守家よりも家格の高い、肥前守家に入嗣したと考えられる。

さて之種についてみよう。之種は応永三十年（一四二三）生まれである。文明五年（一四七三）に五一歳で死去しているから、(4)このように逆算できる。兄に為数がいた。之種は宝徳元年（一四四九）ころから幕府奉行人として所見し、与三左衛門尉・左衛門大夫などと称している。奉行人として活動する以前、父為種から実務習得のための指導を受けていたことは前章でみたとおりである。之種は兄がいたため、本来ならば肥前守家の後継者ではなかった。事実、兄為数は政所執事代や公人奉行の要職に就いていた。しかし長禄三年（一四五九）九月、為数は「山名相州之訴訟」により失脚してしまう。(5)再び出仕が許されるのは四年後の寛正四年（一四六三）十一月のことであった。(6)これにより之種が肥前守家の家督となったのである。なお父為種は長禄二年五月に死去していた。

之種は飯尾肥前守家家督となり、またその器量も優れていたからであろう、多くの別奉行に任じている。「諸奉行」(7)（「室町幕府諸奉行次第」）によれば、侍所開闔・神宮開闔に任じ、八幡・南都・山門・北野社・関東・御出・椀飯方・御的方などの奉行となっている。兄為数の失脚により政所執事代の要職をも継承した。今谷明氏の研究(8)では、之種はさらに相国寺や鹿苑院など二一もの寺社の別奉行であったことも指摘されている。私見では公家山科家の別奉行であったともみられる（後述）。また之種の幕府奉行人連署奉書への加判も二〇〇通を越え、とくに将軍足利義政が判始を行った長禄二年から応仁の乱前年の文正元年（一四六六）までの間では一〇〇通を越え突出した数値となっており、いかに之種が義政に重用された存在であったかがわかる。父為種や兄為数の地位を引き継ぎ、之種は奉行人の中心的存在として活躍したのである。寛正六年十二月三十日、左衛門大夫から肥前守に任官し、一方内談衆（引付衆＝評定衆）となる。[9] ここに之種は名実ともに幕府奉行人の第一人者となったといってよいだろう。翌年二月、之種はその邸に将軍義政の御成を仰ぐこととなる。

二　将軍足利義政の飯尾之種宅への御成

本節では将軍足利義政が飯尾之種宅へ御成した時の饗応の様子などを考える。考察に先立ち、之種邸の位置や御成決定の経緯についてみておく。

之種宅は浄花（華）院の近辺にあったとみられる。浄花院は土御門室町に所在した浄土宗の名刹[10]であるが、『御成記』に、御成当日の猿（申）楽楽屋として浄花院塔頭清涼庵を借用したとあるので、このように推定できる。楽屋として用いるため「正親町面御築地両方壊」し、之種宅との利用の便を図っている。之種宅と浄花院塔頭清涼庵とは、土御門大路の一本北の正親町小路を挟んで両側、つまり南北に所在したことがうかがえる。浄花院塔頭清涼庵は正親町小路の南側、之種宅は北側にあり、要するに之種宅は正親町小路北頬の正親町室町にあったと考えられる。幕府からは五〇〇メートルほど南の位置である。『宗賢卿記』[11]応仁元年（一四六七）九月十三日条には、この日、西軍の山名宗全らが室町第や細川勝元邸を攻め伏見宮御所などが焼失した時、「浄花院・飯尾肥前守（之種）・同大和守（元連）以下」宅も焼けたとみえ、『経覚私要鈔』同月十六日条によると、この時「浄花院ヨリ北へ室町殿総門マテ焼了」とあるから、上記の之種宅の位置関係と対応した焼亡記事となっていることがわかる。

次に義政御成が決まった日時について。『親元日記』寛正六年（一四六五）十二月二十三日条に、

飯左(飯尾之種)太来春御成事御披露、祝着、仍太刀糸・千疋折紙持参候、

とあり、この日に御成が決定したことがわかる。伊勢貞親が之種宅への御成につき義政に披露し、それが「祝着」つまり義政により承認され、之種が礼として太刀と千疋を持参したのである。「はじめに」で述べたように、祖父為永や父為種の御成の先例に倣ったものであった。そして為永・為種と同様に、之種は歳末に肥前守に任官され、翌文正元年二月二十五日、将軍御成を実現させるのである。

さて前置きがいささか長くなったが、以下二月二十五日の義政御成の様相についてみてみよう。先に触れたように、『御成記』は式次第についてはあまり詳しくない。そこで之種の同僚斎藤親基の『斎藤親基日記』同日条を併用する。親基も当日「傍輩」として、父玄良（斎藤基恒）とともに之種邸に祗候した。『斎藤親基日記』には御成について要を得た記述がある。以下『斎藤親基日記』を使用する場合は『親基』と略称する。出典を記さないものは『御成記』によっている。

式次第はさほど複雑なものではない。『親基』によると、「式三献幷供御」ののち、観世大夫による申楽がはじまり、「御肴十一献目」の饗膳にて終了したというものである。途中、引出物や進物などが披露された。この儀礼の基本線を押さえたうえで、もう少し詳しくみてみよう。

二月二十五日の未刻に将軍義政が之種宅に御成した。室日野富子も同伴した。義政には一色兵部少輔（義遠）・伊勢貞親ら六名が御伴衆として供奉し、千阿弥もこれに加わる。また走衆は後藤左京亮（清正）・富永兵庫助久兼ら六人である。富子の御伴衆は大和三郎左衛門尉（『親基』は大和佐渡守とする）ら五名であった。富子の兄日野勝光や光聚院・広慶院らも来臨した。この三人は義政や富子の御前に祗候する。未刻の到着は、大館常興の著とみられる『諸大名衆御成被申入記』[12]（以下『諸大名』とする）に「御成刻限ハ毎度未刻也」とあるように、定刻である。なおこの御成に、

之種は足利義視も招こうとしたらしいが、義視の「御斟酌」により実現しなかった。ちなみに前年の寛正六年十一月二十三日、義政夫妻には足利義尚が誕生していた。

之種宅の門役は井戸九郎左衛門尉・山本右京亮ら四人の之種被官が、また辻固も被官人が勤めた。これも『諸大名』に「門外四五町の間ハ被官衆数多辻固に可有之」との通例に倣ったものである。

さて義政が之種宅に到着すると、寝殿にて式三献が行われた。『諸大名』によると「式三献上りて、其後中門の内、公卿座へ被改御座て、進上の御馬被御覧」とあるから、この後、義政は之種の「内衆」飯尾為数らが進上した馬をみたと思われる。馬御覧の後、義政は会所に入御し、饗宴が行われる。この御成の時には「御肴十一献目」まであった。ただしその献立内容は不明である。観世大夫による「いそのわらハ」「たむら」など十三番の能も演じられている。献々の時、引出物や進物も披露された。六献目には之種妻が召し出され進物があり、十献目には齢八十の之種老母が召された。老母は義政から盃を下され、義政は「御あやかり事ニとて」この老母の盃を飲み乾したという。また観世への祝儀として舞台に百貫文が積まれた。

義政御伴衆の座敷は西方の「厩侍七間半」で、走衆と富子御伴衆の座敷は東方の「厩侍五間半」であった。御伴衆の「飯時」には布施貞基が、「肴時」には貞基と斎藤基恒らが相伴した。走衆には「飯時」に基恒が、「肴時」に基恒・諏訪忠郷・斎藤親基らが相伴している（『親基』）。彼らは何れも飯尾之種の「傍輩」つまり奉行人である。御成当日は之種宅に多くの奉行人も祗候していたのである。なお義政に付き従ってきた「御小者」六人の座敷は飯尾三郎左衛門尉為修宅が充てられている。為修は之種の甥である。

「御肴十一献目」が終わり、義政は還御する。丑下刻となっていた。義政は「依御沈酔御快勝（然ヵ）」であったという。

三　足利義政・日野富子らへの進物

御成から二日後の二月二十七日、飯尾之種は将軍義政・富子夫妻に引出物を献上した。通常、御成の翌日にそれを進上するのだが、二十六日は例日であったため、翌々日となったのである。その進物注文が『御成記』に載せられている。義政には三十一点、富子には二十三点もの品々が献上された。ここでは要を得た内容のA『蔭凉軒日録』二月二十七日条とB『大乗院寺社雑事記』二月二十九日条とを掲げる。

A廿七日（略）前廿五日肥前（飯尾之種）所御成、進物前日為例、仍今晨献之、種々珍物驚人、近来無比倫云々、殿中皆絶嘆也、御小袖十重・盆九枚、各載珍物也、三幅絵本尊観音・脇寒拾和尚、段子三端・食籠・桂漿・箱・花瓶・薬器油滴・同茎印籠・香合一・花・水滴胡銅・御太刀金或銀・御太刀銘物・御鎧三領・御馬、上様（日野富子）同前云々、種々不可勝数也、以祖父肥前守（飯尾為永）旧例申之、皆曰倍于旧也、

B廿九日　一飯尾肥前守（之種）進物三十五色、御台（日野富子）同之、合七十色云々、二万貫足云々、当代所々御成如此事無其例云々、盆十枚代計千貫云々、

A『蔭凉軒日録』に「種々珍物驚人、近来無比倫云々、殿中皆絶嘆也」とあるように、その引出物の豪華さは記主の季瓊真蘂をはじめ人々の目を驚かすものであった。伝聞ながら、尋尊のB『大乗院寺社雑事記』には「二万貫足云々、当代所々御成如此事無其例云々」とみえており、先例のないほど贅を尽くしたものであったことが書かれている。また当然ながら、義政夫妻と同席した日野勝光・光聚院・広慶院や、御伴衆・走衆・富子御伴衆・小者らの面々にも進物が贈られている。それらの贈物も『御成記』にみえる。先に述べたように、能を演じた観世大夫への祝儀として百

貫文が舞台に積まれ、また饗宴の際、義政に召し出された之種妻や之種老母が義政に二千疋と千疋、富子に千疋ずつ進上したことも『御成記』にみえる。義政御成のために、之種は莫大な金銭を費やしたのである。その財力には目を見張るものがある。この之種の経済力については後で考えよう。

さて義政・富子夫妻ら賓客への引出物は之種が用意したのであるが、之種の関係者らも進物を準備した。『御成記』からその様相をみておこう。

記載順にみていくと、まず「内衆進上分」があり、六人の名がみえる。最初に、

御太刀一腰国行・御馬一疋鴾毛　飯尾下総守為数

とある。為数は先にみたように之種の兄であるから、ここでいう「内衆」とは之種の近親と考えられる。

次に「内衆若衆」の御太刀進上分がみえる。二一人が名を連ねている。冒頭には、

一腰包次　飯尾孫左衛門尉為

とある。「内衆」とは之種近親であるから、「内衆若衆」とは近親のうち若年層ということとなる。『親基』に「家子」や「家子同姓衆」とみえているのが、「内衆若衆」を指していると考えられる。後で詳しく考察するように、奉行人飯尾之種家の職務を支えた存在である。

三番目に「内者進上分」がある。次に掲げるように二人がみえる。

御太刀一腰国信・御馬一疋黒　檀那寺佐渡守

御太刀一腰長光・御馬一疋鹿毛　林五郎左衛門尉

檀那寺氏は為種流飯尾氏被官である（前章参照）から、「内者」とは之種の家人と考えられる。檀那寺氏は執事を務めた重臣とみられ、林氏も同クラスの存在と思われる。その進物内容も太刀進上のみの「内衆若衆」を上回り、「内衆」

と同等である。之種被官には門役などを務めた者もいたが、進物したのはこの二名のみである。

続いて「傍輩中」と「同若衆」の進物がみえる。前者は一二名が名を連ね、太刀と馬を進上、後者は一三人が太刀を進上している。「傍輩」とは之種の同僚の奉行人たちであり、『親基』には「傍輩老若」とみえるから、老若に分かれて進物を行ったのである。[13]なお『親基』二月二十七日条によれば、御成の時在京していなかった、飯尾貞有と松田数秀も上洛した時進上している。前者は老、後者は若分である。合計二七人もの之種の同僚たちが、御成に際し進物を行ったのである。

以上、足利義政・日野富子らへの進物につき、その内容や進上者につき概観してみた。之種宅への御成がいかに盛大なものであったかが理解できたかと思う。

次に以上の事実をもとにさらに考察を進めよう。この御成の政治的意義、之種の経済力、そして奉行人之種家の構造などが課題となろう。以下順に考えていく。

四　飯尾之種宅御成の政治的意義

『新撰長禄寛正記』[14]の記述などから知られるように、将軍足利義政は寛正（一四六〇～一四六六）ころ、処々に御成を行っていた。飯尾之種宅への御成もその一環に他ならない。しかし奉行人宅への御成はこれが唯一である。当然ながら、之種邸への義政御成は、之種が奉行人衆のなかの第一任者であることを世のなかに知らしめる意味をもったはずである。永享十一年（一四三九）に将軍義教が之種の父為種邸へ御成したのと同様な意義を有していたのである。

さらに将軍御成が祖父為永以来の例であったことを考慮すれば、飯尾氏の肥前守家が奉行人諸家のなかで最も高い家格に位置付けられていたと評価できる。かつて指摘したように奉行人の序列は官位を基準としない、年功序列方式であるが[15]、家格という点では、飯尾肥前守家が他の奉行人家よりも一歩抜き出た形となったのである。

ところで祖父為永・父為種と二代にわたる先例があったとはいえ、御成を実現させたのは之種の独力によるものではあるまい。奉行人上首とはいえ、彼は幕府内では一官僚にすぎない。第二節でみたように、寛正六年（一四六五）十二月、之種宅への御成につき義政に披露したのは将軍側近の政所執事伊勢貞親であった。貞親の披露により御成が実現する。御成の前提となる、十二月三十日の肥前守任官でも、之種は貞親の許へ礼のため赴いているから[16]、貞親から義政への推挙があった可能性が高いとみられる。伊勢貞親による義政への働きかけにより御成が実現したとみてよいだろう。周知のように貞親は当時、義政側近として幕府政治に大きな影響力をもっていた[17]。彼は側近官僚として幕政に関与したわけであるから、奉行人の第一人者たる飯尾之種とも連携をとりやすく、またその関係強化も必要であったといえるだろう。伊勢貞親側からみた場合、このような思惑から之種宅への御成を実現させたと考えてよい。

だが文正元年（一四六六）九月、伊勢貞親は政変により失脚し（文正の政変）、十一月、之種も義政の「御折檻」を受け、「所帯并奉行事等悉」く兄為数に付けられた[18]。之種は政所執事代であり、また貞親との良好な関係も災いしたとみられる。だが翌応仁元年（一四六七）正月十九日には赦免される[19]。之種はその後も有力奉行人として活躍し、文明五年（一四七三）五月二十日、五一歳で死去する。「奉行中穏便之者」であったという[20]。なお兄の為数は復活したものの、応仁元年六月十一日、西軍内通の疑いにより誅殺されている[21]。

さて伊勢貞親との関係から、之種の晩年の動きについても略述することとなったが、『御成記』からはさらに、奉行人衆の「傍輩」としての連帯意識も読み取ることができるだろう。

前節でみたように、御成に際し之種の「傍輩老若」が太刀や馬を進上している。「傍輩中」つまり「老」者一二人、

「同若衆」一三人を数え、さらに後日二名が進上したから、計二七名にも及んだ（ただし一名は評定衆家の三善流町野敏康である）。この人数が全奉行人数のどの程度の割合にあたるかは明らかでないが、例えば、『大乗院寺社雑事記』寛正四年七月十三日条にみえる御前奉行の名簿と比較すると、この御前奉行全二三名（之種及びその近親を含む）のうち一八名が御成に際し進物を献上したことが判明する。(22) 大多数が進物を献上し、将軍義政に奉行人集団として連帯する姿を再認識させていたのである。『親基』二月二十九日条には、

於肥前守之種許、為御成無為祝儀、評定并傍輩中悉招請有夕飯、

とあり、之種が御成を無事に終えたことを祝い、その宅に「評定并傍輩中」を招き夕飯が振る舞われたことがわかる。

奉行人は元来、裁判などに携わる特殊技能を有する人々で、その職能から年功序列が基本であり、同僚意識が強かった。彼らの間には傍輩として同等・同位の人間関係が存在していた。(23) そのような傍輩意識は、遅くとも武家官僚組織が確立する鎌倉後期以来のものであり、長期にわたって培われていたのである。之種宅御成も、そのような奉行人の連帯意識が再確認される場となったのである。

五　奉行人飯尾之種家の経済力

第二節・三節でみたように、御成は盛大に行われた。足利義政・富子夫妻に贅を尽くした引出物が献上されるなど、前代未聞の莫大な金銭が費やされた。献上品を目にして「殿中皆絶嘆」し、その費用は「二万貫足」であったと噂された。トップクラスとはいえ、奉行人にすぎない飯尾之種の財力に驚かされるのである。本節では奉行人之種の経済力について考えたい。

奉行人家の経済基盤としてはその職務に伴う収入と、幕府から与えられる所領所職が中核をなしたと考えられる。職務に伴う主な収入には、別奉行として寺社や公家らの奉行を担当し、訴訟などに尽力する見返りとして、金銭や物品を受け取ることである。

例えば、之種が南都奉行であったことは前に触れたが、寛正四年（一四六三）十一月の春日社兼興福寺領の越前国河口庄内細呂宜・坪江・鶴丸名をめぐる訴訟では、その解決に尽力して、翌寛正五年正月「寺訴御礼」として二十貫文を受け取っている。(24) 之種は二〇以上の別奉行を兼ねていたようであるから、その職務に伴う収入はかなりのものであったと思われる。

次に之種の所領についてみたいが、それをうかがい知る史料は見当らない。そこで之種の同僚飯尾元連の所領を参考にして之種の所領について考えてみたい。元連は肥前守流と同様に奉行人の中核として活躍した大和守流飯尾氏の当主である。大和守流も政所執事代や公人奉行などの要職に任じた奉行人家の重鎮である。(25) その大和守流の関係文書が「飯尾文書」として伝来しており、所領などがわかる。次に掲げるのは、飯尾元連に相伝所領を安堵した室町幕府管領細川勝元下知状である。(26) 元連の父貞連はこの下知状発給の前日にあたる享徳四年（康正元・一四五五）二月二十一日に死去していた。また当時は将軍義政親政以前の管領政治期であったので、管領細川勝元下知状が発給されたのである。

山城国下上野庄・丹後国芋野郷・伊勢国東禅寺・加賀国若林郷・美作国古呂々毘郷并若代・摂津国江口関代官職・能登国土田保公用百貫文・近江国須江庄・同国賀茂庄内名田職等事、早任相伝当知行之旨、飯尾新左衛門尉元連領掌不可有相違之由、所被仰下也、仍下知如件、

享徳四年二月廿二日

右京大夫源朝臣（細川勝元）（花押）

この文書によると、飯尾元連の所領は山城・丹後など八ヵ国に散在し、計一〇ヵ所あったことがわかる。これらの所領からの収入がいか程であったかは不明だが、「能登国土田保公用百貫文」と「百貫文」の納入額がみえており、元連所領の総収入はかなり高いものであったと考えられる。むろん年貢などが在地勢力に押領されず、無事京着すればの話だが、低い収入であったとは考えにくい。有力奉行人家ともなると、幕府の権威を後ろ盾にできたはずだから、その所領からは数百貫文にも及ぶ高収入があったと考えてよいのではないかと思う。飯尾之種の所領規模も恐らく同程度かやや上のものであったと推測され、畿内・近国数ヵ国に散在していたと想定される。元連の場合と同様、そこからかなりの収入があったと考えてよいのではないかと思う。

以上、飯尾之種家の経済事情について探ってみたが、別奉行収入が、仮に一件につき二十貫文で、年に二五件の担当訴訟を扱ったとして計五百貫文、所領収入が五百貫文と計算して、年間千貫文の収入があったこととなる。恐らく別奉行収入はもっと多く、所領収入はもう少し少ない可能性が高いが、大雑把に試算すると、このような数値となろうか。『大乗院寺社雑事記』に記されていたように、将軍義政らへの献上品が「二万貫足」を費やしたとすれば、之種家の年間収入はもっと大きかった[27]可能性がきわめて高い。肥前守家の被官檀那寺氏には興福寺・春日社の所領を買得したり、代官となった者もいたから、彼ら被官の経済力をも含めて考えると、飯尾之種家はかなり富裕な存在であったことは疑いないだろう。奉行人というと将軍直臣とはいえ事務官僚であり、領主制を展開した奉公衆らに比べ、経済的にかなり見劣りするイメージがあるが、少なくとも応仁・文明の乱前、飯尾之種のような有力奉行人は相当の財力を保持していたことを認めねばなるまい。

六　奉行人飯尾之種家の人的構成

1　『飯尾宅御成記』の「内衆」と「内衆若衆」

『御成記』からは奉行人飯尾之種家の人的構成や組織などをうかがうこともできる。

第三節でみたように、御成に際し、之種親族の「内衆」や「内衆若衆」、そして之種家人の「内者」らが進物を献上した。このうち「内衆若衆」は「家子」や「家子同姓衆」とも呼ばれたこと、「内者」が執事クラスの被官であることはすでにみた。「内衆」には兄為数が含まれ、また奉行人衆の場合の「傍輩中」（「老」）と「同若衆」（「若」）との関係を併せ考えれば、比較的年齢の高い、之種の近親と考えることができる。つまり進物は之種→「内衆」→「内衆若衆」→「内者」と、肥前守流飯尾家の当主之種を核に形成された、身分秩序に応じた集団ごとになされたといえる。以下、「内衆」と「内衆若衆」を中心にみていく。

「内衆」は筆頭の飯尾下総守為数の他、飯尾弥三郎為秋・飯尾新左衛門尉為備（脩）・飯尾三郎左衛門尉為修・富永兵庫助久兼・佐波民部少将（輔）元連の計六名である。

為数は之種の兄である。長禄三年（一四五九）九月に失脚、寛正四年（一四六三）十一月にようやく出仕を許されていた。この間に飯尾肥前守家の家督は弟之種が継承していた。為秋は飯尾備中守為秀の子。為秀は為継の子で、為種の実弟であるから、為秋は之種の従兄弟にあたる。肥前守家は為種が出身した備中守家とも親密であったのであろう。為脩と為修はともに為数の子である。長禄三年、為数が失脚した時、子為脩はそのまま出仕することを許された(28)から、当時若年であった為脩らは、叔父之種に庇護されたと考えられる(29)。為脩は之種の使者としても所見する。また御成の時、為修宅が「御小者座敷」に充てられているから、為修宅が之種宅の郭内に所在していたこともわかる。為数と為脩・為修の父子とは、飯尾之種家に包摂された存在となっていたのである。

富永久兼・佐波元連の両名は奉行人ではなく、ともに奉公衆である。富永氏は三河国出身で奉公衆の二番や五番に所属した。(30)富永久兼は将軍義政の出行に際し、走衆としてしばしば供奉する姿が確認される。(31)之種宅御成でも走衆の一員としてみえ、その一方で之種「内衆」でもあった。つまり彼はもてなす側ともてなされる側との両方の立場にあったのである。当日の走衆でありながら、進物を行ったのであるから、久兼は之種家と親密な関係、恐らくは姻戚関係を結んでいたのであろう。佐波元連は石見国佐波郷を本拠とした奉公衆二番衆である。その一族は隣国出雲にも勢力を有していた。(32)佐波氏は三善姓であり、大きくみれば飯尾氏の一族ともいえるが、奉行人家ではないから、やはり富永久兼と同様、姻戚関係などがあり「内衆」とされたと推測される。

以上六人の「内衆」は、之種のごく近親の奉行人四名と、奉公衆二名（姻戚か）により構成されていた。何れも身分的には将軍直臣であった。

表3　内衆若衆人名

	名　前
①	飯尾孫左衛門尉為□
②	清式部丞秀数
③	藤越中入道
④	布施三河守康種
⑤	飯尾掃部助知英
⑥	佐々木黒田与四郎
⑦	布施伊賀入道明楽
⑧	西山弥三郎種盛
⑨	神山掃部助数速
⑩	石山岩坊禅恵
⑪	斎藤五郎右衛門尉利世
⑫	十乗坊
⑬	飯尾弥六為忠
⑭	大和与三盛元
⑮	飯尾善三郎為守
⑯	布施兵庫助種長
⑰	飯尾善五郎為規
⑱	布施善太為景
⑲	小倉彦六郎
⑳	尾崎七郎種頼
㉑	飯尾与四郎

次に「家子」や「家子同姓衆」ともみえていた「内衆若衆」について考えよう。このグループは二一名で構成される。表3にその構成員を示した。一見して飯尾名字以外の者が多数みえ、「若衆」であったからか無位無官の者も少なくない。「内衆」のような将軍直臣のみにより構成された人々で

はないことが予想される。之種被官の「内者」より進物内容が劣っていたことも先にみた。また「家子同姓衆」という呼び方は、かなり広範囲の人々を含むとも思われる。

まず構成員をおおまかに分類すると、飯尾氏（六名）・清氏（一名）・布施氏（四名）・斎藤氏（一名）ら奉行人家と同名字の人々一二名、その他③藤・⑥佐々木黒田・⑧西山・⑨神山・⑭大和・⑲小倉・⑳尾崎氏ら七名、そして⑩石山岩坊善恵と⑪十乗坊という僧形二名の、三グループにひとまず分けることができよう。その他の七人のうち、⑥佐々木黒田氏は幕府外様衆、⑧西山氏は奉公衆五番衆、⑭大和氏は同四番衆の一族と思われる。彼らは将軍直臣層である。このうち⑦西山弥三郎は名前が種盛であり、「種」字は之種（あるいは為種）の偏諱とみられるから、之種と擬制的親子関係にあったと考えられる。⑦佐々木黒田与四郎や⑭大和与三盛元も之種家と姻戚などの関係にあったとみてよいであろう。この三人は無位無官の「若衆」であったため、奉公衆クラスではありながら、富永久兼や佐波元連のように、「内衆」には入れられなかったと考えられる。

さて僧形二人をひとまず措くと、残る一六名が「内衆若衆」（「家子」・「家子同姓衆」）として之種と密接な関係にあったことが推測される。飯尾氏では①孫左衛門尉為□・⑤掃部助知英・⑬弥六為忠・⑮善三郎為守・⑰善五郎為規・㉑与四郎らがいる。このうち⑬為守は寛正四年七月時点ですでに御前奉行である。若年であったため「内衆若衆」に加えられたものか。系譜は不明だが、恐らく為種流であろう。⑰為規は為数の末子であったが、実子の無かった之種の後継者となる存在である。

②清式部丞秀数・④布施三河守康種・⑦布施伊賀入道明楽・⑪斎藤五郎右衛門尉利世・⑯布施兵庫助種長・⑱布施善太為景ら奉行人一族については、布施氏は飯尾氏と同じく三善姓の同族であり、⑯布施種長の「種」字は之種の偏諱か。清・斎藤氏は同姓ではないが、②清秀数の「数」は之種の兄飯尾為数の偏諱ともみられるから、擬制的親子関

係が成立していたか。⑪斎藤利世も之種家と姻戚であった可能性があるかもしれない。ただしこれら清・布施・斎藤氏の人々は、②清秀数以外に幕府奉行人として活動した形跡はない。奉行人家出身者であったことは疑いないから、清秀数以外は「家子同姓衆」として、実質的には飯尾之種に仕え、奉行人の職務などを補佐していた可能性が高いと考えられる。

③藤越中入道・⑨神山掃部助数速・⑲小倉彦六郎・⑳尾崎七郎種頼の四人は同名字の者が幕府奉行人として見出せない。上記の布施・斎藤氏と同様、奉行人飯尾之種家の職務を補佐した存在であったとみられる。それは之種にとって一世一代の晴れ舞台、将軍足利義政御成を『飯尾宅御成記』として記録したのが⑨神山数速であったことにも明らかである。数速の「数」は恐らく飯尾為数の偏諱であろう。御成当日には、⑨神山数速と⑬飯尾弥六が「進物方」につき奉行し、④布施三河守康種・⑦布施伊賀入道明楽が「雑掌方」、⑱布施善太為景が「御酒方」を担当、「拝（配ヵ）膳指南」を①飯尾孫左衛門尉為□と檀那寺佐渡守が行っている。「内衆若衆」及び「内者」檀那寺佐渡守は御成のための準備などを分担・奉行していたのである。なお⑪十乗坊も「蝋燭方・同台」につき奉行している。「内衆若衆」には之種の若年の近親もいたが、之種家の職務を補佐するような存在が多く含まれていたことがわかる。

2　『山科家礼記』などにみえる「内衆若衆」

之種の父飯尾為種が『山科家礼記』の記主大沢久守と親密であったことは前章で触れたが、そのような関係を踏まえてか、飯尾之種は久守の主人山科言国家の別奉行であったとみられ[36]、『山科家礼記』に之種やその周辺についての記述が散見する。『御成記』の「内衆若衆」のメンバーについても記事がある。そのいくつかを次に掲げよう（人名に表の数字を附している）。

A寛正四年六月二十七日条

一、尾崎七郎（㉑）・飯尾孫六（⑬飯尾弥六カ）・同善三郎（⑮）・同孫松・布施善太（⑱）・同善三・与三夕飯あり、是ニて、

B同年九月十九日条

一、飯尾左衛門大夫殿（之種）布施、三貫被持候、三河（④）・同名伊賀（⑦）・善三・五郎右衛門尉・源三右衛門尉・神山かもん（⑨）、東庄へ被行候、

C同年十二月四日条

一、飯尾左衛門大夫（之種）是へ出来、太刀金代二百疋、神山かもん（⑨）方柳一か・さけ（鮭）一尺・たい（鯛）五、其外十四五人出来候、是の風呂、夕飯仕候、左衛門大夫方へ太刀一、五貫文計、神山かもん太刀、八九百文遣候也、

A・B・Cの各史料に「内衆若衆」の名前がみえるが、Aは㉑尾崎七郎種頼ら七人が大沢久守と夕食を共にしたこと、Bは山科言国の一族山科保宗死去を弔問するため、飯尾之種に④布施三河守康種ら六人が従ったこと、[37] Cは之種に⑨神山掃部助数速ら「十四五人」が随行し、大沢久守方の風呂に入り、夕飯を食べたことなどがわかる。B・Cに顕著なように、「内衆若衆」は之種に従い行動していることが明らかである。「内衆若衆」はまさに飯尾肥前守家の家長之種に従属する「家子同姓衆」であったのである。

Aで㉑尾崎七郎種頼が最初に書かれているのは、彼が山科家別奉行飯尾之種の奏者であったからとみられる。尾崎種頼は『山科家礼記』に最も多く登場する「内衆若衆」で、大沢久守から度々物品を贈られている。[38] 応仁二年（一四六八）三月二十五日条によると、この日久守は種頼に山科西庄関係の文書案文十九通を預けている。これは飯尾之種の許にあった文書正文が戦乱で焼失したため、「支証紛失之加判」を得るためであった。[39] 種頼を介して之種に取り次ぎ、

加判を請うたと考えられる。㉑尾崎七郎種頼を之種の山科家担当奏者と位置付けることができる。

「内衆若衆」はこのような奉行人飯尾之種の奏者を務めたものが少なくなかったと思われる。文正・応仁ころの「左方馬上合力年行事記録」では、日吉神社小五月会の左方馬上年行事らが訴訟のためしばしば之種の許を訪れ、その際飯尾孫六が担当奏者を務めたことが知られる。(40)之種は山門奉行であり、孫六はその配下として山門関係の申次を行ったのである。この飯尾孫六は⑬飯尾弥六と同一人の可能性が高い。仮に別人であったとしても、之種の「内衆若衆」クラスの存在であったろう。つまり「内衆若衆」は奏者などを務め之種の職務を補佐したのである。之種は二〇以上もの別奉行を兼任しており、その職務は多忙をきわめた。「内衆若衆」が之種をサポートしたのである。「内衆若衆」は奏者・申次を務め、別奉行関係の訴訟などにおいて、之種職務を補佐したと考えられるのである。

おわりに

飯尾之種宅への将軍足利義政御成の記録『飯尾宅御成記』から、御成の式次第、その政治的意義、之種家の財力、之種家の人的構成などについて考えてみた。『御成記』は確かに「飯尾家からの進物と、引出物の目録の覚え書きといった程度のものにすぎない」が、有力奉行人家の構造などを考えるうえでは稀有の重要史料といってよいのである。他ならぬ飯尾之種家の「内衆若衆」神山数速によって記録されたことにもそれは表れている。数速は御成当日、「進物方」の担当奉行であり、恐らく之種の命を受け、『御成記』を記したと考えられる。飯尾之種家の「内衆若衆」は「家子同姓衆」ともいわれ、その多くは奉行人之種の職務を補佐する専門スタッフであった。有力奉行人飯尾之種家の職務は、子ども近親や被官のみではなく、「家子同姓衆」として、奉行人の庶子たちを「家」内に組織し、執り行われたのである。別奉行ごとに奏者・申次が決められ、訴訟などをスムーズに扱える職務体制がとられたと考えられる。『御成記』からこのような奉行人飯尾之種家の組織・構造を読み取ることが可能なのである。また『御成記』では、その富裕振りなど、室町幕府盛期の奉行人有力者の様相もうかがえるのである。

註

(1) 二木謙一氏『武家儀礼格式の研究』(吉川弘文館、二〇〇三年) 二八六頁。
(2) 「大館記(七)」(『ビブリア』八六、一九八六年) 所収。『群書類従』本では作者を神山掃部助三善数連とするが、本章では「大館記」所収本の神山掃部助三善数速との記載に従った。原本は伝来しておらず、「大館記」本は、寛正七年二月神山数速原本→文亀三年九月飯尾元行書写本→天文七年十月大館常興書写本→同二十三年六月松田藤弘書写本→永禄三年二月中沢光俊書写本と四度の転写を経たものである。なお『群書解題』第三の「飯尾宅御成記」の項(広野三郎氏執筆)も参照されたい。また『新校群書類従』十七所収の『飯尾宅御成記』は内閣文庫本や宮内庁図書寮本により校訂しており、参考にした。
(3) 『御評定着座次第』(『群書類従』第二十九輯) の応永五年から同十年の記事などを参照。
(4) 『親長卿記』文明五年五月二十日条。
(5) 『蔭凉軒日録』長禄三年九月二十日条。なお『大乗院寺社雑事記』同月二十三日条も参照。
(6) 『大乗院寺社雑事記』寛正四年十一月十九日条、『山科家礼記』同日条、『経覚私要鈔』同月二十日条等。なおこの赦免は将軍足利義政生母日野重子の百箇日忌辰によるものとみられる。
(7) 遠藤珠紀氏・金子拓氏「國學院大學図書館所蔵『諸奉行』」(『國學院大學校史・学術資産研究』六、二〇一四年) に翻刻されている。
(8) 「室町幕府奉行人奉書の基礎的研究」(『室町幕府解体過程の研究』所収、岩波書店、一九八五年、初出一九八二年)。
(9) 『斎藤親基日記』寛正六年十二月三十日条、『親元日記』同日条。

(10)『建内記』正長元年六月二十一日条に「浄華院　土御門室町」とみえる。
(11)東京大学史料編纂所研究成果報告二〇一一―四『古記録の史料学的な研究にもとづく室町文化の基層解明』に榎原雅治氏らによる翻刻が収録されている。
(12)『群書類従』第二十二輯。なお『群書解題』第三の「諸大名衆御成被申入記」の項（石村貞吉氏執筆）参照。
(13)「傍輩中」は町野左近将監敏康・布施下野守貞基・斎藤遠江入道玄良（基恒）・諏訪信濃守忠郷・松田丹後守秀興・治部河内守国通・清和泉守貞秀・飯尾大和守元連・斎藤四郎右衛門尉種基・斎藤民部丞親基・斎藤五郎兵衛尉豊基・飯尾四郎左衛門尉為信の一二名。
「同若衆」は布施新右衛門尉清基・矢野六郎左衛門尉種偏（倫）・飯尾隼人祐（佑）任連・清四郎左衛門尉元定・松田八郎左衛門尉・松田九郎左衛門尉貞康・諏訪左近将監貞通・飯尾孫四郎清房・飯尾新四郎種貞・松田又八郎親秀・飯尾弥九郎・飯尾弥四郎親行・布施善十郎英基の一三名。
(14)『群書類従』第二十輯。
(15)拙著『六波羅探題の研究』（続群書類従完成会、二〇〇五年）二四五頁。
(16)『親元日記』寛正六年十二月三十日条。
(17)伊勢貞親の活動については末柄豊氏「応仁・文明の乱」（岩波講座『日本歴史』第8巻　中世3、所収、岩波書店、二〇一四年）を参照。
(18)『斎藤親基日記』文正元年十一月二十日条。
(19)『大乗院寺社雑事記』応仁元年正月十九日条。
(20)『親長卿記』文明五年五月二十日条。
(21)『宗賢卿記』応仁元年六月十二日条、『大乗院寺社雑事記』同月十三日条。
(22)進物献上者は、斎藤遠江入道玄良（基恒）・治部河内守国通・飯尾左衛門大夫之種・清和泉守貞秀・布施下野守貞基・松田丹後守秀興・諏訪信濃守忠基（郷）・斎藤四郎左（右）衛門尉種基・斎藤五郎兵衛尉（豊基）・飯尾新左衛門尉（為脩）・飯尾

大和守（元連）・飯尾四郎左衛門尉（為信）・松田九郎左衛門尉（貞康）・飯尾彦三郎（為修）・諏訪左近将監（貞通）・飯尾孫四郎（清房）・清四郎（元定）・飯尾善三郎（為守）の一八名。飯尾美濃入道常恩（貞元）・飯尾兵衛大夫（貞朝）・布施民部大夫（為基）・斎藤大蔵丞（基周）・斎藤新左衛門尉（基縁）の五名は進物が確認できない。なおこの五名のうち布施為基は堀越公方足利政知に従い、関東にいた可能性が高い。

(23) 笠松宏至氏「中世の『傍輩』」（『法と言葉の中世史』所収、平凡社、一九八四年）。

(24) 『大乗院寺社雑事記』寛正五年四月二十五日条。寛正四年十一月十九日・二十五日条等も参照。

(25) 「諸奉行」によれば、飯尾貞連が政所執事代、その子元連が公人奉行となっている。

(26) 東京大学史料編纂所架蔵謄写本「飯尾文書」による。

(27) 長禄三年ころ、飯尾為数「内者」檀那寺某は積蔵院中東時茂から「マキ符領」を買得している（『大乗院寺社雑事記』同年七月二十六日条）。また延徳二年のことであるが、檀那寺三郎左衛門尉俊重は「春日社領若狭国耳西郷領家并日向・早瀬浦」代官であったことが知られる（『大乗院寺社雑事記』同年十二月十三日条）。

(28) 『大乗院寺社雑事記』長禄三年九月二十三日条。

(29) 『親元日記』寛正六年十二月十日条。

(30) 以下、奉公衆の所属番については福田豊彦氏「室町幕府の奉公衆体制」（『室町幕府と国人一揆』所収、吉川弘文館、一九九五年、初出一九八八年）を参照。

(31) 走衆についてはそのメンバーなど、二木謙一氏「足利将軍の出行と走衆」（二木氏註（1）著書所収、初出一九九三年）に詳しい。

(32) 佐波（沢）氏は出雲国の石清水八幡宮領を押妨したため、宝徳元年七月ころ治罰綸旨が出され、守護京極持清によって追討されたことでも知られている（『康富記』同年八月十二・二十三日条）。なお佐波元連については『萩藩閥閲録』第二巻三七中川与右衛門の一〇三永正二年七月十四日付赤穴郡連置文写も参照。

(33) 文安年間成立という『蜷川文書』之一、三〇・三一幕府番帳案に外様衆として佐々木黒田四良（郎）がみえる。与四郎の近親であろう。
(34)『大乗院寺社雑事記』寛正四年七月十三日条にみえる御前奉行の名簿（註(22)）を参照。
(35)『親長卿記』文明五年五月二十日条。為規は之種後継者となったのち、仮名を善五郎から与三郎に改めたようである。与三郎は之種の仮名である。
(36)『山科家礼記』寛正四年六月八日・二十八日、同年十一月三日条、そして本文で述べたことなどからこのように推定できる。
(37)『山科家礼記』寛正四年八月二十六日条参照。
(38)『山科家礼記』寛正四年正月二日、応仁二年正月四日・十一日、同年三月二十日条等、参照。
(39)『山科家礼記』応仁二年四月五日条。なお大沢久守が預けていた文書が焼失したのは、先にみた飯尾之種宅が焼けた応仁元年（一四六七）九月十三日の戦火によるものだろう。
(40)『八瀬童子会文書』（叢書京都の史料4）二五七「左方馬上合力年行事記録」文正元年三月二十七日、四月十七日・十八日、六月十二日・二十七日、応仁元年三月二十三日条等、参照。上記該日条では「孫六」とのみあるが、他姓の場合、「神山」（文正元年三月二十七日条）「清」（同年六月二十六日条）「檀那寺」（応仁元年四月十日条）など名字まで記しているので、孫六は飯尾氏と判断できる。

第Ⅲ部

室町幕府奉公衆小考

第一章　室町幕府奉公衆の成立時期について

はじめに

室町幕府奉公衆の研究は、諸番帳の成立年代やその構成メンバー、軍事的にも経済的にも幕府政治上で重要な役割を果たしたことなどが論じられている(1)。しかしながら、最も基本的事柄である、奉公衆の成立時期については必ずしも充分な結論が得られていない。義満期、義教期、義詮期成立説等があり、決着をみていない。本章はこの課題を解明せんとするものである。

一　研究史の整理

本節では奉公衆の成立時期に関する先行研究の問題点を整理し、奉公衆が義持期には成立していたことを指摘したい。

まず最初に諸氏の説とその根拠をまとめておく。

佐藤進一氏は、『大館持房行状』に、義満が「諸国大族」を分かち五箇番から成る直轄軍を編成し、大館氏を五番衆番頭に任じたこと、及び「禰寝文書」京都不審条々（応永二年・一三九五）に、奉公衆の編成替えがみえることを指摘され、奉公衆は義満期に成立したと推定された。そして、これを明徳の乱（明徳二年・一三九一）や応永の乱（応永六年）における、義満「御馬廻ノ三千余騎」（『明徳記』）、同「御馬廻二千余騎」（『応永記』）と同じ組織とされた(2)。これに対し福田豊彦氏は、現存の奉公衆諸番帳がいずれも義政期以降のものであるという事実を踏まえ、奉公衆成立の指標を家ごとの世襲的な番所属の固定制に求め、義満期にはそれが認められず、文安以降の番帳にみられる奉公衆とは性格が異なると主張された。そして、奉公衆の成立は義教期の永享初年と結論され、これ以降に番所属の固定制とそれに対応する連帯意識が生まれると考えられた(3)。また五味文彦氏は、『大館持房行状』や「禰寝文書」を再検討して積極的に利用され、これに侍所の質的変化や幕府と鎌倉府との御家人分掌体制の確立、貞治六年（一三六七）の追加法八四条(4)に「当参奉公之仁」と「在国武士甲乙人」との区別が存在することなどを論拠に、義詮期の貞治年間、斯波義将の管領就任を契機に奉公衆が成立したとされた。そして、貞治・康暦及び永徳・応永の三度にわたって機構整備が行われたと理解された(5)。さらに家永遵嗣氏は、小番衆に注目し、義政時代に奉公衆・奉公方と呼ばれる組織は、義満時代の小番衆組織の後身と考えられ、奉公衆の確立期は義満時代初期とされた(6)。

このように、奉公衆の成立時期については、義満期、義教期、義詮期の三説が存在する。

まず、「禰寝文書」京都不審条々を検討しよう(7)。「国地頭御家人、兼日より御所奉公之名字之中ニ、百余人小番之衆とて被書抜、若君（足利義持）御所番帳ニ被書候、九州之人々ニハ、探題（今川了俊）御右筆にて三十余人か（後略）」とあり、九州の地頭御家人ら三〇余人を含めた「国地頭御家人」一〇〇余人が「小番之衆」に編成された史料である。

本史料について、佐藤・五味両氏は、応永初年における奉公衆の編成替えを示す史料と解釈された。つまり一〇〇余人を抜き出して「御所奉公之名字」（奉公衆）に加えたと理解されたのである。これに対して福田氏は、上記のような奉公衆成立の指標から、この「小番之衆」にはそれが認められず、のちの諸番帳にみえる奉公衆とは性格が異なると主張された。さらに家永氏は、三氏がこれを奉公衆の番編成に関するものと解釈されたのに対し、義持元服を期に小番衆の一部が「若君御所」に分属された、と理解されている。

さて本史料の解釈であるが、「若君御所番帳ニ被書候」とあるように、この応永二年の番編成は、前年十二月に将軍となった義持のそれであるから、基本的には家永説が正しいと考える。ただし氏は、右のような簡略な指摘しかされていないので、以下に私見を述べておきたい。

将軍直轄軍である奉公衆は、当然ながらただ一つの組織体であったが、将軍とその父である前将軍とが存在し、前将軍が政治的実権をもっていた場合には、奉公衆は将軍ではなく、前将軍によって掌握されていたと考えられる。例えば、前将軍義持が政権を掌握していた、応永三十年三月から三十二年二月に至る将軍義量期には、「御方番衆」「御方奉公」として、奉公衆とは別の人々が将軍義量に仕えていたことが知られる。(8)つまり、「襧寝文書」の「若君御所番帳」というのも、奉公衆とは別の、将軍義持に仕える人々の番帳であったのである。それ故、「百余人小番之衆とて被書抜」たのは、奉公衆の編成替えではなく、「御所奉公之名字之中」から将軍義持番衆に配属替えされたものと判断される。将軍と前将軍とが存在したのは、義持と義満のケースがはじめてであったため、このような配属替えがなされたと考えられる。福田氏が指摘された、九州の人々が三〇余人も名を連ねていたのに、文安以降の番帳にはほとんどみえない疑問も、「若君御所番帳」であったためと考えれば氷解する。これから判断して、多分に名誉的な面が大きかった番帳と思われる。

このように「襧寝文書」の「小番之衆」が、義満期における奉公衆の存在を示すものではないことが明らかとなった。それは将軍義持の番衆であったのである。これに対して、その母体であった「御所奉公之名字」が番衆構成であったかどうかは、確認しえない。

ところで、小番衆という語句に注意するならば、それは「禰寝文書」以外にも、義満・義持期に所見する。義満期のそれは、次節で検討する、『応永記』という軍記物語である。これに対して義持期には、より確実な史料にみえ、しかも奉公衆と同一組織と考えられるものがある。『常楽記』[9]応永三十一年の記事である（〈　〉は割註）[10]。この時、将軍は義量で、義持は前将軍である。いうまでもなく、この史料は義教期奉公衆成立説と抵触するものとなる。

安藤被殺害、〈於右京大夫《細川満元》入道亭酒宴席、敵人赤松入道息《則繁》、自其庭逐電云々、〉裏壁《浦上カ》切腹、〈主人逐電了、代官ニ被切腹、而親入道可切之由、父子論之、親兄切之、其子又可切之由堅申也、仍二人不可然之間、親ヲバ留也、諸人泣哀涙云々、此子未及弱冠、腹切様又大強之者也、諸人哀惜之云々、安藤近習者也、仍小番衆已下堅申鬱陶、仍令切腹云々、〉

細川満元亭における酒宴の席で、赤松則繁が近習安藤某を殺害して逐電したため、小番衆がそれを訴え、主人則繁に代わって被官「裏壁《浦上カ》」が切腹したという記事である。この事件は『満済准后日記』や『看聞日記』にもみえており、応永三十一年三月十四日の出来事であったことが確かめられる。

さて右の記事は、難解な部分もあるが、最も注目すべきは、「安藤近習者也、仍小番衆已下堅申鬱陶」という記述である。すなわち、殺された安藤某は前将軍義持の近習であって、しかも小番衆であったと考えられるのである。このことは、『看聞日記』にも「安東〻〻公方近習、」[11]とみえており、さらに「安東傍輩等赤松へ欲押寄、雖然自公方被制」ると[12]あることから、「安東傍輩等」＝小番衆と判断して、まず誤りない。「堅申鬱陶」し、また「赤松へ欲押寄」したことには、奉公衆の特質の一つである、強固な連帯意識と重ね合わせることができる。そして、赤松という有力守護大名に対して、京中において合戦を企てんとしている点に、この時期の小番衆の軍事力を認めるべきである。義持期において、小番衆が直轄軍として充実していたことは明らかである。つまり、『常楽記』『看聞日記』等の記載から、義持期の小番衆の存在が確認され、その強固な連帯意識と軍事力の存在と併せて、小番衆＝奉公衆とみてよいと考えるのである。

福田氏は、奉公衆の特質として同番衆間の強固な連帯意識を指摘されたが、(13)例えばそれは、『康富記』宝徳元年（一四四九）十月十三日条で、二番衆間での「傍輩」意識として確認できる。いま『常楽記』や『看聞日記』にみた、応永三十一年における小番衆の連帯意識も、「安東傍輩等」の、同番衆間のそれに相当するものであったと考えられるのである。(14)要するに、小番衆＝奉公衆であり、福田氏の義教期奉公衆成立説は成り立たず、さらにさかのぼらせる必要があるのではなかろうか。

考えてみるに、このような同番衆間の強固な連帯意識は、単に通常幕府へ出仕することのみによって生じたとは理解しにくく、基本的に奉公衆が将軍の直轄軍である以上、五箇番編成という軍隊構成をとり、戦場に赴き、そして同番衆が生死を共にするような状況を経たこと以外には、芽生え得なかったのではなかろうか。つまり、奉公衆が番単位で合戦に参加してこそ、同番衆間の強固な連帯意識が生じ得たと考えられるのである。

とすれば、次に明徳・応永の乱の将軍直轄軍について検討しなければならないと考えられる。節を改めて考察しよう。

二　奉公衆の成立時期

『大乗院寺社雑事記』文明十八年（一四八六）八月十五日条には次のようにある。この記事は奉公衆についての重要史料であると考えられるが、何故か、これまでの研究では軽視されてきた。

A赤松越州相語、公方近習者一番衆・二番衆・三番衆・四番衆・五番衆一月ヲ五ニ分テ、六十日ツヽ番也、此内一乱以後四番衆小人数也、二番衆も小人数也、三百人計在之、召仕侍以下二千人計在之、一番・三番・五番大人数也、惣而侍数二万人計可有之歟、本ハ御馬廻三千騎也、

将軍近習と考えられる人物が直接語った事柄であり、たいへん信憑性のある史料といってよい。ここには、①奉公衆が各番ごとに毎月六ケ日づつの勤番を行っていた、②応仁の乱の打撃をうけて二番衆と四番衆の人数が減ってしまった、③しかしながら、一番・三番・五番衆はまったく健在である、④奉公衆は「惣而侍数二万人計」であった、⑤奉公衆は「本ハ御馬廻三千騎」であった、等々の重要な事実が示されている。①は当然といえば当然であるが、②③は奉公衆が応仁の乱によって人的打撃を受けたことを示す貴重な記事である。さらに④は奉公衆の人数を示している。そして⑤は成立時期（前名称或いは前身を明示）に関するものであり、その解明に有力な手掛かりを与えるものと考える。

ところで、「御馬廻三千騎」とは、将軍直轄軍のことで、明徳の乱（明徳二年・一三九一）における義満「御馬廻ノ三千余騎」、応永の乱（応永六年・一三九九）における同「御馬廻二千余騎」と同じ軍事組織を指している。奉公衆と「御馬廻三千騎」との繋がりは、従来から推測されてきたが、「御馬廻三千騎」が奉公衆の「本」であることが、信憑

性の高い史料によってここに確認されるのである。

だが問題となるのは、「本ハ御馬廻三千騎」の「本ハ」の解釈である。この語句の解釈如何によっては奉公衆の成立時期自体について大きなズレが生じることとなる。それは、「本ハ」について、①単に奉公衆が以前には「御馬廻三千騎」と呼ばれていたという意味での使用、②奉公衆の前身は「御馬廻三千騎」であったという意味での使用、の二通りの解釈が可能であるからであって、①の場合には実質的に「御馬廻三千騎」＝奉公衆であり、その成立は義満期になり、②では「御馬廻三千騎」→奉公衆（五箇番）という推移・発展となり、奉公衆の成立時期は現在の研究成果において五箇番編成が確認される義教期となる。解釈のポイントは、「御馬廻三千騎」と呼ばれた直轄軍が、義教期以降に確認される如く五箇番に編成されていたか否かにかかっている。なお②の場合、前節で指摘した『常楽記』の小番衆は奉公衆とは認め難いこととなる。

ところで、従来、奉公衆編成の画期を示すものとして注目されてきた史料に『大館持房行状』（以下『行状』とする）がある。

相府《（足利義満）》分諸国大族、為五、而択世家親信者、為之長、名之曰番頭、以氏信《（大館）》為第五番頭、属之者、如臣子於君父也、

義満が「諸国大族」を分かち五箇番から成る直轄軍を編成し、大館氏信を五番衆番頭に任命したというのである。時期的には、後述するように、この部分は応永の乱における氏信の活躍とともに記されているから、応永六年以前であることが明らかである。

『行状』は翻刻自体が比較的最近になって行われたこと(16)もあって、それ以前は右引用文の氏信が持房に置き換えられて解釈される誤りも生じたが、同書からは上記したことを読み取ることができる。しかし『行状』は、大館氏出身の景徐周麟によって十六世紀初頭の文亀三年（一五〇三）に書かれたものであり、一世紀以上時代がさかのぼる右の氏

信に関する記述について、その信憑性を疑う意見もある。現在、佐藤氏の見解を継承しての肯定説（五味氏・家永氏）と、否定説（福田氏）が対立している。その奉公衆成立に関する史料としての採否は、検討を要する。

まず最初に、佐藤氏と福田氏との『行状』をめぐる見解の相違は、両氏が氏信を持房と誤解されたことから生じた。つまり、持房の応永の乱時点における年齢（未だ生まれていない）(17)から、福田氏が、佐藤氏が引用された『行状』の内容に疑問をもたれたのである。(18)しかし、五味氏が持房→氏信（持房祖父）と、両氏のおかした人名の誤りを訂正して、『行状』を奉公衆に関する重要史料として再生させた。だが、これに対し福田氏は、奉公衆成立の指標となる家ごとの番所属の固定制が応永初年には確認できないとして、さらに『行状』に疑問を投げかけたのである。要するに福田氏は、『行状』の記載は、作者の景徐周麟が大館氏中興の祖ともいうべき氏信と将軍義満との関係をことさらに強調するために書いたものと考え、その記述に疑いをもたれたのである。しかしながら、最近家永氏は『行状』の記述を、『応永記』(19)（『堺記』）の「小番衆」の「大館ガ陣」という記載によって傍証し、信頼に足る史料であることを明らかにした。

ここに、Aの「本ハ」の解釈は①説が有力となったといえる。しかし、義満期の奉公衆成立を証明するためには、さらに『応永記』の他の小番衆についての検討も必要であると考える。

次にこの点を検討する。Bは『行状』、Cは『応永記』で、応永の乱に際し、明徳の乱で敗死した山名氏清の遺児宮田時清が、堺に籠城する大内義弘に呼応して丹波宮田で挙兵し、義満の本陣男山を目指し南下中、同国八田庄（追分）で大館氏等の幕府軍と遭遇し合戦する場面である。(20)

B応永六年己卯冬、大内義弘謀反、率西軍至泉州、天山（足利義満）自将、々諸侯兵、辞帝都軍男山、々名氏清余類（宮田時清）、乗変蜂起、侵犯丹州八田、天山抜氏信（大館）為大将、々第五番諸軍、従男山至八田、氏信与氏清軍会戦、撃大破之、即還報、天山大喜、有分地、相府（足利義満）分諸国大族、為五、而捉世家親信者、為之長、名之曰番頭、以氏信為第五番頭、属之者、如臣子於君父也、

C去程ニ山名陸奥守（氏清）ノ嫡子宮内（田）（時清）モ得其時タリト、是モ大内ニ同心シテ丹波国宮田ニ打入リ、自其都へ責入テ京中ヲ焼払、八幡ノ御陣ニ懸リテ、亡父ノ本意ヲ可遂トテ三百余騎ニテヲイツ（ワ）ケ（追分）ニ打越ル、小番衆二頭両陣ヲ張テ待懸タリ、荻野源左衛門先陣ニテ、佐々木ノ小原ガ陣ニ懸リテ戦フ、小原僅ノ小勢ナリケレバ身命ヲ捨テ戦ケル間、源左衛門ヲ始トシテ四十余人討取、宮田ハ自元一家ノ事也、敵ニハ何ヲカサクベキトテ大館ガ陣ニ懸ケルニ、宮ノ上野ハ大将宮田ヲ討取ントテ、敵ノ中へハリテ入、落合物七八人討取テ、敵二十余騎ト懸合テ散々ニ戦テ、敵余多ニ手負セテ、終ニソコニテ討死ス、今河奈古屋是（見テ脱カ）ヲ上野ヲ不討ト大勢ノ中へ切テ入戦フ処ニ、馬ノ太腹射サセテ歩立ニ成テ向フ敵十余人切テ落シ、後ニハ太刀ヲ打折テケレバ、懸ル敵ヲバ取テハ投、組デハ組伏セ、刀計ニテ敵余多滅ボシケルヲ、三十余人落合是ヲ討、遠江国住人ニ勝間田遠江守、好敵二人討取、頸ヲバ鞍ノシヲデニ取付、是モ奈古屋ト一処ニ死セントテ同処ニ切入テ討死ス、宮田人馬ニ息ヲ継セントテ引返シケレバ、身形モ本陣へ引退ク、

B・Cともに応永の乱における義満直轄軍の動向を記述している。『行状』の記載は、『応永記』と合致することが確認できる。

まず注目されるのは、B同様、Cにも大館氏が登場することである。しかも、Bの「第五番頭」が、Cの「小番衆二頭」つまり小番衆の番頭二人という語句に対応していると判断される。ここから、「小番衆二頭」のうちの一人が、「第五番頭」たる大館氏信であったと推定できる。

ところで、前節においても義持期の小番衆について言及したが、「小番衆」は奉公衆と同意で使用される場合が多い。

家永氏は、「将軍の最も私的な生活圏である後宮の空間と連続する場」である「小侍所を本所とする奉公衆（小番衆）」とし、「将軍個人の生活空間に奉仕する存在である」と、厳密に捉えられたが、公家の日記等にみられる場合、一方で禁裏小番衆が存在していたため、それに倣って奉公衆を小番衆と呼んだことが少なくないと思われる。例えば、『康富記』嘉吉三年（一四四三）九月二十六日条では「室町殿之小番衆」として「大館幷五番衆」と記し、宝徳元年（一四四九）八月十二日条では、奉公衆二番衆山下浄秀を「小番二番衆山下将監入道」といっている。また『看聞日記』永享十年（一四三八）九月十八日条では、永享の乱の時、熱田大宮司千秋氏ら奉公衆が東下したことを、「小番之衆進発」と表現している。これらは小番衆＝奉公衆とみるのが妥当である。よって、Cの「小番衆」が、奉公衆と同意である可能性が高いと思われる。そしてこれは、Cの大館氏以外の小番衆の考察、とくに、彼らについて番所属の固定制を検討することによって確認できよう。

Cで小番衆の構成員と思われる人物として、大館氏以外に、①佐々木ノ小原、②宮ノ上野、③今河奈古屋、④勝間田遠江守の四人が登場する。軍記物語という性格上、この四人が実際に合戦に参加していたかどうかが問題となるが、②宮ノ上野が丹波における宮田時清との合戦で討死したことは他の確実な史料にもみえており[21]、このことからみて事実を伝えたものと考えられる。そこでまず、この四氏を後の『文安年中御番帳』以下の四番帳との関係で整理してみよう。

表4[22]をみると、①②③④の四氏とも諸番帳に多く名を載せ、奉公衆を構成する主要なメンバー[23]であったことが明らかである。①佐々木小（大）原が一番と五番衆、②宮が一・四・五番衆、③今川奈古屋（那古野）が一番衆、④勝間田（勝田）が一番と四番衆であることがわかる。①〜④氏すべてに一番衆が共通していること、またBに「第五番諸軍」「第五番頭」とあったことを併せ考えれば、Cにみえていた「小番衆二頭」とは、一番衆と五番衆を指していると

表４　『応永記』にみえる奉公衆（小番衆）

名字	番	文安番帳	永享以来番帳	長享番帳	明応番帳
佐々木小（大）原	1	備中守 民部少輔	備中入道	備中守 左馬介尚親	左馬助 四郎
	5	備中守	備中判官	大夫判官	五郎 判官
宮	1	孫左衛門尉 左衛門大夫	孫左衛門大夫	平次郎	常陸介
	4	三河入道 彦次郎 上野介	上野介	近江守 弥太郎	上野入道 若狭守 又次郎 近江守
	5	三郎 五郎左衛門尉 下野守	下野守 五郎左衛門尉 修理亮	下野守政盛 五郎左衛門尉盛秀	下野守 五郎 伊賀入道 五郎左衛門尉 中務丞
今川奈古屋（那古野）	1	下野入道	兵部大輔	兵部大輔国氏	大夫判官
勝間田（勝田）	1	兵庫助 左近将監	左近将監 兵庫助		
	4	能登入道 孫太郎	能登入道 弥五郎	兵庫助陸長	

みることができる。(24)(25)

以上の検討によって、応永の乱に際し、丹波八田庄に宮田時清を迎え撃ったのは、奉公衆（小番衆）一番衆と五番衆であり、応永六年の時点では奉公衆は成立していたと推断されるのである。

さらに、奉公衆が義満期に成立したことを明示する史料を示そう。それは『行状』の作者景徐周麟の漢詩文『翰林葫蘆集』(26)第三の「題睡足斎図」の次の一節（抜粋）である。

> 予游南堂居士之門者有年矣、因縁不浅、以故詳其行実、昔開国始、大丞相（足利義満）、分諸将自一至五以侍衛殿中、謂之近習臣、蓋居士之先、選在第五番、累世相承、

これは、周麟が功叔周全の兄「南堂居士」の死去を悼んで作ったものである。「大丞相」とは義満のことで、義満が「自一至五」る「近習臣」つまり奉公衆を創設したことが記されている。「南堂居士」とは横川景三の『補庵京華新集』(27)の「和南堂居士挽詞并序」によれば「久世」とあり、また『蔭凉軒日録』文明十七年十月十九日条に

は、亀泉集証が「久世太和守逝去之事」を周全に弔問していることがみえるから、同年十月頃に死去した久世大和守であることがわかる。久世氏は、諸番帳にその名がみえ、『長享元年九月十二日常徳院殿様江州御動座当時在陣衆着到』（一四八七年）に「東山殿様祗候人数」となっている以外は、何れも五番衆に属している。また大和守を官途としていたことも知られる。(28)

十五世紀末の文明十七年には書かれていたものであり、しかも『行状』のように己の父祖の功績を記したものではない。ここには周麟が、奉公衆の成立を義満期として曲筆しなければならない理由はどこにも見当たらない。過去の事実をありのままに記したにすぎないと考えられるのである。

応永の乱よりも八年前の明徳二年、大館氏信は、将軍義満の使者として関東に下り、陸奥出羽両国を新たに鎌倉府管国とすることを伝えたが、(29)氏信がかかる重要な使命を果したことは、彼が義満に重用されていたことを如実に物語っている。氏信は義満の側近であり、かかる地位にあったからこそ、奉公衆五番番頭にも任じられたのである。(30)

さて、Aの「本ハ御馬廻三千騎」という語句解釈に戻ってみれば、上述の考察から、「本ハ」の語句は、①の意味で使用されていたことが明白となったであろう。つまり、「御馬廻三千騎」＝奉公衆であったのである。要するに、赤松越州は、奉公衆が以前には「御馬廻三千騎」と呼ばれていた、という意味で尋尊に「本ハ御馬廻三千騎」と語ったのである。そして、『明徳記』(31)に義満「御馬廻ノ三千余騎」がみえていることを考え併せれば、奉公衆は明徳二年以前の将軍義満期に成立したと考えられるのである。(32)

では、五味氏の如く、奉公衆の成立を義詮期にまでさかのぼらせ得るであろうか。この説で大きな問題となるのは、「御馬廻三千騎」や小番衆が、義詮期にみえないことである。もちろん史料にみえぬから存在しなかったとはいえないが、前節で述べた、氏の論拠をみても、状況判断に依拠したものが多く、また貞治六年（一三六七）の追加法八四条の「当参奉公之仁」にしろ、すでに福田氏が批判されたように[33]、それが番衆であったとしても、番所属の固定制等を認めることはできず、奉公衆とみることは困難である。義詮期の近習組織は、義満期以降の奉公衆とは連続しない組織であったとみるのが妥当であろう。よって、義詮期成立説は成り立たないと考える。

以上のように、奉公衆は将軍義満期に成立したと考えられる。結論的には佐藤・家永氏の説と同様となったが、新たな史料提示などにより、それを補強しえたものと思う。

ただ家永氏が、「奉公衆体制の確立期は義満時代初期」としつつ、「足利義政時代に『奉公衆』・『奉公方』と呼ばれる組織は、義満時代に『小番衆』という名称で現われる組織の後身」とされ、小番衆を奉公衆の前身とみられたことは私見と若干異なるようである。氏の小番衆についての理解は先述した通りであるが、前記した『康富記』宝徳元年八月十二日条のように、『文安年中御番帳』成立以後の義政期にも、小番衆＝奉公衆としてみえることを考慮すれば、小番衆を必ずしも奉公衆の前身と捉える必要はなく、単にそれと同意の表現と理解してもよいのではなかろうか。つまり、義満期には、奉公衆は「御馬廻三千騎」と呼ばれていたが、一方で五箇番制で勤番を行っていて、これが公家の禁裏小番衆と同様な番役勤仕であったため、その名称に倣って、日記などの記録類には「小番衆」と書かれたと推定できるのである[34]。要するに、小番衆とは奉公衆（「御馬廻三千騎」）の俗称であったと考えられるのである。「禰寝文書」の（将軍義持）「小番之衆」が、家永氏の指摘された如き意味での小番衆と考えられる以外は、本章で言及した小番衆は奉公衆と同意で使用されている語句とみてよいと思う。したがって、小番衆は奉公衆と同一組織とみるべき場合が少なくないと考える。

おわりに

以上、奉公衆の成立時期が将軍義満期であることを述べた。奉公衆は義満期には「御馬廻三千騎」と呼ばれていたが、すでに（世襲的に番所属が固定した）五箇番制が存在し、平時には各番ごとに毎月六ケ日づつ勤番を行い、合戦時には番単位で将軍直轄軍として活躍したのである。義満以前の義詮期にも根本被官ら「当参奉公人」を編成した番衆制度は存在したと思われるが、[35]足利一門や有力国人をも構成員とする奉公衆は、将軍権力を確立した義満期に成立したと考えられるのである。いまその創設年代を確定するのは困難だが、明徳の乱（明徳二年・一三九一）以前であることは明らかであり、敢えて推測すれば、将軍義満の専制が顕著となりはじめる、永徳年間頃ではなかろうか。[36]

奉公衆の本質には触れず、僅かにその成立時期について云々したにすぎないが、ここで擱筆したいと思う。諸先学の御教示・御批判を仰ぎたい。

註

（1）奉公衆に関する研究成果及び主要論文については、福田豊彦氏「室町幕府の奉公衆体制」（『室町幕府と国人一揆』所収、吉川弘文館、一九九五年、初出一九八八年）を参照されたい。

（2）「室町幕府論」（『日本中世史論集』所収、岩波書店、一九九〇年、初出一九六三年）及び「将軍と幕府官制についての覚書」（豊田武氏、ジョン・ホール氏編『室町時代』所収、吉川弘文館、一九七六年）。以下佐藤氏の見解は前者の論文による。

（3）「室町幕府の奉公衆（一）」（福田氏前掲註（1）著書所収、初出一九七一年）。以下とくに断らないかぎり、福田氏の見解はこれによる。

（4）佐藤進一氏・池内義資氏編『中世法制史料集』第二巻室町幕府法、岩波書店。

（5）「在京人とその位置」（『史学雑誌』八三―八、一九七四年）。以下五味氏の見解はこれによる。

（6）「室町幕府奉公衆体制と『室町殿家司』」（『室町幕府将軍権力の研究』所収、東京大学日本史学研究室、一九九五年、初出一九九〇年）。以下家永氏の見解はこれによる。

（7）『大日本史料』七―二、一〇四頁。

（8）『花営三代記』（『群書類従』第二十六輯）応永三十年五月三日・同三十二年二月二十二日・同年四月二日条等。なお足利義量の近習については青山英夫氏「足利義量（御方衆）考」（『上智史学』三三、一九八八年）がある。

（9）『群書類従』第二十九輯。

（10）この他に義持期の小番衆所見史料として、『看聞日記』応永三十一年七月二十七日条に「室町殿御憑、武家諸大名末々近習小番衆等皆被停止云々」とみえる。

（11）応永三十一年当時の「公方（様）」「室町殿」は前将軍義持であって、将軍義量は「将軍（御方）」と呼ばれていた。

（12）三月十四日条。

（13）拙稿「室町幕府奉公衆山下氏」（第Ⅲ部第二章）参照。

（14）安藤（東）氏は『文安年中御番帳』『永享以来御番帳』『長享元年九月十二日常徳院殿様江州御動座当時在陣衆着到』（以上『群書類従』第二十九輯）「東山殿時代大名外様附」（今谷明氏「『東山殿時代大名外様附』について」『室町幕府解体過程の研究』所収、岩波書店、一九八五年、初出一九八〇年）の四番帳に、一番・二番・四番衆としてみえる。ところで、文明五年、奉公衆四番衆東氏数の弟正宗龍統が、父益之の三十三回忌に際して作った『故左金吾兼野州太守平公墳記』（『続群書類従』第八輯上）、及び『蔭凉軒日録』長享元年十二月十四日条によれば、応永三十一年、赤松則繁に殺された安東某の跡には益之の子氏世（ママ）（氏数弟）が養子に入り、安東遠江守と称したことが知られる。この「安東遠江守」は『永享以来御番帳』に、東氏数（藤　下総入道）と同じく四番衆としてみえている。このことから考えると、「安東傍輩等」は四番衆を中心としたものであったとみてよいであろう。

(15)　赤松越州は、母親が興福寺成就院清賢法眼の姉であった（『大乗院寺社雑事記』文明十五年正月二十五日条）関係から、幾度か奈良に下向し、大乗院門主尋尊とも親交をもった人物である。文明十六年六～十月、同十八年八月、長享元年五月に、奈良に滞在していたことが確認され（『大乗院寺社雑事記』『政覚大僧正記』）、本文に掲出した記事も奈良滞在中のものである。赤松越州はその官途からみて、かつて将軍義持に寵愛された越後守持貞の子孫と考えられる。持貞流赤松氏は、『満済准后日記』永享三年二月七日・同年十月二日条、「報恩院文書」（『大日本史料』八―八、七八三頁）、『斎藤親基日記』寛正六年八月十五日条、『文明十一年記』（『群書類従』第二十三輯）正月十七日条等から、将軍近習であったことがわかり、赤松越州も将軍の側近く仕えていた人物とみることができる。かかる立場にあったからこそ、奉公衆について尋尊に語ることができたに相違ないのである。なお『大乗院寺社雑事記』延徳二年正月二十六日条に「赤松越州弥次《五》郎去十八日逝去云々、於于今者違《（遺）》跡断絶了」とあるのは、赤松越州本人かその子息の死去を示していよう。

(16)　一九七四年、『国史学』九三に、下村効・二木謙一両氏によってはじめて翻刻された。その後、三浦周行氏『日本史の研究新輯三』（朝尾直弘氏編、岩波書店、一九八二年）所収「足利時代に於ける上流武士の公私生活」（初出一九三一年）にも、翻刻が収録された。

(17)　大館持房は応永の乱から二年後の応永八年に生まれ、文明三年七一歳で死去した。

(18)　「室町幕府の御家人と御家人制」（福田氏前掲註（1）著書所収、初出一九八一年）。

(19)　『群書類従』第二十輯。古典遺産の会編『室町軍記総覧』（明治書院、一九八五年）「応永記」の項では、同記原型本の成立を「応永の乱終結から遠からぬ時期、おそらく十五世紀初め頃であろう」としている。

(20)　註（24）で述べる「佐竹文書」や『東寺光明講過去帳』（『続群書類従』第三十三輯下）に「同《（応永六年）》　十二月七日丹波国合戦死亡宮下野入道以下士率《（卒）》」とみえることから、応永六年十二月七日のことであったとわかる。

(21)　『東海璚華集』一、拈香に「宮上州勝源因公禅定門三十三回忌香……応永己卯《（六年）》叛臣拠南紀、同逆将自丹陽襲京師……公中数瘡以没」とある（玉村竹二氏編『五山文学新集』第二巻所収、東京大学出版会）。

(22) 文安番帳＝『文安年中御番帳』、永享以来番帳＝『永享以来御番帳』、長享番帳＝『長享元年九月十二日常徳院殿様江州御動座当時在陣衆着到』、明応番帳＝「東山殿時代大名外様附」。

(23) 今川奈古屋（那古野）氏については、下村信博氏「近世名古屋城築城以前の尾張那古野について」（『年報中世史研究』二〇、一九九五年）・同「今川那古野氏再考」（『名古屋市博物館研究紀要』一九、一九九六年）を参照。

(24) ②宮ノ上野（宮上野介）は四番衆であり、この考えの妨げとなるが、宮氏は一番・五番衆にも属しており、実際、五番衆とみられる「宮下野入道」も戦死している（註(20)参照）ので、上野介は一・五番衆の宮一族に寄り合うかたちで出陣したと考えておきたい。なお「佐竹文書」には、十二月七日の丹波八田庄における、宮田時清との合戦の忠節を賞した「曽我平治右衛門」宛の（応永六年）十二月十五日付足利義満御判御教書案があり（『大日本史料』七―四、二〇一・二〇二頁）、この「曽我平治右衛門」は諸番帳の記載よりして奉公衆（小番衆）一番衆と考えられ、「小番衆二頭」が一番衆と五番衆であったことを補強する史料となる。

(25) なお「応永記」には「小番衆二頭」とあり、第五番頭大館氏信以外にも第一番頭（細川氏ヵ）が合戦に参加していたはずだが、その姿は記されていない。

(26) 上村観光氏編『五山文学全集』第四巻所収、思文閣出版。

(27) 『五山文学新集』第一巻所収。

(28) 『文安年中御番帳』に「久世大和守」、『長享元年九月十二日常徳院殿様江州御動座当時在陣衆着到』に「久世孫九郎」、「東山殿時代大名外様附」に「久世大和守」がそれぞれみえる。

(29) 『喜連川判鑑』（『群書系図部集』第二）明徳二年条。

(30) 大館氏信の死は『常楽記』応永二十年正月二十八日に「大館入道妙心他界」とあるのがそれにあたろう。

(31) 『群書類従』第二十輯。

(32) 将軍直轄軍充実のための重要な方途である料所預置が、その後奉公衆たることが確実な氏族に対して、義詮末期から義満期にかけてなされていることも、奉公衆が将軍義満期に成立したことを示唆していると考える（例えば、貞治四年七月十日、曽我氏助に対して「料所備中国浅井郷内畠山丹波守跡」が代官職として宛行われており（『士林証文』同日付将軍足利義詮御判御教書写、『大日本史料』六―二十六、九七五頁以下）、至徳元年十一月二十一日には小早川仲義に「安芸国三津村地頭職」が、同年十二月二十四日には小早川宗平に「安芸国久芳郷半分」が、それぞれ料所として宛行われている（『小早川家文書』之一、小早川家文書七〇、同日付将軍家足利義満御教書及び同文書之二、小早川証文五三七、同日付将軍家足利義満御教書写）。

（33）福田氏前掲註（18）論文。

（34）鎌倉初期には「小番」は存在し（例えば『明月記』建永元年六月二十五日条）、室町時代の禁裏小番も将軍義満期にはみえる（『吉田家日次記』〔東京大学史料編纂所架蔵写真帳〕永徳三年六月二日条、『至徳二年記』〔『続群書類従』第二輯上〕六月二十七日条等）。なお『薩戒記』永享二年四月二十三日条によれば、奉公衆と同じく五箇番編成であったこともわかる。

（35）『実隆公記』明応八年三月二十九日条には、行二法師（二階堂政行）が三条西実隆に語ったこととして、足利尊氏の時代、「恪勤者号御末者」であった楢葉某が、文和四年の「神南備《カウナ井》合□（戦）」で「致忠節、打死之時」、尊氏に「奉公輩ノ巡ニ被召仕」るように願い、「彼子孫以来為奉公者」たとみえる。『常楽記』康暦元年二月五日には「楢生（葉）入道往生、将軍家二代奉公恪勤云々、」とあり、楢葉氏が「恪勤者」であったことが確認され、また、のちの諸番帳には奉公衆一番衆として同氏がみえる。この「奉公輩ノ巡」＝奉公衆とは考えられないが、尊氏期に根本被官ら「当参奉公人」からなる番衆制度が存在したことは容易に推定できる。

（36）註（34）所引の「吉田家日次記」には、将軍義満が禁裏小番について「厳密沙汰」したとあり、永徳頃に朝幕両方の番役が義満によって整備されたことを示唆しているのではあるまいか。

〔付記1〕本章の初出論文では、応永の乱で丹波八田庄に戦ったのは奉公衆（小番衆）四番衆と五番衆としたが、下村信博氏註

（23）両論文から今川奈古屋（那古野）氏が一番衆であったことを教えられ、これを一番衆と五番衆とに考え改めた。表4には新たに今川奈古屋（那古野）氏の情報も追加している。これにより初出論文の註も大幅に変更したところがある。ただし奉公衆の成立＝将軍義満期とする結論にまったく変化はない。

〔付記2〕　山田徹氏「室町領主社会の形成と武家勢力」（『ヒストリア』二二三、二〇一〇年）も指摘するように、『益田家文書』之一、二六一（年月日未詳）殿中年中行事記録には「鹿薗院殿御代ヨリ番〻相分ナリ」と、義満期に五箇番編成が成されたことをうかがわせる記述がある。

第二章　室町幕府奉公衆山下氏

はじめに

室町幕府奉公衆については近年活発に研究が行われ、多くの蓄積がなされている。人員構成や諸番帳の成立年代に関して、或いは幕府の軍事的・経済的側面との関わりからも論じられている。(1)

本章では、どちらかといえば、これまでにほとんど論じられたことのない、弱小な奉公衆の一員を採り上げ、奉公衆の日常の動向に焦点をあててみたいと思う。

その奉公衆とは二番衆山下氏である。(2) 実は、山下氏については、『康富記』に豊富な記載があり、その日記に記されているだけでも約一〇〇箇日条分に及ぶ。また時期的にみても、嘉吉二年（一四四二）から康正元年（一四五五）という年代であるから、応仁の乱以前の奉公衆について考える上でも貴重な史料であると思われる。日記という性格上、その記載には自ずと限界があるが、奉公衆についての一端でも明らかになればと考え、以下に考察を加えていきたいと思う。

一　中原康富と山下氏

まず最初に中原康富と山下氏との関係について述べておこう。

『康富記』宝徳二年（一四五〇）五月二十日条には次のようにある。(3)

　山下三郎左衛門尉入来、故山下将監入道弟也、三十疋随身、勧一盞矣、隼人外舅也、

また享徳三年（一四五四）正月十三日条には、

　山下三郎左衛門今日申剋卒去、齢五十、自去四日流布病気也、南向之父、隼人外舅也、

とみえている。

ここにみえる隼人とは康富の子息隼人正康顕であって、南向はその室である。要するに、中原康富の息子康顕は山下三郎左衛門尉の娘を妻としたのである。そしてこの三郎左衛門尉は「故山下将監入道弟」ともみえているように、次節で詳しく述べる、室町幕府奉公衆二番衆山下浄秀の弟であった。『康富記』が奉公衆山下氏の動向を多く記しているのは、このような康富・康顕父子と山下氏との姻戚関係に因るものである。

それに加えて、山下浄秀が、正親町小路以北・東洞院大路以西に所在していた康富邸の北隣に住んでいた（嘉吉三年〔一四四三〕四月二十八日・文安元年〔一四四四〕七月十日条）ことも、山下氏と康富父子との関係を一層親密にしたことは疑いない。さらに、同じく康富邸の西隣には、「山下之女阿茶」（宝徳元年十一月十日条）を妻とする藤沢勘解由左衛門尉安清も居住していた（宝徳元年四月八日・康正元年〔一四五五〕九月十三日条）。元来その日記に、身辺の出来事について多く筆を運んでいた中原康富であったから、このような親族関係及び住居関係のなかで、彼は山

下氏に関しても多くの事柄を書き記したのである。

さて、以下『康富記』によって奉公衆山下氏の動向をみていくのだが、その前史として山下氏の出自や南北朝期以前における活動状況を探る必要があろう。そこで、次にこの点を考えてみたい。

二　山下氏の出身

鎌倉時代における山下氏については不明といわざるを得ない。僅かだがその名を史料上に見出すことができるようになるのは南北朝期に入ってからである。

まず、福田豊彦氏によって「将軍尊氏の近習・馬廻衆の一揆契状」との性格規定がなされた、越前島津家文書、文和四年（一三五五）二月二十五日付の五三名が連判する一揆契状(4)には、「山下のさきやうのすけ（左京亮）　氏秀」「山下四郎さえもん（左衛門）　氏郷」「山下左衛門大夫　政秀」の三人がその構成メンバーとしてみえる。このうち氏秀・氏郷について、福田氏は、『体源抄』(5)の同年六月の記事によって「将軍家近習ノ人々」であったこと、また氏秀が氏郷の兄であることも併せて指摘されている。つまり、山下氏は足利尊氏の近習・馬廻衆であったのである。これは、『祇園執行日記』応安五年（三一七二）九月八日条に将軍足利義満の申次「山下」が、『後深心院関白記』永和三年（一三七七）八月十日条に同じく義満の「近習男」として「山下五郎」がいたことをもみれば、山下氏がその後も将軍近習であったと考えて間違いない。

ところで、山下氏は如何なる出身なのであろうか。

先にも述べたように、鎌倉時代その名前すら見出し難いことからすれば、山下氏が鎌倉期以来の地頭・御家人層出身であったとは考えにくい。

南北朝期における山下氏の所領についてみても、山下藤五郎入道子息が三浦大隅左衛門尉九郎入道・岩堀五郎左衛門尉とともに「預人」であった山城国紀伊郡内石橋田五段[6]と、山下三郎盛秀知行の美濃国厚見郡平田西庄[7]が見出されるにすぎない。前者は僅か五段の田地を三人で分与されている如く、その狭小さはいうまでもなく、また後者も「美濃国厚見郡平田西庄内、山下盛秀知行之分」「美濃国厚見郡平田西庄山下三郎知行分」とあるように、山下氏が平田西庄の一円領主であったわけではなく、同庄内には他に石川氏や小野氏の所領があったことも認められるのである。[8]

そうすると、山下氏は、尊氏～義満期に将軍近習・馬廻衆であったことをも考慮して、その出身は足利氏根本被官であった可能性が高いと考えられるのではあるまいか。奉公衆が①足利一門及び守護大名の庶流、②有力国人領主、とともに③足利氏の根本被官・家領奉行人層によって構成されていたことはすでに福田氏によって指摘されている[9]ところである。また『康富記』からは、奉公衆山下氏の所領として、上記した美濃平田西庄の他に、尾張賀野・三河鬼岩新田の二箇所が知られる（文安四年（一四四七）四月二十九日・同五年八月十八日条）が、鬼岩新田は足利氏が守護として鎌倉時代以来深い関係をもった三河国に所在しており、同地が山下氏と足利氏とが主従関係を結ぶ機縁をなしたと考えることも可能であろう。そして次節で述べるような、奉公衆山下氏の経済的困窮も、元来同氏が足利氏根本被官出身であったため、国人領主クラスに比較して、どちらかといえば所領規模も狭小で、また領主制の進展にも困難を伴ったことに由来している、と考えれば理解しやすいのではないかと思う。

三　山下左近将監入道浄秀

『康富記』にその姿が多くみえる山下左近将監入道浄秀は、室町幕府奉公衆一番衆である。

宝徳元年（一四四九）八月十二日条には「小番二番衆山下将監入道」とあり、また、文安元年（一四四四）五月から同六年（宝徳元年）正月までの間の成立とされる『文安年中御番帳』[10]（『群書類従』第二十九輯）や同五年の年記をもつ「文安戊辰御番帳」（『蜷川家文書』之一―三〇・三一）の二番交名中には「山下左近将監」がみえる。これらは山下浄秀に他ならない[11]。さらに、その所領である尾張賀野東方に賦課された段銭が守護使入部を免ぜられ京済とされている（文安五年九月二十日・二十三日条）のも、奉公衆としての特権である[12]。

前節で述べた如く、山下氏は足利氏の根本被官出身で、尊氏以来の近習・馬廻衆であり、上記のように、浄秀が文安年間（将軍足利義政期）に奉公衆の一員としてみられるのは、山下氏の出自・出身から見て理解しやすいところであろう。

ところで、浄秀という名前は法名と思われる。山下浄秀についての『康富記』記載の早い例である嘉吉二年（一四四二）十一月四日条には「山下将監入道」とあって、すでに出家していたことがわかる。同記にその動向が書かれるようになった頃には、山下浄秀は法体の身であったのである。

またこの条文には、浄秀の「実母《蔭山方》」が前月頃に死亡したことがみえ、それに続けて「先年為養母山下方、著行一期之喪服」とあり、浄秀が蔭山氏から山下氏に養子に入ったことがうかがえるのである。このことは、以下にも記すような、『康富記』にみえる山下氏と蔭山氏との交流からしても疑いない。

では、浄秀は誰の養子になったのであろうか。考えてみるに、それは前節で触れた山下盛秀ではなかったかと思われる。山下盛秀が美濃国厚見郡平田西庄内の地を知行していたことは先に述べたが、山下浄秀も同所を所領としていたことが確認される（嘉吉三年六月二十七日条）。これは、盛秀→浄秀という所領相伝を想定させる[13]。浄秀が弟三郎左衛門尉の年齢から考えて応永十二年（一四〇五）以前の生まれであることも、盛秀の活躍時期（立政寺文書の寄進状の年代は康暦二年（一三八〇）と至徳四年（一三八七）と接近している。以上から、浄秀は盛秀の養子に迎えられたと推定してよいのではないかと思われる。

さて、『康富記』には、朝食や夕食を共にしたり（嘉吉三年八月七日・宝徳元年五月六日条等）、河原猿楽を一緒にみたり（文安元年四月二十三日条）、また前内大臣大炊御門信宗邸や少納言清原業息邸に相伴って向かう（嘉吉三年八月十一日・文安五年四月三日条等）等の、中原康富・康顕父子と山下氏との日常的交流が記されている。そして、このような交流のなかでも、最も多く目につくのは連歌会に関する事柄である。

嘉吉二年八月五日条に「法楽百韻山下方張行」とあるのを初見として、宝徳元年六月二十一日に至り十数例が認められる。もっとも、文安元年三月十三日条や翌四月二十四日条には「山下方月次」とあるから山下邸において毎月一度は行われていたのである。この「山下」というのは、『康富記』の記載方法から判断して浄秀のことである。つまり、山下浄秀は自邸において連歌会を毎月開催していたのである。また、その出席者は、記主康富はもちろんのこと、康富の息で山下氏の婿康顕（文安元月八月二十六日条）、浄秀の出身家の蔭山匠作禅門（同年七月二十六日条）等のいわば身内の人々と、尭孝僧都（同年三月十三日条）の如き当代の歌人によって構成されていた。

当時連歌が流行し随所で盛んに催されていたことはいうまでもないが、奉公衆山下氏が月次連歌会を行っていたことは武家文化の面からみても注目してよいであろう。奉公衆が東山文化の重要な担い手であったことについてはすでに河合正治氏の指摘があるが(14)、氏が言及された佐々木・大館・東・小早川氏等の如き、奉公衆中でもかなり有力な氏族のみではなく、山下氏のような、どちらかといえば所領規模も狭小で弱小な奉公衆も、かかる文化活動を活発に行っていたことには注意すべきであろう。その出身や所領等は明らかではないが(15)、山下浄秀邸における連歌会に姿をみせている蔭山氏は一族が奉公衆のメンバーであるし(16)、また、浄秀と同じく奉公衆二番衆である武藤遠江守も一条西洞院の自邸に中原康富や浄秀・蔭山氏等を招いて連歌五十韻を行っているのである(17)（文安五年四月五日条）。奉公衆中の有力国人クラスのみではなく、所領規模等ではそれより遥かに劣るとみられる奉公衆も文化活動に熱心であったことには注目すべきであろう。そして、このような奉公衆の文化的熱意は、当然のことながら、将軍に近仕し、その文化活動の相手をも勤める、というような奉公衆の基本的職務に由来するものと考えられるであろう。

ところで、いまも述べた、武藤遠江守の許において、康富父子と山下浄秀は朝食をもてなされている（文安五年六月七日条）。この武藤遠江守は、先述したように、浄秀と同じ奉公衆二番衆である。宝徳元年十月十三日条には、浄秀が「傍輩武藤」を伴い管領畠山持国息女の病気見舞いに行ったことがみえているが、「傍輩武藤」は武藤遠江守その人であろう。奉公衆が番ごとに強い連体感情をもって行動していたことについては、すでに福田豊彦氏の指摘があるが(18)、「傍輩武藤」という言葉からは、奉公衆の連体意識の根底に「名誉と礼の世界におけるすぐれて精神的な平等・対等」な「ヨコの理念」である「傍輩」という同等・同位の人間関係が存在したことがうかがえる(19)。むろんこの「傍輩」意識は、奉公衆が将軍の直勤御家人の集団であるという点に由来する、身分的平衡関係を基礎としていたことは疑いない。

さて、『康富記』における山下浄秀関係の記事で最も注意されるのは、その所領への下向が少なからずみられることであろう。

・嘉吉二年十一月四日　　美濃下向
・同三年四月二十八日　　（在京）
・同年六月二十七日　　美濃下向
・同年八月七日　　（在京）

・文安四年九月二十日　（在国）
・同年十二月二十五日　尾張下向
・同五年二月二十八日　上洛
・宝徳元年二月三日　（尾張在国）
・同年四月八日　上洛

美濃下向とは平田西庄への、尾張下向（在国）とは賀野への下向（在国）と思われる。右からは、『康富記』の欠けている文安二年・三年を除けば、山下浄秀が文安元年以外は毎年のように下国していたことが知られる。[20]しかも、文安四年十二月二日条に、

今朝山下、妻室幷子共藤松女九才、龍若男子六才、松寿若四才男子、嬰児当才男子等具之、山下未下向、今年計会之間下向也、

とあるのをみれば、その下向には経済的困窮に因るものも含まれていたことが明らかとなるのである。奉公衆が将軍の直勤御家人であり、その直轄軍を構成し、かつ地方において将軍権力の基盤をなしたことは先学の指摘するところ[21]だが、一方で、山下氏の如き常時在京することさえ経済的に困難な、弱小な構成員がいたことも見逃してはなるまい。[22]もちろんこのような山下氏の経済的窮乏は、先に推測した如く、元来狭小な所領しかもたなかった足利氏被官出身という点に根本的に原因があるものと思われるが、同様の出自をもつ奉公衆が決して少なくなかったことを考えれば、山下氏のみにみられた特殊な状況であったとして片付けることではない。[23]逆にいえば、奉公衆中でも軍事的にも経済的にも将軍権力の基礎たりえたのは、有力国人層に他ならなかったのである。[24]

宝徳二年三月三十日、山下浄秀は死去する。この月は『康富記』が欠けているため、その死去に至る詳しい様子はわからない。五月十八日条に「明日故山下将監入道浄秀中陰終」とあるから、三月三十日に死去したことがうかがえ

るのみである。享年も明らかではない。その跡は息子の辰法師丸が継いだ。辰法師丸に関しては節を改めて述べよう。

四　山下孫三郎秀忠

山下浄秀の跡を継いだ山下龍若丸は宝徳二年（一四五〇）六月十四日上洛した。『康富記』には、

　故山下将監入道実子龍若丸九歳、自尾張本日上洛、下著姉婿藤沢（安清）家、予罷向見之、

とある。三日後の十七日条には、

　藤沢勘解由（安清）許行向、故山下将監入道実子龍法師今日出仕、管領懸御目了、自番頭桃井九郎、以使者西郡、武藤遠江、蜷川主計、被申入之者也、

とみえ、さらに十九日条には、

　山下辰法師丸故将監入道浄秀子、今日出仕、懸公方御目了、

との記載がある。

以上の三箇条からは、まず①山下龍若丸は山下辰法師丸とも呼ばれていた、②奉公衆二番衆番頭桃井弥九郎の仲介によって、同じく二番衆所属の西郡（筑前入道）等[25]三名を使者に立て、辰法師の管領畠山持国への対面がなされている、③管領への対面後将軍義政への御目見が行われている、という三点を指摘できる。将軍への対面に先立ち、管領への対面が行われていることは、註（20）でも述べたように、この時期管領主導の幕府政治が行われていたことが関係していると思われるが、奉公衆への新加に際して、②の如く番頭及び同番衆が仲介者となっている点は、奉公衆の

番ごとの連帯行動・連帯感情を考えるうえからも注意すべきである。使者の一人「武藤遠江」は、前節でみた山下浄秀の「傍輩武藤」に他なるまい。各番によって家柄がほとんど固定していた奉公衆は、かかる跡目相続に際して、番頭や「傍輩」たる同番衆の仲介を経、幕府上層部への御目見をする、というようなことによってもますます親密さを増していったのであろう。

ところで、①についても奉公衆について考える上で重要な意味をもつ。それは何故かといえば、『永享以来御番帳』の成立時期に関わっているからである。

『永享以来御番帳』の成立は、福田豊彦氏の研究によって、宝徳二年正月〜享徳四年（康正元年、一四五五）正月の間とするのが定説となっている。しかしながら、同番帳の二番に「山下辰法師」とあるのをみれば、この番帳成立の上限は、山下浄秀の死去（宝徳二年三月三十日）をうけて山下辰法師丸が跡を継いで出仕した日、すなわち先にみたように、宝徳二年六月十七日以降と考えなければならないのである。つまり、福田説を、僅か五ケ月ながらその上限を下らせることができるのである。さらに、その成立の下限についても、山下辰法師丸の元服時期（辰法師という童名を改めた時期）が明らかになれば、福田説は修正可能であろう。

『康富記』には、康正元年七月十四日条を初見として、「山下孫三郎」が数回姿をみせる。この「山下孫三郎」は『康正二年造内裏段銭并国役引付』（『群書類従』第二十八輯）にみえる、尾張賀野東方段銭七百五十文、美濃西庄内段銭四百三十文を京済している「山下孫三郎殿」と同一人とみられる。賀野東方と（平田）西庄は、前に述べた如く奉公衆山下氏の所領であるから、これに時間的経過を考慮すれば、「山下孫三郎殿」が山下浄秀の子であり、かつ山下辰法師丸の元服した後の姿であることは疑いないと思われる。『康富記』に山下辰法師丸と「山下孫三郎」が時間的に重なってみられないことも、この事実の証左となし得る。

さて、問題は、山下辰法師丸が何時から山下孫三郎と名乗ったかであるが、結論からいって、これははっきりしない。山下氏と親密な関係にあった中原康富のことであるから、辰法師丸の元服についても書きとめたはずだが、その記事は見当らない。『康富記』で山下辰法師丸の名がみられるのは、宝徳三年十月二十五日条が最後であるが、同記は翌享徳元年のすべて及び同二年・三年条のかなりの部分を欠いており、享徳元年〜三年にかけて辰法師丸という名を見出せないのも無理はないのである。さらに、山下孫三郎の名前がはじめてみられる康正元年（七月十四日条）も、『康富記』は三月・五月が欠落しており、この時期に辰法師丸が元服した可能性も考えられなくはない。年齢的にみても、元服するに相応しい十四歳の時である。(26) 偶々、この年の三月から五月に元服したとも考えられるのである。『永享以来御番帳』成立時期の下限については、現在のところやはり康正元年正月という福田説は動かしがたい。よって、同番帳の成立は宝徳二年六月十七日〜康正元年正月という時期になる。

ところで、宝徳二年以降の『康富記』では、いま述べたような記事の欠落と山下辰法師丸が幼少であったために、奉公衆山下氏に関する記載は浄秀の場合のように多くない。ただし、注目すべき記事としては、①出仕から約四ケ月後の宝徳二年十月十三日、康富が伊勢貞親に辰法師丸の扶持を頼んでいること、②同月二十三日条に「山下辰法師知行分安堵御下知、一昨日被成了」とみえていること、③尾張賀野東方段銭につきその一部を京済扱いとされんと守護代織田氏と折衝していること（宝徳三年十月二十日条）等がある。

それでは、山下孫三郎は何という名前であったのだろうか。意外にも、『康富記』からは知ることはできない。この点についてはは他の史料をみよう。

実名については『見聞諸家紋』（『群書類従』第二十三輯）によって知ることができる。同書には足利義政・義尚期の他の奉公衆達とともに「左巴　二番　山下孫三郎秀忠」とみえているのである。

ところで、山下孫三郎秀忠は文明十一年（一四七九）美濃立政寺宛に証状を出している。(27) 興味深い文書であるので、その全文を左に掲げてみよう。

西庄知行分稗田一町内二段事、老姉英芳禅尼所被致寄進当寺也、意趣在状、右人従幼稚当初蒙恩顧事併等悲母、并庄内野末参百文成、藪田新右衛門後家引、事、孝弟于時正等院住持智秀大徳同被寄附畢、爰依応仁以来大乱、親子兄弟郎従已下相別左右、忽成胡(呉)越思、互削鋒刀、雖然遂不錯兄弟慈愛礼節、廻険路陳外之籌、被休戦場堪難喘息、今遇太平期事、其忠尤堪賞、末孫等存此旨、猶為可致信敬載右、殊奉　上人帰依旨、多年不浅之、故感両通施入、白善以加一紙証文、永全寺用、互祈自他法界、同証仏果之状如件、

文明十一年五月廿三日　　藤原秀忠（花押）

立政寺蓮珠上人

侍司禅師

藤原秀忠つまり山下孫三郎秀忠は、「老姉英芳禅尼」と「孝弟于時正等院住持智秀大徳」が立政寺に行った下地寄進行為(28)について、美濃（平田）西庄の領主及び山下氏の惣領としての立場から同寺に保証文言を与えているのである。またこの文書には、奉公衆の一員である山下氏が、「応仁以来大乱、親子兄弟郎従已下相別左右、忽成胡(呉)越思、互削鋒刀」ったこと、つまり一族郎等が分裂し相争ったことや、文明十一年の段階では「太平期」と意識していることなど、興味深いことも書かれている。応仁の乱における奉公衆の動向は、一般的に東西両軍から中立を保ったことがいわれる程度(29)で、必ずしも明白ではないが、右によれば、山下氏は「左右」（東西両軍の意であろう）に分かれて戦ったと解釈できる。ただし、これだけでは詳しいことはまったくわからない。(30)

さらにこの証状では、「従幼稚当初蒙恩顧事併等悲母」と秀忠が述べている「老姉英芳禅尼」についても注意したい。

恐らくこの「老姉英芳禅尼」とは、山下秀忠がまだ辰法師丸と名乗っていた頃、住居を共にする等の世話になった、阿茶（藤沢勘解由左衛門尉安清妻）のことであろう。また「孝弟于時正等院住持智秀大徳」は、文安四年（一四四七）十二月二日条にみえていた、当時四歳の「松寿若」か一歳の嬰児のどちらかにあたっていよう。この証状は、応仁の乱を乗り越え、「太平期」に遇ったことを喜ぶとともに、別れ別れになっていた兄弟が再び元の如く強い絆で結ばれたことをも語りかけてくる、人間味に溢れた文書でもあるのである。

最後に、山下秀忠について、管見に触れたことをさらに述べておこう。

『実隆公記』文明十六年十二月五日条には、三条西実隆も出席した中納言高倉永継邸における連歌会に、伊勢貞頼・大草公友（奉公衆二番衆であろう）等とともに山下秀忠が加わっていたことがみえている。秀忠も父浄秀同様、連歌を嗜み、文化活動に熱心であったことがうかがえよう。

また、足利義尚が六角高頼征伐のため近江に出陣した時（一四八七年）の奉公衆の交名である『長享元年九月十二日常徳院様江州御動座当時在陣衆着到』（『群書類従』第二十九輯）には、二番衆に「山下孫三郎」がみえる。秀忠その人であろう。

しかし、明応元年（一四九二）五月から同二年正月の間の奉公衆の交名とされる「東山殿時代大名外様附」(31)には、二番衆に山下秀忠にあたる人物を見出すことはできない。この当時山下秀忠は、五〇を僅かに越えた年齢であるが、恐らくこれ以前に死去したのであろう。近江六角征伐に加わっていたことは確実だから、その死去は、長享元年九月以降明応元年五月以前の約四年半の間のことと思われる。

おわりに

以上、奉公衆山下氏について、主に『康富記』によりながら、その動向について述べてみた。記主の中原康富が山下氏と姻戚関係にあったとはいえ、公家社会に生きる人間であった以上、同記から奉公衆山下氏の幕府内での活動状況を明らかにすることはできなかった。弱小な多くの奉公衆の動向解明は、今後の課題である。

最後に、本章で明らかにしえたことを述べて結びとしたい。

① 山下氏の如く常時在京することさえ困難な、経済的に窮乏していた奉公衆も存在した。

② 奉公衆の在国や代替わりに際して、番頭や「傍輩」たる同番衆が重要な役割を果たし、上層部（実例では管領）への取次・仲介を行った。

③ 『文安年中御番帳』は文安元年（一四四四）五月～同五年四月二十五日の、「文安戊辰御番帳」は同五年正月～四月二十五日の、『永享以来御番帳』は宝徳二年（一四五〇）六月十七日～康正元年（一四五五）正月の、それぞれ成立である。

なお、『永禄六年諸役人附』（一五六三年、『群書類従』第二十九輯）に、外様詰衆として「山下孫三郎」が、詰衆二番として「山下」がみえていることを付け加えておく。

註

（1） 現段階における奉公衆についての研究成果及び主要論文については、福田豊彦氏「室町幕府の奉公衆体制」（『室町幕府と

国人一揆」所収、吉川弘文館、一九九五年、初出一九八八年）参照。

（2）福田氏は、前掲論文所載の「番帳にみえる奉公衆一覧」において、山下氏を山本・山外氏と同氏とされているが、山下氏においては「やました」と仮名書きした文書がある（立政寺文書八三、文明四年四月十四日付英芳田地寄進状〔『岐阜県史』史料編古代・中世一〕、なお英芳については第四節参照）ので、これは誤りである。

（3）以下『康富記』については条日のみを記す。

（4）「『越前島津家文書』文和四年の一揆契状」（福田氏前掲註（1）著書所収、初出一九八九年）。同書には越前島津家文書五七として写真版も収められている。

（5）福田氏前註論文。

（6）東寺文書、文和二年十一月二十五日付将軍足利尊氏御判御教書案（『大日本史料』六―十八、四八五・四八六頁）。

（7）立政寺文書四九、至徳四年五月七日付藤原盛秀下地寄進状、同一〇〇、康暦二年二月九日付藤原盛秀下地寄進状。

（8）立政寺文書一八、康安二年十一月十三日付源義熙・教熙連署畠地寄進状、同七二、応永十八年正月四日付小野種光田地寄進状、他。

（9）「室町幕府の奉公衆（二）」（福田氏前掲註（1）著書所収、初出一九七一年）。

（10）福田豊彦氏「室町幕府の奉公衆（一）」（福田氏前掲註（1）著書所収、初出一九七一年）。

（11）後述するように、山下浄秀は嘉吉二年にはすでに出家していたから、「山下左近将監」とあるのは「入道」が欠落している。しかし、これにのみよって、『文安年中御番帳』及び「文安戊辰御番帳」が山下浄秀出家以前の時期（少なくとも嘉吉二年以前）にまでさかのぼるとは考えにくい。ただし、『康富記』文安五年四月二十六日条には「今夜小串《四番衆》下総入道、於冷泉高倉辺遇横死」とあり、この小串下総入道は上記両番帳に四番衆としてみえている人物であるから、両番帳の成立はともに文安五年四月二十五日以前であることが確実である。

（12）小林宏氏「室町時代の守護使不入権について」（小川信氏編論集日本歴史５『室町政権』所収、有精堂、一九七五年、初出一九六六年）、百瀬今朝雄氏「段銭考」（『日本社会経済史研究』中世編所収、吉川弘文館、一九六七年）。

（13）享徳三年正月十三日条参照（第一節所掲）。
（14）「東山文化と武士階層」（『中世武家社会の研究』所収、吉川弘文館、一九七三年、初出一九六六年）。
（15）例えば、『文安年中御番帳』二番に「陰《ママ》山修理亮」、五番に「蔭山右京亮」がみえる。
（16）『文安年中御番帳』「文安戊辰御番帳」『永享以来御番帳』「永享以来御者帳」（『群書類従』第二十九輯）の二番にその名が見出される（『文安年中御番帳』に「武蔵遠江守」、『永享以来御番帳』に「武田遠江守」とあるのは「武藤遠江守」の誤りである）。
（17）『康富記』にはその他に、奉公衆五番衆浜名備中入道も別に行われた連歌会に出席していたことが記されている（嘉吉二年六月十八日・同年十二月九日・文安元年三月十八日条）。
（18）福田氏前掲註（10）論文。
（19）笠松宏至氏「中世の『傍輩』」（『法と言葉の中世史』所収、平凡社、一九八四年）。
（20）文安五年九月十一日条には、

　山下将監入道同数御暇今日被下、桃井方被申管領者也、秋場《庭》申次也、自管領被申室町殿了云々、

とあり、宝徳元年二月の尾張在国は前年以来のものと推定される。なお、右の記事によれば、奉公衆の暇乞い（在国）が番頭（桃井）→管領（細川勝元）→将軍（足利義政）という上申ルートを経て許可されており、興味深い。ただし、番頭と将軍の間に管領が介在しているのは、この時期、管領主導の幕府政治が行われていたことに因るのかもしれない。この点再考を要する。
（21）佐藤進一氏「室町幕府論」（『日本中世史論集』所収、岩波書店、一九九〇年、初出一九六三年）、他。
（22）山下氏が将軍出御の際の帯刀・衛府としてまったく見出せないのも、かかる弱小奉公衆であったことと関係していよう。
（23）応仁の乱後とはいえ、奉公衆一番衆「門間《真》」が、公方御倉に盗みに入っている（『晴富宿禰記』文明十年十月二十八日条）のも、同氏が奉行人出身（南北朝期、門真氏は奉行人としてその姿を多くみせる）で、経済基盤の不安定な弱小奉公衆であったことに因るのであろう。
（24）『蔭涼軒日録』長享二年六月八日条には、五番番頭大館尚氏が「奉公分限者、莫過中条、其次者宮・陶山・小早河等是也」

と亀泉集証に語ったことが記されている。これら四氏は奉公衆中の有力国人層に他ならない。

(25)　西郡は『文安年中御番帳』「文安戊辰御番帳」『永享以来御番帳』に「西郡筑前入道」とある人物（『文安年中御番帳』には「西部筑前入道」とあるが、「部」は「郡」の誤りである）、蜷川主計も上記四番帳に「蜷川主計允」とみえている人物のことである。所属はともに二番衆である。なお、武藤遠江については註（16）で述べた。

(26)　宝徳二年に九歳であった（同年六月十四日条・本節所掲）ことから計算。

(27)　立政寺文書八五、藤原秀忠下地寄進状。ただし、内容をみても明らかなように、山下（藤原）秀忠自身が下地を寄進している訳ではないので、この文書名は正確でない。山下秀忠証状とでもすべきである。

(28)　二人の寄進状は、立政寺文書八三、文明四年四月十四日付英芳田地寄進状と、同八四、同十一年二月二十二日付智秀下地寄進状としてみえる。前者に「やました」という文言があることは註（2）で述べた。

(29)　応仁の乱に際し、奉公衆五番番頭大館氏が中立的態度を取ったことが『大館持房行状』に見える。

(30)　応仁の乱によって、奉公衆二番衆と四番衆が打撃を受け、人員を減らしたことが『大乗院寺社雑事記』文明十八年八月十五日条に見えている。山下氏が東西両軍に分かれて戦ったというのも、奉公衆二番衆が戦後勢力を縮小させたことを考慮すれば、その二番衆としての連帯行動——乱への参戦——に従った結果と解釈可能である。

(31)　今谷明氏「『東山殿時代大名外様附』について」（『室町幕府解体過程の研究』所収、岩波書店、一九八五年、初出一九八〇年）。

〔付記1〕　その後、『康富記』紙背文書を主な素材に再び山下氏について「室町幕府奉公衆山下氏・補考」（『ぐんしょ』再刊三一、一九九六年）で少し考えたが、そこでは、山下氏が下野国足利庄内山下郷を名字の地とする鎌倉期以来の足利氏根本被官であったこと、また『永享以来御番帳』が宝徳二年六月十七日〜享徳三年十一月十五日の成立であることを述べた。

〔付記2〕　榎原雅治氏「一揆の時代」（同氏編日本の時代史11『一揆の時代』所収、吉川弘文館、二〇〇三年）の「草の根の公武交渉」という項で、山下氏について詳しく述べられている。参照されたい。

総論　武家官僚の展開過程

本章では総論として鎌倉〜室町期の武家官僚について概観する。幕府官僚の展開過程について通史的に叙述し、その諸段階について考える。

これまで第Ⅰ部・第Ⅱ部で、主に幕府官僚の個別的検討を行ってきた。人物に視点を据え、その動向を通じ武家官僚の変遷などを考えた。第Ⅰ部で六波羅探題の吏僚を扱ったのは、「序」でも述べたように、かつて鎌倉幕府の官僚について考察した時、六波羅の官僚こそが室町幕府のそれへと連続するとの見通しを得たからである。そこでここでは、拙著(1)や第Ⅰ部で考察した六波羅探題の様相をも含め、鎌倉幕府草創期から室町中期（十五世紀半ばころ）までの幕府官僚の変遷について考える。政治史・法制史などを視野に入れつつ、奉行人や評定衆らの吏僚の形成から、奉行人層が官僚の中核として活躍する過程などについて具体的に述べてみたいと思う。

一　鎌倉幕府官僚の発足

一一八〇年代、源頼朝が東国武士を率いて内乱を勝利し、鎌倉幕府を創設すると、その統治機構を担う存在が必要となってきた。一般に当時の武士は文書作成などの文官的仕事が苦手であり、頼朝の手足となり、幕府の政務運営や裁判、そして朝廷への使節勤務など実務にあたる人材を必要としたのである。

鎌倉幕府以前の平泉藤原氏や平家などの「武家政権」においても、「奥州羽州両国省帳田文已下文書」の内容を知悉していた豊前介清原実俊・橘藤五実昌兄弟や、福原を含む摂津国八田部郡の検注などを行った平清盛家司安芸守藤原能盛らの文士が仕えていた。(2) 平泉藤原氏に属した実俊・実昌兄弟や清盛の家司能盛らは、もともと朝廷の下級官人かそれに準ずる階層であったとみられる。(3) 鎌倉幕府草創期、源頼朝に仕えた吏僚も、その中核となったのは朝廷の下級官人出身者たちであった。(4)

元暦元年（一一八四）十月六日の新造公文所の吉書始には別当中原（大江）広元以下、藤原（中原）親能・藤原（二階堂）行政・足立遠元・大中臣秋家・藤原邦通らが出仕し、(6) 同二十日の問注所設置においては、執事三善康信が藤原俊兼・平盛時とともに諸人訴論対決を沙汰することとなった。(7) 公文所（政所）・問注所という幕府草創期の中枢組織において、その職務を担ったのはこれらの人々であり、武蔵武士の足立遠元以外は何れも、京下りの下級官人層かそれに準ずる存在であったと考えられる。(8) 大江広元や平盛時らは頼朝発給文書の右筆としても活躍している。(5) 下級官人層を中核とする幕府官僚たちは、頼朝の手足となり、行政や裁判などの実務にあたったのである。将軍頼家・実朝期においても、政所や問注所を拠点とした、京下り下級官人層が幕府官僚として活躍するのである。(9)

頼朝の時代において、大江広元・三善康信が抜擢され政所・問注所の長官に任じられたように、幕府官僚内にも次第に階層・序列化が進行していく。例えば、建久二年（一一九一）正月の前右大将家政所吉書始では、政所別当大江広元・同令二階堂行政・問注所執事三善康信ら以外の七人の官僚（中原親能・藤原俊兼・三善康清・同宣衡・平盛時・中原仲業・清原実俊）は公事奉行人としてグループ把握されている。(10) 公事奉行人たちは広元や康信のサブメンバーとして位置付けてよいだろう。したがって頼朝死去後の正治元年（一一九九）四月、頼家の直裁を停止して一三人の有力御家人が「計沙汰」をするようになった時（十三人合議制）、そのメンバーに加えられた吏僚は広元・康信・親能・行政の四人であったのである。[11]親能は元来公事奉行人であったが、当時京都守護という要職に就いており、在京ながら一三人のなかに加えられたのである。この十三人合議制は、北条氏や三浦氏らの有力御家人や有力吏僚層により構成されていることから判断して、執権北条泰時期に設置される評定衆制と同様な構成的特徴をもっていたことは明らかである。広元・康信・親能・行政の子孫らは評定衆に連なるのであり、幕府高級官僚として活動する起源は十三人合議制成立の時点にも求められる。

将軍頼家期以後、大江広元ら上記四人やその子孫らが幕府中央の要職や京都守護などに就任するようになる。そして公事奉行人クラスの文士たちが彼らを支えた。例えば、承元四年（一二一〇）当時、中原仲業は中原親能の家人であったが、問注所寄人を兼任している。[12]仲業は公事奉行人として活動、問注所職員をも兼ね、さらに親能家の家政にも関わったことがうかがわれるのである。

二　鎌倉幕府官僚の形成

源実朝が暗殺され、源氏将軍が絶えると、北条氏による執権政治が確立していく。北条泰時は嘉禄元年（一二二五）十二月評定衆を設置し、次いで北条時頼は建長元年（一二四九）十二月引付を創設した。評定―引付制の成立である。[13]先述したように評定は合議機関であり、当初は北条氏や三浦・後藤らの有力御家人や吏僚層がそのメンバーである。引付は裁判機関で、三～五程度の数グループ（番）から成り、番ごとに頭人一名、引付衆（上衆）と奉行人各四、五名程で構成されていた。[14]最初の頭人は北条政村・同朝直・同資時の三人であるように、頭人には評定衆に連なる北条一門や有力吏僚が任命された。引付衆にも評定衆が就くことが少なくなかった。裁判の実務を担当したのが引付奉行人である。法的知識を備え、訴訟審理を行い、裁判関係文書の作成などにあたったのである。

評定衆や引付衆は北条一門や一部有力御家人が任じられた幕府の要職であったが、そのなかから選抜されたのが引付頭人である。引付頭人には北条一門の有力者と安達・宇都宮氏、そして有力吏僚家のみが任命されている。その吏僚家とは長井・大田・摂津・二階堂の四氏であり、先にみた大江広元・三善康信・中原親能・二階堂行政の子孫にあたる。鎌倉時代を通じ、彼らは高級官僚としての家格を維持し重臣として活動したのである。(15)

引付奉行人には京下り官人や在庁官人出身者らが任じられた。三善康信流の庶流や大江・中原姓の者たちである。また武士出身の引付奉行人が現れてくるのが注目される。深沢・山名・杉原・佐藤・斎藤氏らである。(16)引付設置以前の文暦元年（一二三四）三月に、本間元忠・勅使河原則直・吉良政衡・佐野俊職・波多野朝定の五人が合奉行に任命され、(17)足立遠元・武藤頼平以来久方ぶりに、東国武士出身者が奉行人としても活動するようになっていた。宝治二年（一二四八）九月には、千葉氏の有力支族東素暹（胤行）が「文武兼備之士」として問状御教書の右筆を命じられている。(18)一二三〇年代から武士出身の奉行人が多く現れ、建長元年に引付が新設されると、京下り官人系の吏僚とともに武士も引付奉行人として登用されるようになったのである。(19)鎌倉幕府には山名・長田・越前・皆吉・明石・杉原・雑賀・斎藤・島田・壱岐氏らの奉行人家が形成された。

三　六波羅探題官僚の成立

承久の乱の勝利により、承久三年（一二二一）六月六波羅探題が設置される。その主要任務は①朝廷の監視と交渉、

②洛中警固、③西国成敗（裁判）であった。[20] 六波羅の機構は徐々に整えられ、②→③の順で成立する。初期六波羅における主要任務は①と②であり、③の裁判機能は未熟であった。六波羅評定衆は探題北条重時期の寛元・宝治（一二四三～一二四七）ころの設置とみられ、六波羅引付は探題北条時村期の弘安元年（一二七八）が初見である。六波羅評定衆・引付頭人家の最有力者として時広―泰重―頼重―貞重―高広と続く大江広元流長井氏が六波羅創設以来存在したが、高級官僚として顕著な活動がみえるようになるのは鎌倉後期の頼重・貞重以後である（第Ⅰ部第三章）。

六波羅探題では裁判機能の成立が遅く、また寛喜二年（一二三〇）～建治二年（一二七六）の四十数年にわたり、極楽寺流北条氏（重時・長時・時茂・義宗）が北方探題職を世襲したため、奉行人などの官僚層は斎藤・安富氏ら若干名が見出されるにすぎず、彼らよりはむしろ極楽寺流北条氏被官が探題の手足となり活躍していた。探題執事佐治重家や被官佐分親清らが当時、六波羅の政務において重要な役割を果したことは第Ⅰ部第一、第二章で述べた通りである。京都は朝廷・公家や有力寺社が存在した都市であり、それら諸権門との交渉などには当然経験を積む必要があり、それを習得していたのが重時流被官たちであった。建治二年までは探題の職務は極楽寺流北条氏に請け負われており、その家政機構が重要な役割を果たしていたのである。したがって北条義宗が探題を離任し、六波羅の政務に慣れた重時流の被官たちが京都を去ることとなると、必然的に六波羅官僚層の形成が急がれたのである。これ以降、どの北条氏一門から六波羅探題に任命されたとしても、六波羅の政務が滞らない組織的・機能的な人員配置が求められたのである。建治三年十二月、北条時村が北方探題に就任するが、この時、長井頼重に加え、伊賀光政・藤原親定（中原親能流）・町野政康（三善康信流）らの高級官僚が評定衆に列していた。また六波羅引付設置と相俟って官僚層も充実していき、引付奉行人家も形成され定着していくようになる。その一方で、関東とは異なり、北条氏一門が六波羅評定衆・引付衆に任命されることはほとんどなかった。

十三世紀末〜十四世紀初頭には西国裁判機関としての六波羅探題が確立する。これは南方探題大仏宗宣の時代であるが、宗宣期には南方探題からも執権探題が任命されるなど、両六波羅探題におけるリーダーが家格よりも能力を基準に決められるようになったのである。悪党訴訟などが増加したこともあって、六波羅では西国裁判が重要な職務となり、長井・伊賀・海東（大江広元流）・二階堂・藤原・町野・水谷（大江広元流）氏ら高級官僚層や、西国出身者もしくは西国に所領をもつ、安富・斎藤・宗像・伊地知・飯尾（三善康信庶流）・雅楽・松田・津戸・関・雑賀（三善康信庶流）・杉原氏らの引付奉行人たちがその職務を担ったのである。とくに長井氏は在京人筆頭・一番引付頭人として枢要な地位にあり、鎌倉末期の貞重の時代には、上記六波羅任務の①②③何れにも関わり、南北両探題の政務を強力にサポートした（第Ⅰ部第三章）。鎌倉末期、大仏維貞のように悪党鎮圧にリーダーシップを発揮した、活動的な探題も現れたが、維貞は例外的存在であり、通常の六波羅政務は長井氏ら高級官僚や奉行人たちにより担われたと考えられる。このような六波羅探題の官僚組織は、一三〇〇年ころに完成したのである。

ところで鎮西探題でも訴訟機構が完備するのは正安年間（一二九九〜一三〇二）で、探題北条実政期と考えられる(21)。ただし鎮西評定衆は北条一門を筆頭とし、少弐・大友・島津らの守護や有力御家人が主要メンバーであって、吏僚層の比重は低かった。引付頭人・引付衆の構成も同様であり、奉行人にも探題被官や現地御家人を登用することも多く、斎藤・飯尾氏らの官僚一族は若干名がみえるにすぎない(22)。鎮西の場合、異国警固のため御家人の在国が義務付けられており、訴訟も鎮西探題で完結することが重要だった。幕府は鎮西御家人たちの協力を得、その不満を和らげる必要からも、北条氏がリーダーシップをもちつつも、鎮西守護や有力御家人らを探題組織内に取り込んだ妥協的人事が行われたと考えられる。また鎮西は六波羅のような公家政権の所在地ではなかったので、吏僚系御家人を多数登用する理由もさほど存在しなかったともいえるだろう。

時代が降るほど、関東では評定衆や引付方に占める北条氏勢力の割合が大きくなり、実務能力の疑われるような若年者の任命もみられた。得宗や有力一門、得宗被官らによって構成される寄合が最重要合議機関となる一方、評定衆などの要職が政治的地位と化し、幕府職制上の一階梯と化しつつあった。鎌倉後期には、北条一門による幕府要職への大量進出という、得宗専制的な傾向が顕著に現れていた。それでも幕府機構が麻痺せず、訴訟裁判なども従来通り行われたのは、長井・大田・摂津・二階堂氏らを中心とする高級官僚たちが得宗・北条氏と協調して幕政を支え、実務を担当する奉行人家、例えば皆吉・明石・島田氏らが確立したからであろう。

これに対し、六波羅探題では評定衆・引付方に北条一門がみえず、中央要職における得宗専制的側面はほとんど見出せない。奉行人層も大半が西国出身の外様御家人たちであった。六波羅においては、重時流北条氏による請負状態が解消された鎌倉後期以降、北条氏関係者を含まない、純粋ともいえる官僚制が形成されたのである。つまり六波羅では得宗専制的人員配置は存在しなかったのである。六波羅において得宗政治の影響は希薄である。六波羅探題官僚が室町幕府官僚へと連なっていくのは、彼らが京都にいたからというのみではなく、このような六波羅の官僚制の特質が大きく関わっていると考えられる。

四　雑訴決断所と旧鎌倉幕府官僚

元弘三年（正慶二・一三三三）五月、鎌倉幕府は滅び、後醍醐天皇の建武政権が誕生する。建武政権は鎌倉幕府の引付に倣い、同年九月ころ雑訴決断所を設置する。同所は翌建武元年（一三三四）八月には八番編成に組織が拡大され、大臣・大納言クラスの上流公家をはじめ、中流公家や下級官人、そして旧幕府関係者ら一〇七名によって構成されていた。[23] 旧幕府関係者は四十数名で、宇都宮・二階堂・長井・伊賀氏ら評定衆クラスや飯尾・布施・諏訪氏ら奉行人層の人々が含まれている。所属別では、旧六波羅探題関係者が約一五名おり、最も多い。これは彼らが元来京都において、どちらかといえば北条氏との関係が濃厚ではなく、幕府滅亡に際し殉じた者もあまりいなかったためと考えられる。六波羅評定衆・引付頭人伊賀兼光の如きは、正中の変以前から後醍醐天皇と通じていたのである。[24] ただし六波羅の奉行人出身者では、飯尾氏が三名（覚民・貞兼・頼連）所見し、六波羅時代に引き続き活発な活動がうかがえるのに対して、斎藤氏は基夏のみ一名、松田氏は所見ゼロであることは注意される。第Ⅱ部第一章でみたように、斎藤氏や松田氏には後醍醐に敵対し、最後まで幕府方を貫き通した存在がいた。恐らくこれが後醍醐の心証を害し、斎藤・松田両氏が六波羅時代に比し、建武政権下ではあまり活躍できなかった理由とみられる。官僚とはいえ、建武政府内で活動するには、後醍醐天皇との良好な関係が不可欠であったのである。

ところで雑訴決断所には第Ⅱ部第二、第三章で述べたように、元の関東奉行人であった安威資脩や明石行連も採用されている。彼らも北条氏との関係は希薄であったと判断されるが、雑訴決断所職員として活動できたことには大きな意味があった。それは鎌倉では経験不能な、公家や有力寺社など京とその周辺の諸権門と接触・交流できたからである。彼らがその後スムーズに室町幕府奉行人に転身できたのも、当該期の在京活動がプラスしたことは疑いない。例えば、室町幕府奉行人として著名な諏訪円忠は、元は関東奉行人であったとみられるが、雑訴決断所職員時代に洞院公賢と同じ所属番となったことが縁となり、室町幕府奉行人となってからも度々公賢の許に出入りし、公私にわたって有職故実など様々な事柄につき意見を求めている。[25] このように建武政権、とくに雑訴決断所が設置されたことは、旧関東関係者（もちろん全員ではないが）を京都に結集する役割をも果たしたといえ、彼らの当該期の在京活動が大きな意味をもったのである。

五　室町幕府官僚の形成

建武二年（一三三五）の中先代の乱をきっかけに足利尊氏は建武政府から離反する。翌年六月光厳上皇を奉じて入京、十一月には『建武式目』を制定する。室町幕府の成立である。同じころから訴訟機関としての引付の活動がみえるようになる。(26)周知のように、所務沙汰などの訴訟裁断権は尊氏の弟直義が掌握していた。直義は鎌倉幕府の執権政治を理想とし、評定衆・引付方を復活させたのである。裁判では基本的に評定─引付制を踏まえ、足利直義裁許下知状が発給された。この評定─引付制は紆余曲折はあるものの、観応の擾乱のなか、直義が尊氏・義詮父子と決定的に対立する、観応二年半ばまでは存続した。この間の評定衆や引付頭人、奉行人らの職員については佐藤進一氏の研究(27)に詳しいが、評定衆では二階堂・長井・町野氏ら旧関東・六波羅の評定衆家や吉良・石橋・細川などの足利一門が主要構成員である。また引付頭人には二階堂・摂津・長井氏らの旧鎌倉幕府の高級官僚に加え、高・細川・上杉・吉良・石橋・斯波・畠山・桃井・石堂氏らが任じている。足利一門が多くみえることから、引付頭人職が政治的地位となっていたことが明らかである。これは鎌倉期の関東で、北条一門が引付頭人の多数を占めたことと同じ現象である。直義執政期、引付頭人奉書が多数発給されているが、それは基本的に押妨排除・沙汰付命令であり、内容としてはいわば定型的なものであった。

足利直義の訴訟親裁を実質的に支えたのは、旧鎌倉幕府の高級官僚と奉行人層であったとみられる。奉行人はほとんどが旧幕府関係者である。とくに元の六波羅奉行人家が多くを占めた。(28)康永三年（一三四四）三月の引付番文を例にとれば、斎藤氏六名、飯尾氏四名、雑賀氏三名、松田氏二名などである。なかでも奉行人斎藤利泰は室町幕府草創期から仕えた、直義のブレーン的存在であったことは第Ⅱ部第一章でみた。元の関東奉行人では布施・諏訪氏らがいる。同じ関東系の明石行連は立法の知識を備えており『建武式目』制定に関与したが、康永三年当時は評定衆に連なっていた（第Ⅱ部第三章）。また第Ⅱ部第二章でみた安威資脩も関東系奉行人であるが、直義に疎まれていたため、康永三年時には引付（内談）奉行人に任命されなかった。ただ何れにしろ、メンバー構成からみる限り、室町幕府奉行人の基本的母体は六波羅奉行人であったことは明らかである。

かつて述べたように、京とその周辺の権門寺社の紛争に際し、室町幕府奉行人が直接交渉を行って事態収拾をはかる作法がみられるが、これは六波羅奉行人のそれを踏襲したものである。(29) また南北朝期には権門寺社らの担当奉行人たる別奉行が所見するようになるが、その淵源も六波羅奉行人に認められる。例えば六波羅奉行人俣野寂一は仁和寺の担当奉行とみられ、(30) また同斎藤基任は山城真幡木庄に「領知分」を得ており、(31) これは荘園領主安楽寿院（または領家高倉家）の担当奉行たる地位に由来する給分であった可能性が高い。このように六波羅奉行人と室町幕府奉行人には共通の特徴が見出されるのであり、室町幕府奉行人は六波羅奉行人の発展形とみることができる。

さて足利直義に替わり訴訟裁断権を掌握した足利義詮は、訴訟を親裁するようになる。親裁は御前沙汰と呼ばれ、その場に評定衆クラスの吏僚数名と訴訟案件を披露する奉行人が参仕した。基本的に評定とは別の場で裁許が下されるので、評定は次第に形骸化していった。評定衆は縮小し格式化する。また引付（内談）方も、延文二年（一三五七）七月から貞治二年（一三六三）八月まで断絶するなど、機能は弱体化していった。ごく大まかに述べると、引付が活動したのは管領細川頼之期、つまり一三七〇年代までである。南北朝後期に至り、鎌倉期以来の評定―引付制は機能を停止する。当然ながらそれは、奉行人ら武家官僚の動向にも大きな影響を与えることとなる。

ここで鎌倉府の様相についてもみておきたい。第Ⅱ部第三章で述べたように、鎌倉府の官僚組織が整備されるのは、関東管領に上杉憲顕が再任し、鎌倉府が安定した権力へと向かう、関東公方足利基氏の貞治年間（一三六二～一三六八）ころであったと考えられる。このころ室町幕府奉行人として在京していた、明石氏や布施・雑賀氏らの元の関東奉行人が再び鎌倉に戻り、鎌倉府奉行人として活動することとなったとみられる。そして応安六年（一三七三）十二月に鎌倉府に引付方が設置された。二番編成であった。引付頭人には二階堂・長井氏の在任が知られる。若年の関東公方足利氏満を関東管領上杉能憲が補佐していた時代である。この当時室町幕府では引付方の機能が弱体化しつつあったが、鎌倉府ではようやく評定―引付制が整った。関東管領能憲が若き公方氏満を補佐していたので、御前沙汰体制とはならず、引付方が置かれたのであろう。応永十九年（一四一二）の訴訟で奉行人明石利行の許で三問三答が行われ、評定に披露されているので、関東公方足利持氏期までは評定―引付制が機能していたと考えられる。鎌倉府奉行人の中核を占めたのは、明石や布施氏ら、鎌倉幕府の元関東奉行人家出身者たちであった。

六　室町幕府官僚の転身と固定化

後醍醐天皇との関係が良好ではなかったため、建武政府の雑訴決断所職員に採用されなかった者がいたことは先に触れた。斎藤一族もこのような存在で、六波羅探題では最も多くの奉行人を輩出したものの、同所職員となったのは基夏一人であった。そのため、一族のなかには文士という職能を武器に、他の有力者に仕えた者がいた。斎藤季基・同七郎入道（道遵カ）は新田義貞に仕え、斎藤利泰は足利氏の配下となった。そして彼らは室町幕府が成立すると、引付方奉行人として編成されるようになる（第Ⅱ部第一章）。

南北朝期は足利一門ら新興勢力が守護となったため、その分国支配を支える存在として守護に仕えた奉行人も少なくなかった。新興守護たちは家政機関が未熟であり、しかも守護職権は、兵糧米徴収や没収地預置、さらに使節遵行など、鎌倉期に比べ大幅に権限が拡大したから、このような職務を的確に処理できる吏僚を必要としたのである。これらの実務担当者としては奉行人層が最適であった。また奉行人は京での公家や有力寺社との交渉術にも長けていたのである。第Ⅱ部第一章でみたように、斎藤氏一族には和泉守護細川顕氏や伊勢・志摩守護仁木義長、駿河守護今川氏の被官となった者が見出される。このうち仁木義長に仕えた斎藤基能は、京都に戻り幕府奉行人に復帰するから、幕府の指令により義長を補佐したとみられる。九州探題今川了俊にも斎藤氏数名が属していたが、斎藤聖信が了俊に仕えた一方で、その子斎藤弥四郎は幕府奉行人であった。元来斎藤聖信・弥四郎父子は幕府奉行人であって、聖信が幕命により了俊に仕えたと思われる。要するに、奉行人が探題・守護被官として活動する場合、主従関係を結んだもののほかに、幕命により一時的に活動したケースが考えられるのである。そしてこのようなケースでは、幕府が奉行人を通じ、探題・守護たちの行動を監視・制御していたとも考えられる。

奉行人一族のなかには幕府最重臣管領の被官として活動する者も現れる。管領細川頼之には矢野氏が仕えていた。矢野氏は三善康信子孫であり、足利直義期に引付奉行人としてみえている。頼之に仕えた矢野氏は実名未詳だが、矢野孫七と称していたころには高師泰の侯人であり、高→細川と奉公していた[32]。矢野氏は大物を渡り歩いていることから、頼之の執事であった可能性があろう。また島田遠江守は管領斯波義将の執事として所見する[33]。島田氏は旧関東や六波羅奉行人で、直義期の引付奉行人でもある。その実務能力を買われて義将執事となったとみられる。このように、奉行人層は引付方などの幕府機関に属しただけでなく、管領・探題・守護ら幕府要人にも仕え、その職務を補佐したと考えられるのである（第Ⅱ部第一章）。室町幕府管下の守護たちが、幕府と同様な法的、あるいは行政処理システム（守護家奉行人奉書発給など）をもつようになるのも、奉行人一族の被官化がもたらしたものであろう。

一方このころの関東では、鎌倉府奉行人の一族が守護被官となるような現象はほとんどみられない。これは関東の守護には三浦・千葉・小山ら鎌倉期以来の旧族領主層が任じられていて、家政機構も存在しており、奉行人層がそこに入り込む余地がなかったためと考えられる。東国守護が在府した鎌倉は鶴岡八幡宮や鎌倉五山など有力寺社も存在したが、武士を中核とした都市であった。東国守護は西国守護のように奉行人の一族を積極的に被官に組み込む必要はなかった。東国では守護奉行人奉書はほとんどみられず、統治システムは西国守護とは大きく異なっていたようである。なお関東管領上杉氏は新興勢力であるが、山内上杉氏が東国武士の長尾氏を執事に登用するなど特殊な傾向があり、奉行人一族を積極的に被官化するような動きは認めにくい（第Ⅱ部第三章）。

さて前節でみたように、南北朝後期の一三八〇年代には幕府引付は機能を停止する。将軍足利義満の親政期にあたるこの時期は、武家官僚、とくに奉行人層に大きな動きがあった時代である。引付廃止により、奉行人家は有力な数家に固定し、他の奉行人は転身をはからざるを得なくなった。すなわち飯尾・斎藤・松田氏ら鎌倉期以来の、とくに旧六波羅奉行人家の系譜を引く大族が引き続き室町幕府奉行人の中核として活躍する。その一方で、当該期までに奉行人家として発展できなかった一族は奉行人職から離れていく。具体的には先に述べたような守護被官化や将軍の奉公衆（五箇番）化がみられる。第Ⅱ部第二章でみたように安威氏は一三八〇年代に奉行人としての活動を停止し、幕府奉公衆となる。奉行人門真氏や杉原氏も同様な動きを示す。奉公衆は一三八〇年代に成立するとみられる（第Ⅲ部第一章）が、引付方の停止とほぼ同じ時期である。引付廃止により奉公衆が成立したとは考えられないが、引付方から離れた、元の奉行人たちをもメンバーとして奉公衆は編成されたのである。将軍義満の一三八〇年代は、室町幕府の直臣が奉行人衆と奉公衆として再編成・固定化され、将軍権力が整備・強化されていった時代であった。

七　室町幕府官僚の完成と「文」を身に付けた武士

将軍足利義満の親政期以降、将軍に直接訴訟が披露され、御前沙汰により裁許がなされる場合と、管領所属の賦奉行が訴状を受理し裁判が開始されるものとの、二つの訴訟ルートが成立するとみられる。御前沙汰では一方当事者の請求に基づく「特別訴訟手続」の裁許が多用され、弊害も生じてきたようである。これにより将軍足利義持期の応永三十年代（一四二三～一四二八）には論人奉行が設置される。そして将軍足利義教期には、奉行人衆が結番して伺事にあたる御前沙汰体制が成立するようになる。奉行人は身分が低かったため、これまでは評定衆に昇進したごく一部の宿老以外、御前沙汰に参加できなかったのである。伺事という形で御前沙汰に参加し、直接に将軍義教の指揮を受け決裁を仰いだ。この奉行人の御前沙汰への参加により、これまで御前沙汰の主要メンバーであった「頭人」と呼ばれる評定衆クラスの吏僚（摂津・二階堂・波多野・町野・大田氏ら）の役割は低下していくこととなる。(34)将軍に対し裁判など政務決裁につき意見を上申する意見状にも、奉行人が多数名前を連ねるようになり、頭人のそれは次第に見出せなくなる。(35)正長元年（一四二八）の足利義教登場により、奉行人は重用され、その政治的地位を高めていくこととなった。そのような奉行人の代表的存在が飯尾為種であった。

飯尾為種は将軍義持・義量・義教・義勝・義政時代の三〇年以上の長きにわたって活躍した奉行人である。為種は、当該期に裁許状の役割をも果たし、重要性を増した奉行人連署奉書に多数加判しており、多くの別奉行にも任じた。第Ⅱ部第四章で詳述したように、為種は奉行人の中核として様々な活動を行い、永享十一年（一四三九）にはその宅へ将軍義教が御成するなど、奉行人層の地位を高めた。和歌や連歌などの文化活動にも熱心であり、『撮壌集』を著し、一族が奉行人として活動していくための基礎知識をもまとめている。また朝廷の発給する官宣旨の書写に協力するなど、公家の政務を手助けすることもあった。このような活動足跡を残した奉行人飯尾為種に、室町幕府官僚として完成した姿を見出すことができるであろう。その死から数十年を経た戦国期に、為種の行動が説話的に語られているのも故なしとはしないのである。[36]

さて先に、南北朝期、奉行人の一族が守護の被官（内衆）化し、そのなかには管領の執事となる者もいたことを述べた。この点につき室町中期の様相についてみておきたい。南北朝末期、管領斯波義将の執事は奉行人一族の島田遠江守であった。その後応永二年（一三九五）には、義将執事として甲斐八郎（教光）の存在が知られる。[37]甲斐氏は在地領主層とみられ、幕府奉行人一族ではない。周知のように、室町期に甲斐氏は、朝倉・織田氏と並び斯波氏の重臣として活躍する。斯波氏ではこののち島田氏のような奉行人出身者が執事となるような事態は現れない。このことは管領という幕府重臣の執事を、奉行人一族ではない武士が、在地領主層、つまり一般の武士でも務められるようになったことを物語っている。要するに、奉行人一族ではない武士が、管領家の実務を担えるようになったのである。南北朝の動乱も終わり、在京して幕政にも参画するようになった大名やその内衆たちが、治者としての自覚をもち、積極的に文事に携わるようになって実務を担える能力を身に付けていったのであろう。

例えば、応永八年（一四〇一）遊佐長護は、東坊城秀長に『大学』を学んでいる。[38]遊佐氏は当時の管領畠山基国の重臣で、基国の政務を支える存在であった。長護は『大学』という儒書を読んで、統治者として必要な儒教的徳治思想などを学んだのだと思われる。このように南北朝内乱が終結した後、十五世紀初頭ころから、大名配下の在地領主層出身の有力内衆も実務能力などを身に付け、政務に参画できるようになったとみられる。もちろん飯尾・斎藤氏ら奉行人の一族も、当時大名内衆として重要な役割を果たしているが、[39]一般の武士が修学し、実務を担えるようになったことは重要である。大名はもちろん、様々な階層の在京武家たちに和歌や連歌などの文芸が浸透していくのもこの時代であり、十五世紀の室町中期、多くの武士たちは日常的に文事に慣れ親しみ、文官的仕事もこなせるようになったのである。(40)

室町中期、支配層の武士は「武」に加え「文」をも兼ね備える存在となった。このような様相は在京武士のみではなく、次第に地方の武士にも及んでいったと思われる。(41)このののち室町幕府が衰え、戦国大名が領国国家を樹立すると、その支配・統治機構を支えたのはこのような地方武士出身の官僚たちであったのである。

八　中世武家官僚の画期

これまでの考察の結論として、鎌倉・室町両幕府を通じた武家官僚の画期について考える。前節でみたように、私は飯尾為種を武家官僚の完成した姿と評価しているので、ここでの武家官僚とは主に奉行人層に焦点を絞っている。

第一段階は、鎌倉幕府草創期の一一八〇年代、源頼朝に招かれ、京下り官人が鎌倉に下向し、頼朝の手足となり、行政や裁判などの実務にあたった時期である。武家官僚の発足期である。

第二段階は、文暦元年（一二三四）に、本間元忠ら五人が合奉行に任命された時である。執権北条泰時による『御成敗式目』制定の翌々年で、武士が本格的に奉行人に登用されたのである。その点で大きな意義を有する。

第三段階は、六波羅探題の官僚組織が完成した一三〇〇年ころである。六波羅では北条氏一門を構成員としない吏僚集団が成立した。系譜のみならず、職務的にも室町幕府奉行人に連続する、斎藤・松田・飯尾氏らの六波羅奉行人衆が確立した時期である。

第四段階は、鎌倉期以来の評定―引付（内談）制が機能を停止する、将軍足利義満期の一三八〇年代である。奉行人は淘汰され、斎藤・松田・飯尾氏ら有力な数家に固定する。その一方で、奉行人一族のなかにはこのころに成立する奉公衆（五箇番）となる者が現れる。

第五段階は、正長元年（一四二八）の足利義教の登場により、奉行人が重用され、御前沙汰などでも重要な役割を果たすようになったことである。武家官僚として完成した姿をみせる、飯尾為種のような奉行人が活躍するようになる。奉行人層は地位を高め、幕政においてその職務が重要性を増していった。

以上の五段階を武家官僚発展の画期と考える。幕府官僚の到達点は正長元年以降の室町幕府奉行人であった。またその室町幕府奉行人の前身的存在といえば、関東奉行人ではなく六波羅奉行人であったと考えられる。つまり幕府官僚の主流は六波羅奉行人―室町幕府奉行人と結論できる。上記した第三段階から第五段階は、この六波羅奉行人―室町幕府奉行人の画期について示したものとなっている。さらに六波羅奉行人衆成立の前提として、鎌倉幕府下での第一、第二段階が見出せるのである。繰り返しになるが、武家官僚の主流は六波羅奉行人―室町幕府奉行人であったと考えられる。

もちろん関東や鎌倉府でも独自の展開があったが、鎌倉時代の関東では北条氏勢力が浸透して六波羅のような北条氏抜きの吏僚集団は形成されず、また鎌倉府も評定―引付制成立が一三七〇年代であるなど、官僚の形成自体が遅かった。さらに元の関東奉行人が室町幕府奉行人を経て鎌倉府奉行人となった（第Ⅱ部第三章）ように、関東奉行人と鎌倉府奉行人とはストレートに連続しておらず、断絶期間もあったとみられる。このようなことから、関東奉行人、鎌倉府奉行人は官僚の主流としては位置付け難いと考える。

六波羅奉行人―室町幕府奉行人が武家官僚の主流となったのは、幕府職制上の理由もあるが、京都を活動舞台としたのが大きな要因であったとみられる。職務上、在京の武家官僚たちは日常的に公家や有力寺社と接触・交渉していた。彼らは別奉行などとしても京都の諸権門と関係を深めていた。六波羅探題や室町幕府内のみではなく、公家たちとも交わるなかで、六波羅、室町幕府奉行人は家職や故実を確立させていったのである。また和歌や連歌などの文芸も嗜むようになって、文官としての素養を深め、やがて朝廷の政務に協力するようにもなった。在京武家官僚である六波羅奉行人─室町幕府奉行人は、京の公家や寺社と交わり、文官としての能力を磨いていったのである。これは武家の都鎌倉ではあり得ないことであった。このような環境のなかで、在京奉行人は官僚としての自信と誇りをもつようになった。十五世紀になると、室町幕府奉行人は、武家政権の枢要なメンバーとしての政治的地位をも獲得したのである。

註

（1）『六波羅探題の研究』続群書類従完成会、二〇〇五年。以下、拙著とする。
（2）『吾妻鏡』文治五年九月十四日条。なお藤原清衡に史小槻良俊が仕えていたことも知られる（『中右記』天永二年正月二十一日条）。
（3）九条家文書、建仁二年二月十四日付源能信・同種保申詞記（『鎌倉遺文』一二九〇）。なお能盛については正木喜三郎氏「藤原能盛考」（『九州中世史研究』一、一九七八年）が詳しい。
（4）遠藤珠紀氏「平清盛家司藤原能盛の出自について」（『古文書研究』七五、二〇一三年）は能盛が藤原為房の厩司の子であったことを指摘している。清盛の父平忠盛の時から平家に仕え、文官として活動していた。
（5）目崎徳衛氏「鎌倉幕府草創期の吏僚について」（『三浦古文化』一五、一九七四年）。
（6）『吾妻鏡』同日条。

（7）『吾妻鏡』同日条。
（8）相田二郎氏「鎌倉時代における武家古文書の筆蹟」（相田二郎著作集1『日本古文書の諸問題』所収、名著出版、一九七六年、初出一九四四年）、黒川高明氏「源頼朝の右筆について」（『源頼朝文書の研究　研究編』所収、吉川弘文館、二〇一四年）。
（9）拙稿「執権政治期幕府奉行人の出自の検討」（拙著所収、初出二〇〇一年）。
（10）『吾妻鏡』建久二年正月十五日条。
（11）『吾妻鏡』正治元年四月十二日条。
（12）『吾妻鏡』承元四年十二月二十一日条。
（13）『関東評定衆伝』（『群書類従』第四輯）嘉禄元年条。
（14）『関東評定衆伝』建長元年条。
（15）細川重男氏「幕府職制を基準とする家格秩序の形成」（『鎌倉政権得宗専制論』所収、吉川弘文館、二〇〇〇年）。
（16）拙稿前掲註（9）。
（17）『関東開闢皇代并年代記』（『続国史大系』五附録）。
（18）『吾妻鏡』宝治二年九月二十日条。
（19）鎌倉幕府奉行人については佐藤進一氏『鎌倉幕府訴訟制度の研究』（岩波書店、一九九三年、初出一九四三年）附録「鎌倉幕府職員表復元の試み」、拙稿前掲註（9）を参照。
（20）本節で述べる六波羅探題の制度史や人員構成については拙著参照。
（21）佐藤進一氏「鎮西探題」（前掲註（19）著書所収）。
（22）川添昭二氏「鎮西評定衆及び同引付衆・引付奉行人」（『九州中世史研究』一、一九七八年）。
（23）『雑訴決断所結番交名（建武元八）』（『続群書類従』第三十一輯下）。森茂暁氏「建武政権の構成と機能」（『南北朝期公武関係史の研究』所収、文献出版、一九八四年、初出一九七九年）が雑訴決断所の構成員について分析している。
（24）網野善彦氏『異形の王権』（平凡社、一九八六年）第三部「異形の王権」。

（25）『園太暦』文和元年二月二十七日・貞和元年八月二十一日・延文元年八月三日条等。

（26）佐藤進一氏「室町幕府開創期の官制体系」（『日本中世史論集』所収、岩波書店、一九九〇年、初出一九六〇年）。なお本節と七節における室町幕府訴訟制度の変遷については、上記佐藤氏論文、岩元修一氏『初期室町幕府訴訟制度の研究』（吉川弘文館、二〇〇七年）、水野智之氏「室町時代の裁判と訴陳」（『日本歴史』七五六、二〇一一年）、吉田賢司氏「室町幕府論」（岩波講座『日本歴史』第8巻 中世3 所収、岩波書店、二〇一四年）等を参考にしている。

（27）佐藤氏前註論文。

（28）結城文書、『大日本史料』六―八、一七六頁以下。佐藤氏前掲註（26）論文も参照。

（29）拙稿「六波羅奉行人斎藤氏の諸活動」（拙著所収）。

（30）本郷恵子氏『中世人の経済感覚』（ＮＨＫブックス、二〇〇四年）一三二・一三三頁。

（31）東京大学史料編纂所所蔵安楽寿院文書、正和二年三月日付山城国真幡木庄検注目録案（野口華世氏「安楽寿院と高倉家」〔『東京大学史料編纂所研究紀要』一五、二〇〇五年〕）。

（32）毛利文書、永和二年五月毛利元春自筆事書案（『南北朝遺文』中国・四国編四二六九）。

（33）「吉田家日次記」永徳三年七月二十二日条。

（34）設楽薫氏「室町幕府の評定衆と『御前沙汰』」（『古文書研究』二八、一九八七年）。

（35）笠松宏至氏「室町幕府訴訟制度『意見』の考察」（『日本中世法史論』所収、東京大学出版会、一九七九年、初出一九六〇年）。

（36）『実隆公記』明応八年三月二十九日条に、行二法師（二階堂政行）が三条西実隆に話したエピソードが書かれている。

（37）『常楽記』（『群書類従』第二十九輯）応永二年に死去の記事があり、「管領左衛門佐《（斯波義将）》家人執事」とみえる。

（38）『迎陽記』応永八年正月二十四日・二月一日・二月五日条等。

（39）例えば『満済准后日記』永享四年正月二十五日条には、九州情勢に対する「申詞」（意見）を管領ら諸大名七人から徴したことがみえるが、その際、管領斯波義淳の使者は甲斐美濃守（将久）・飯尾美作守（重清）、畠山満家使者は斎藤因幡守、細川持之使者は安富筑後守・飯尾備前入道であった。斯波・畠山（満家）・細川の三管領家での飯尾・斎藤ら奉行人一族内衆の活動が知られる。なお安富筑後守も奉行人一族出身者の可能性が高いが、幕府奉行人安富氏は源姓であり、紀姓を称する細川氏内衆安富氏をその系譜に結びつけるには慎重な手続きが必要である。

(40)　井上宗雄氏『中世歌壇史の研究　室町前期（改定新版）』（風間書房、一九八四年）。なお井上氏著書の室町前期とは応永から文明年間である。

(41)　例えば『大内氏壁書』（佐藤進一氏・池内義資氏・百瀬今朝雄氏編『中世法制史料集』第三巻武家法Ⅰ）文明十三年三月五日付の四六条、奉行人数には、大内政弘の奉行人として高石・宇野・飯田・神代・尾和・門司・杉・伴田・見嶋氏らの在地領主系武士の名前のみがみえる。

あとがき

本書は二〇〇五年に上梓した拙著『六波羅探題の研究』（続群書類従完成会）に続く論文集である。

第Ⅰ部では六波羅探題の政務を担った吏僚について考察し、第Ⅱ部では室町幕府奉行人について個別的検討を行った。また第Ⅲ部では室町幕府奉公衆に関して述べている。第Ⅰ部と第Ⅱ部が本書の主要テーマであり、第Ⅲ部は付論的なものである。

かつて『六波羅探題の研究』を刊行したとき、「類書がない」といわれたことがあるが、今回も「奉行人」が書名に入っているから、同様に評されるかもしれない。自分としては研究史が厚く複雑な分野に切り込んでいくよりも、自身で新たなテーマを見出して考えていく方が好きなので、このような「類書がない」ものができてしまうのかもしれない。けれども本書は、内容的には、拙著『六波羅探題の研究』と同『北条重時』（吉川弘文館人物叢書、二〇〇九年）と接続するものである。

第Ⅰ部「六波羅探題の政務と吏僚」は、『北条重時』とつながる。『北条重時』は六波羅探題や連署を務めた重時の伝記で、重時の六波羅探題としての活動に多くの紙数を費やしたが、そのなかで佐治重家・佐分親清ら重時被官が六波羅の政務を担っていたことを指摘した。Ⅰ部ではこのような考察を踏まえて、四〇数年におよぶ重時流北条氏の家政機関による六波羅請負を経て、長井氏ら六波羅官僚により六波羅政務が担われることを述べたのである。『六波羅探題の研究』を補う内容でもある。

第Ⅱ部「室町幕府奉行人の考察」は、『六波羅探題の研究』に収めた論文「六波羅奉行人斎藤氏の諸活動」が前提となっている。斎藤氏のその後の動向が気になり、まず第一章「南北朝動乱期の奉行人斎藤氏」を書いた。次いで安威・明石・飯尾氏らの南北朝・室町期の代表的奉行人数人の伝記的な考察を行った。奉行人については法制史的研究などでよく触れられるが、単なる官僚として記号のように扱われることが多く、没個性的存在とみられがちである。しかしⅡ部でみたように、人間味溢れる存在が少なくなく、政治的にも重要な役割を果たしたことを強調したかったのである。室町幕府奉行人には個性的な存在が多くいる。

第Ⅲ部「室町幕府奉公衆小考」は付論である。奉行人が淘汰される将軍足利義満期に奉公衆が成立することなどから、奉行人と奉公衆との間には関係も見出されるので、第一章「室町幕府奉公衆の成立時期について」など論文二本を収めた。ともに発表から二〇年以上経過したものであり、この二論文のみ、本書収録に際し大幅な修正を加えている。ただし結論部分に変更はない。

総論「武家官僚の展開過程」は、本書や『六波羅探題の研究』などでの成果を踏まえ、鎌倉期から室町中期まで通史的に述べたものである。六波羅探題はもちろん、鎮西探題や鎌倉府など広域地方統治機関なども視野に入れながら考えてみた。また本書では、六波羅評定衆長井氏以外、評定衆（頭人）家の高級官僚についてはあまり取り扱わなかったので、このクラスの官僚の動向にも注意しながら考察を加えている。

なお本書には収録しなかったが、奉行人については、

「六波羅奉行人宗像氏と宗像大宮司氏業小考」（『ぶい＆ぶい』〔日本史史料研究会〕一五、二〇一〇年）

もあるので、参照していただければ幸いである。

思えば、『六波羅探題の研究』上梓から十年がたち、周囲の環境も大きく変化したが、自分のような立場の者がこれに続く論文集を出せたことを素直に喜びたい。年齢を重ねたせいか、以前は苦痛をともなった論文執筆も、いまはあ

る程度楽しみながら書いている感覚がある。今後も本書の成果を活かしながら、勉強を進めていきたいと思う。

さて本書所収の論文執筆にあたっては、様ざまな方からご指導・ご教示をいただいた。お名前をあげることは控えさしていただくが、厚くお礼を申し上げます。また史料の閲覧では、東京大学史料編纂所をはじめとする諸機関のご高配を受けた。感謝申し上げます。

本書の刊行については、ありがたくも同成社からお話をいただいた。ちょうど、奉行人を中心に一書をまとめたいと考えていたときだったので、〝渡りに船〟とばかりにお話に乗らせていただいた。連絡などでいろいろとお世話になった佐藤涼子氏、本書の題名について考えてくださり、編集実務でお世話になった山田隆氏に厚くお礼を申し上げます。

最後に、妻美佐生と家族にも感謝いたします。

二〇一五年十二月

森　幸夫

中世《ちゅうせい》の武家官僚《ぶけかんりょう》と奉行人《ぶぎょうにん》

■著者略歴■

森　幸夫（もり　ゆきお）

1961年　神奈川県生まれ
1989年　國學院大學大学院博士課程後期単位取得退学
現　在　國學院大學非常勤講師　博士（歴史学）
著　書　『六波羅探題の研究』続群書類従完成会、2005年
　　　　『北条重時』吉川弘文館、2009年
　　　　『小田原北条氏権力の諸相』日本史史料研究会、2012年

2016年1月18日発行

著　者　森　幸夫
発行者　山脇洋亮
印　刷　三報社印刷㈱
製　本　協栄製本㈱

発行所　㈱同成社
東京都千代田区飯田橋4-4-8
（〒102-0072）東京中央ビル
TEL 03-3239-1467　振替 00140-0-20618

ISBN978-4-88621-719-6 C3321